江西省高校人文社会科学重点基地江西科技师范学院职业教育研究所出版基金资助
江西科技师范学院教材出版基金资助

学前儿童社会性教育

——兼论儿童职业意识培养

XUEQIAN ERTONG SHEHUIXING JIAOYU
JIANLUN ERTONG ZHIYE YISHI PEIYANG

主　编　施晶晖
副主编　陈水平　郑　洁

中国科学技术大学出版社

内容简介

本书包括绪论，学前幼儿社会认知发展与教育，学前儿童依恋的发展与教育，学前儿童社会行为的发展与教育，学前儿童同伴交往的发展与教育，师幼互动与学前儿童的发展与教育，学前儿童社会教育活动的设计与实施，学前儿童问题行为的干预与矫正，学前儿童社会教育评价以及学前幼儿职业意识教育等内容。

本书可以作为本科学前教育专业的教学用书，也可以作为学前教育研究者和家长的参考用书。

图书在版编目(CIP)数据

学前儿童社会性教育：兼论儿童职业意识培养/施晶晖主编. —合肥：中国科学技术大学出版社，2010.11

ISBN 978-7-312-02748-2

Ⅰ. 学…　Ⅱ. 施…　Ⅲ. 学前儿童—社会教育—研究　Ⅳ. G61

中国版本图书馆 CIP 数据核字(2010)第 188279 号

出版　中国科学技术大学出版社
安徽省合肥市金寨路 96 号，230026
网址：http://press.ustc.edu.cn

印刷　安徽江淮印务有限责任公司

发行　中国科学技术大学出版社

经销　全国新华书店

开本　710 mm×960 mm　1/16

印张　13.75

字数　269 千

版次　2010 年 11 月第 1 版

印次　2010 年 11 月第 1 次印刷

定价　22.00 元

前　言

人从呱呱坠地的那一时刻起就生活在社会关系之中。婴儿周围的人与婴儿之间的亲疏远近不同，以不同的方式影响着婴儿的成长。而随着婴儿的成长，儿童的社会性需要也越来越强烈，在不同的年龄阶段具有不同的特点。社会性需要作为人类的一种基本需要，是人类区别于动物的一个根本特征。社会性需要是后天习得的，是社会生活中人际交往的产物，因此它来源于人类的社会生活，并随着社会生活条件的不同而有所不同。人在交往过程中获得了社会性，社会性影响着人的社会化的内容和结果，社会性发展完成从自然人向社会人转化所必须具备的行为规则和思想价值观，社会性发展几乎覆盖了所有非智因素。

社会性发展是儿童身心健全发展的重要组成部分，促进儿童社会性发展已成为现代学前教育的最重要目标，学前儿童社会性发展的心理结构主要包括社会认知、社会情感、社会行为技能、自我意识、道德品质和社会适应等方面。让儿童"学会做人"的教育远比知识教育重要，重视社会性教育已成为现代学前教育观念转变的一个主要标志。学前期是社会性发展的关键时期，学前儿童社会认知、社会情感及社会行为技能在此阶段都得到了迅速发展。成功的教育并不单单是学业上的优秀，相比较而言，社会性水平的高低更能影响甚至决定儿童未来生活中成功的可能性和社会影响力。

本书介绍了当前国内外最新的儿童心理与教育的理论动态、实践动态、研究进展及成果，阐述了这些最新成果对幼儿教育的启示和作用。在广泛听取专家意见的基础上，力图使本书更贴近学前教育的现状，更有利于学前教育专业学生的学习。本书可以作为本科学前教育专业的教学用书，也可以作为学前教育研究者和家长的参考用书。

本书获得江西科技师范学院教材出版基金、江西高校人文社会科学重点基地江西科技师范学院职业教育研究所出版基金资助，在此一并表示感谢。我们恳请使用本教材的师生和阅读过本书的同仁提出宝贵意见。

编者

2010 年 3 月 23 日

目　　录

绪　论

经过大约一个世纪的时间，学前儿童社会性教育从零星的、片段的思想逐渐发展成为系统的、具体的理论体系，在学前教育中取得了地位。从学前儿童社会性教育的历史发展来看，它还是一门比较年轻的、介于儿童发展心理学与学前教育学之间的边缘性学科，以研究儿童的社会性发展为主要目标，以增进儿童的社会认知、激发儿童的社会情感、引导儿童的社会行为技能为主要内容。本章在厘清学前儿童社会性教育的定义，介绍学前儿童社会性教育常用的一些研究方法的基础上，深入阐述了学前儿童社会性教育和发展的意义。

第一节　学前儿童社会性教育的研究对象

学前儿童社会性教育是研究学前儿童社会性发展的现象、规律及其教育和训练的一门科学，是以发展儿童的社会性为主要目标，以增进儿童的社会认知、激发儿童的社会情感、引导儿童的社会行为技能为主要内容的教育；是学前教育专业极其重要的应用性科目之一。要想真正了解学前儿童社会性教育的研究对象，必须掌握个性、社会性和社会化这三个概念及其相互关系。

一、个性

个性主要是指在生物基础上受社会生活条件制约而形成的、独特而稳定的、具有调控能力的、具有倾向性的各种心理特征的总和。个性结构是多层次、多侧面的，是由复杂的心理特征的独特结合构成的整体。

学前儿童个性发展的心理结构主要包括自我调控、个性倾向性和个性心理特征等三个系统。自我调控系统是个性形成和发展的前提，是个性发展和成熟的动力基础。这主要是指自我意识对个体心理和行为的调节、控制系统，使人的活动具有目的性、自觉性、计划性和能动性，包括自我意识、自我情感体验和自我调控三个方面。个性倾向性系统是个性结构中最活跃的因素，是人活动的内在动力，标志着个性活动的方向性和指向性。这主要是指决定一个人的态度和对现实的积极性、选择性的动力系统，包括需要、动机、兴趣、理想、信念、价值观、人生观和世界观。个性心理特征系统是指个人稳定的心理特点，包括性格系统、气质系统和能力系统。

二、社会性

社会性是生物作为集体活动的个体，或作为社会的一员在活动时所表现出的有利于集体和社会发展的特性，是人的不能脱离社会而孤立生存的属性。从儿童发展心理学和学前教育学的观点来看，学前儿童社会性发展既受心理因素的制约，又受社会因素的制约。它是指儿童在其生物特征基础上，与社会生活环境相互作用，逐渐掌握社会规范，形成社会技能，学习社会角色，获得社会性需要、态度、价值，发展社会行为，并以独特的个性与人相互交往、相互影响，适应周围社会环境，由自然人发展为社会人的社会化过程中所形成的儿童心理特征。

所有的个人在各种活动中表现出来的种种特性被抽象和归纳为人的本性。为了便于研究人的本性，一般把它分成自然属性和社会属性两个方面。人的自然属性，也称为人的生物性，它是人类在生物进化中形成的特性，主要由人的物质组织结构、生理结构和千万年来与自然界交往过程中形成的基本特性，如食欲、性欲、自我保存能力等组成。人的社会属性是人作为集体活动的个体，或作为社会的一员在活动时所表现出的特性。人的社会属性中有一部分是对人类整体发展有利的基本性质，也有一部分是对社会不利的性质。通常把一些对人类整体运行发展有利的基本特性称为人的社会性，如利他性、服从性、依赖性以及更加高级的自觉性等。通常把对人类整体运行发展不利的基本特性称为人的反社会性。一般人的反社会性是指把人的自然属性发挥到对社会发展不利的地步。如利己发挥到损人、损害公众、损害社会；自我保护发挥到残害其他生物，甚至其他的人等。可见，人的社会属性包括了社会性和反社会性两个方面。在人类进化的现阶段，人的社会属性基本上是后天形成的。使得人更具有社会性，主要依靠教育（包括各种社会影响的广义教育）、宗教和国家机器三方面的因素。

学前儿童社会性发展的心理结构主要包括社会认知、社会情感、社会行为技能、自我意识、道德品质和社会适应等方面。社会认知是指儿童对自我与社会中的人、社会环境、社会规范等方面的认知；社会情感是指儿童在社会生活、社会交往中的情感体验，包括积极情绪、情感表达与控制、依恋感、愉快感、羞耻感、同情心、责任感等；社会行为技能是指儿童在与人交往和参与活动时所表现出来的行为技能，包括交往的技能，倾听交谈的技能，非言语交往的技能，辨别和表达自己感情的技能，合作、轮流、遵守规则、解决冲突等技能；自我意识是指儿童对自我以及自我与周围关系的意识，包括自我认知（自我概念、自我形象、自我评价、独立性等），自我情感体验（自尊心、自信心、自我价值感、成就感、进取心等），自我控制（自制力、自觉性、自我延迟满足等）；道德品质是指社会道德现象在儿童身上的反映，即儿童内化了的道德规范，良好的道德行为习惯，包括关心他人、乐群、合作、诚实、分享、助人、有礼貌、守纪律等品德和良好的道德行为习惯；社会适应是指儿童接受新环境，适应矛盾冲突情境的能力，包括初步形成对新环境的适应能力，对陌生人的适应能力，对同伴交往的适应能力，独立地克服困难，处理社会中简单问题的能力，学会做事，学会生活。

我国学者杨丽珠等的一项研究表明，我国儿童的社会性由以下七个因素构成：① 社会技能，包括遵守群体规范、侵犯性行为的自我控制、诚实、行为坚持性、竞争与合作等；② 自我概念，包括独立性、自我归因、自我评价、自我形象、自尊心和自信心、独立解决问题的能力等；③ 意志品质，包括自控能力、面临两难情境时的果断性、克服困难的能力、自我服务能力等；④ 道德品质，包括移情、利他心、同情、互惠和分享、遵守社会规范、同情和依恋父母等；⑤ 社会认知，包括对行为动机和后果的分辨能力、对同伴意见的理解和接纳能力、角色承担能力、对成人要求的理解和采纳能力、对陌生人的适应能力、对同伴交往的适应能力等；⑥ 社会适应，包括对新环境的适应能力、对陌生人的适应能力、对同伴交往的适应能力等；⑦ 社会情绪，包括特殊情况下的情绪状态、与同伴交往时的情绪状态等。

学前儿童社会性的发展是儿童社会化的产物，而个性是个体生物因素和社会化的综合结果。因此，两者有着本质的区别。具体地说，个性是学前儿童个体经常表现的、比较固定的、本质的心理特征的总和，社会性则是个体在与社会生活环境相互作用的过程中所表现出来的心理与行为特性。同时，学前儿童的社会性和个性又有显著的联系。学前儿童的个性和社会性发展所涉及的领域是不同的，两者只有协同发展，才能有益于儿童健康成长，更好更快地适应社会。

三、社会化

社会化这一概念经历了一个从狭义到广义的理解过程。狭义社会化是指个人接受社会文化并被社会认可的过程。它的主要对象是儿童和少年，强调个人对社会文化模式的学习和掌握。广义社会化是指个人学习社会文化、扮演社会角色并形成人格的整个一生。在社会生活中，一个人自出生后就接受社会的影响，开始了社会化的过程。据美国利普塞特在产科医院进行的研究表明，婴孩在出生后 3～4

天就能形成经典性条件反射，例如吸吮反射。这是新生婴孩初次接触社会因素形成的心理活动，是个体社会化的起点。社会化过程的实质是个体反映社会现实的过程，从心理学来看，就是社会现实内部化的过程。社会化的目的不仅是使人学习和接受社会文化，获得人的语言、思想、感情，掌握基本生活技能，学会一定的生产技能，懂得社会规范，明确生活目标，适应社会，成为社会的一分子，而且使上一代人的思想、技能、经验能传给下一代，使人能继承和发展文化遗产，维持代际关系，在适应社会的基础上改造社会，把社会不断推向前进。总之，社会化是个体在特定的社会和文化环境中，通过与环境的交互作用，逐渐形成该社会所公认的行为方式，由自然人发展成为能够适应社会生活的社会人的过程。社会化是一个将社会规范逐步内化的过程，是经过个体与社会环境的相互作用而实现的。在学前教育中，通常所说的儿童社会化，是指儿童在一定的社会条件下逐步掌握社会规范，正确处理人际关系，从而适应社会生活的心理发展过程。

由此可见，个体社会化有着重要的意义：它是将个人与社会联系起来的必要环节。

首先，个体社会化是个人生存与个性习得的必要条件。社会化使个人得以了解社会规范、价值标准、语言、技能以及其他在社会生活中不可缺少的思考和行为模式，得以顺利地参与社会生活。同时，人们个性的获得，也是社会化过程重要的产物。对于每个人来说，在他出生时也许有着成为各种不同的人的可能性，但他实际成为什么样的人取决于他们各自独特的经历。

其次，个体社会化确保社会的延续和文化的传递。社会化使得社会能够在社会化的和生物学的意义上进行繁殖，从而确保它世世代代延续下去。社会作为一个整体，它的存在和发展必须源源不断地补充新的成员以接替老的成员。而社会化过程正是社会以其特有的文化将新的成员不断教化为符合要求的合格成员的过程。因此，尽管老的成员在不断死亡，社会仍能存在和向前发展，一个社会的文化也在其中保存和传递。

综上所述，人的社会化过程实质上是人与各种社会环境之间的一种相互作用，在相互作用中，人逐步学会各种知识技能和规范以及人类社会的文化成果。而社会也实现了对个人的教化、引导和控制，实现人类文化代代相传。社会化具有如下特性：

（一）社会强制性

个人的社会化具有社会强制性。个体从母体中分娩出来之后，就置身于复杂的社会环境之中。而个人只要在社会中生活，就不能不受到社会的影响。社会以各种各样的方式影响个体的身心发展，个体的行为模式也在不断地被周围的人所塑造，这是不以人的意志为转移的。在个体生命发展的早期阶段，个人更多地接受社会的影响，较少具有选择性。而随着年龄的增长，生活经验的日益增多，个人的社会化越来越多地表现为个体能动性。

（二）个人能动性

发展心理学的研究表明：在婴儿阶段，个体就已经表现出积极主动性，至少从出生六个月起，婴儿就可以用诸如哭和笑，作为达到目的的手段。可见，个体的社会化从一开始就表现出能动性，这种能动性体现在两个方面：一是社会化的个体之间的相互作用。也就是说，个体既被社会化，也影响其他个体的社会化，个体既是社会化的主体，也是社会化的客体；二是个体自身的因素也影响着个体的社会化。

社会化不单是个体之间的相互作用，也不仅是个体接受社会影响，这些只是个体社会化的外部动因，个体先天具有的素质为个体的社会化提供了可能性。动物由于先天的遗传素质与人不同，即使生活在人类社会中，不管施行怎样的训练，也不可能发展成为人。而狼孩回到人类社会中，却能部分地获得人的特性。可见，具有人的遗传素质，是自然人向社会人转变的必要条件。

（三）终身持续性

在与社会环境的相互作用中，个体社会化不断进行。当然，仅从自然人到社会人的初步转变是不够的。社会人也是处在不断发展变化之中的，因此，从自然人向社会人的转变是一个终身不间断进行的过程，持续人的一生。个人的社会化可相对区分为两个发展阶段，一是从出生到成年的社会化的初步完成阶段，二是继续社会化的阶段。而在社会的不同发展阶段，还存在一个再社会化的问题。

个体在一生中所经历的社会化有许多不同的类型，有早期社会化、预期社会化、发展社会化、反向社会化和再社会化等。早期社会化是发生在生命早期的基本的社会化，主要使儿童掌握语言、学习本领，使儿童将社会规范与价值标准内化，与周围人建立一定的感情，了解他人的思想与观点。预期社会化是引导人们学习今后将要扮演的角色，如各级各类的职业技术学校制定的培养目标、设置的课程、开展的活动等，都是对学生进行职前培训，使他们将来能担当相应的角色。发展社会化是在早期社会化的基础上进行的，不断提出新的社会规范和新的社会要求，承担新的任务，扮演新的角色，对已有的社会规范、社会要求等加以补充、改组和替换。反向社会化是指年轻一代将新的社会文化知识和社会经验传递给年长一代。现代社会这种现象十分普遍。再社会化是指个体舍弃过去接受的某些社会规范和价值标准，重新学习社会所要求的社会规范与行为方式的过程。再社会化经常在人们部分或全部脱离了他们以前的社会生活环境的情况下出现。

《幼儿园教育指导纲要(试行)》(以下简称《纲要》)明确提出了幼儿社会性发展的五项目标。早在20世纪二三十年代,陈鹤琴先生就十分重视学前儿童的社会化教育,他认为:“自有人类历史以来,人都是过着社会生活的,人不能离开社会而独立。既然如此,人就必定在人与人之间发生关系,怎样使这个关系正确而完好地建立起来,以通过这个关系参与共同生活,通力合作以控制自然、改进社会,使个人及全人类得到幸福,便是一个做人的问题。所以,教育要讲做人,应当努力来学习如何做人。”从这个意义上说,《纲要》的社会性目标便可理解为“做什么样的人”的培养目标。他还认为:“大自然、大社会构成的自然环境和社会环境对学前儿童的发展起着举足轻重的作用,社会环境是人类精神活动环境,是人文环境,对儿童的发展具有更大的作用。在与人的交往中,幼儿学习与人交往的经验和知识,并实现着人与人之间的感情交流,习得文化的特征,进行着对儿童发展来说更为重要的社会化过程。”

第二节 学前儿童社会性教育的研究方法

学前儿童社会性教育的研究方法很多,这里主要介绍观察法、调查研究法、实验研究法、档案研究法、个案研究法和行动研究法。

一、观察法

观察法是指对儿童团体生活的正常活动进行系统观察,以获得数据作出结论的研究方法。在20世纪30年代以前,它是儿童社会性研究的主要方法。研究者首先对儿童在幼儿园和学校的行为进行观察,然后对这些在自然情境中发生的行为和事件进行总结描述。如学前教育专业本科生为了撰写毕业论文,对学前儿童在幼儿园游戏中人际交往的情况进行长期、系统的观察,从而在儿童交往的动机、交往的形式、交往的表现和交往的发展等方面获得了丰富而又充实的第一手资料。运用观察法来研究儿童的社会性发展,必须注意以下几点:

第一,必须进行连续性观察,即对同一个观察对象的同一个问题要做多次、连续性的观察,多次观察可以发现研究对象的心理活动的稳定性,这样得到的观察结果才具有一定的信度和效度。

第二,必须进行轮换性观察,即对同一个课题应该变换几次对象进行重复观察,以验证同一类研究对象的心理活动是否具有同样的变化。变换了的研究对象对同一课题有基本相同的心理变化，获得的资料才具有可信度。

第三，必须进行隐蔽性观察，即研究者的观察活动要力求让被研究者不易觉察，这样才能使被研究者自然真实地流露出心理活动的变化，否则容易出现种种现象——“迎合心理”和“逆反心理”。例如在家庭互动中，研究者让母亲在父亲不知道的情况下观察记录孩子和父亲的互动情况，然后由一位研究者到家中进行观察记录。比较两次研究结果，发现在后一种情况下，儿童父亲的积极行为要比第一种情况增加一倍多。

在实际运用中不难发现，观察法既有一定的优点，又有明显的不足。它的优点是：对于所研究的对象在没有施加任何外来影响的情况下，能够掌握研究对象许多生动活泼的实际材料，资料的信度和效度都比较强。它的不足是：研究者对于被研究者的情况即使了解得很清楚，因其研究对象有特殊性，很难把研究成果运用于其他的研究团体中。如观察某一城市某幼儿园中班儿童对公有玩具和私有玩具与同伴分享的情况，得到的结论是他们对公有物品不能分享，而对私有物品却能很好地与同伴分享。研究者分析认为：现在，儿童的家庭经济条件相对比较好，为儿童购买的玩具比较多，儿童把自己玩过的玩具带到幼儿园给小朋友玩，十分大方。而幼儿园的玩具由于种种原因，儿童却不能经常玩，因此与同伴分享的情况就很不理想了。那么，这个幼儿园的儿童对玩具的分享能否用于这个城市的其他幼儿园呢？农村幼儿园儿童同伴分享玩具情况又如何呢？恐怕不能就简单地以此为推论。

二、调查研究法

调查研究法是对所研究的问题进行调查、收集材料，然后做统计分析，最后得出结论的研究方法。这里主要介绍访谈法和问卷法。

（一）访谈法

访谈法是一种研究性交谈，是研究者通过口头谈话的方式从被研究者那里收集第一手资料的研究方法。这是社会科学研究中常用的研究方法。访谈法与日常谈话不同，访谈是一种有特定目的和一定形式的研究性交谈，而日常谈话是一种目的性比较弱、形式比较松散的谈话方式。两种交谈方式都有自己的谈话规则。双方一旦进入交谈关系，就会自动产生一种默契，不自觉地遵守这些谈话规则。

根据不同的分类标准，访谈有不同的类型。按照访谈的正式程度，访谈分为标准化访谈法和非标准化访谈法。标准化访谈法是根据已设计好的访谈问卷向被访者提出问题，然后将其答案填写在问卷上的方法。这是一种高度控制的访谈方法。标准化访谈的特点是，对在访谈中涉及的所有问题，如选择访谈对象的标准和方法、访谈中提出的问题、提问的方式和顺序、被访者回答的记录方式、访谈时间和地点等都有统一规定。在访谈过程中,访谈者不能随意更改访谈的程序和内容。非标准化访谈法是指事先不制定统一的问卷,只是根据拟定的访谈提纲或某一题目,由访谈者与被访谈者进行自由交谈获取资料的方法。与标准化访谈相比,这种访谈几乎无任何限制,访谈者可随时调整访谈的内容、深度和广度。根据受访者人数,访谈可以进一步分为个别访谈和集体访谈。根据访谈的次数,访谈可以分为一次性访谈和多次性访谈。

在运用访谈法进行研究的时候,必须注意:

(1) 设计访谈提纲。无论是哪一种形式的访谈,一般在访谈之前都要设计一个访谈提纲,明确访谈的目的和所要获得的信息,列出所要访谈的内容和提问的主要问题。

(2) 恰当进行提问。要想通过访谈获取所需资料,对提问有特殊的要求。在表述上要求简单、清楚、明了、准确,并尽可能地适合受访者;在类型上可以有开放型与封闭型、具体型与抽象型、清晰型与含混型之分;另外适时、适度的追问也十分重要。

(3) 准确捕捉信息,及时收集有关资料。访谈法收集资料的主要形式是“倾听”。“倾听”可以在不同的层面上进行:在态度上,访谈者应该是“积极关注的听”,而不应该是“表面的或消极的听”;在情感层面上,访谈者要“有感情的听”和“共情的听”,避免“无感情的听”;在认知层面,要将受访者所说的话或信息迅速地纳入自己的认知结构中加以理解和同化,必要时还要与对方进行对话,与对方进行平等的交流,共同建构新的认识和意义。另外“倾听”还需要特别遵循两个原则:不要轻易地打断对方和容忍沉默。

(4) 适当地作出回应。访谈者不只是提问和倾听,还需要将自己的态度、意向和想法及时地传递给对方。回应的方式多种多样,可以是诸如“对”、“是吗”、“很好”等言语行为,也可以是点头、微笑等非言语行为,还可以是重复、重组和总结。

(5) 及时作好访谈记录,一般还要录音或录像。

总之,访谈是质的研究中十分重要的收集资料的方法。它的优点是:非常容易和方便可行,引导深入交谈可获得可靠有效的资料;团体访谈,不仅节省时间,而且与会者可放松心情,作较周密的思考后回答问题,相互启发影响,有利于促进问题的深入。缺点是样本小,需要较多的人力、物力和时间,应用上受到一定限制。另外,无法控制被试受主试的种种影响(如角色特点,表情态度,交往方式等)。所以访谈法一般在调查对象较少的情况下采用,且常与其他方法结合使用。

(二) 问卷法

问卷调查法也称问卷法,它是调查者运用统一设计的问卷向被选取的调查对象了解情况或征询意见的调查方法。问卷调查是以书面提出问题的方式搜集资料的一种研究方法。研究者将所要研究的问题编制成问题表格,以邮寄方式、当面或者追踪访问方式作答,从而了解被试对某一现象或问题的看法和意见,所以又称问题表格法。问卷法的运用,关键在于编制问卷,选择被试和结果分析。

根据不同的标准,问卷法可以分为不同的类型。按照问卷填答者的不同,可分为自填式问卷调查和代填式问卷调查。其中,自填式问卷调查,按照问卷传递方式的不同,可分为报刊问卷调查、邮政问卷调查和送发问卷调查;代填式问卷调查,按照与被调查者交谈方式的不同,可分为访问问卷调查和电话问卷调查。根据问卷中提出问题的结构程度,可以分为结构型问卷和非结构型问卷。结构型问卷也称为封闭式问卷,是把问题的答案事先加以限制,只允许在问卷所限制的范围内进行挑选。结构型问卷包括是否式、选择式、评判式、划记式四种问题型式。是否式把问题可能答案列出两种极端情况,从中择一,如:"是"与"否","同意"与"不同意"。非结构型也称开放式问卷,问卷由自由作答的问题组成。这类问卷,提出问题,不列可能答案,由被试自由陈述。就题型分析,可以是填空式的,也可以是问答式的。

在使用问卷法进行研究时,应当注意:首先,要制定一份结构完整的问卷,包括问卷的标题、前言、指导语、问题和结束语等,能反映研究的主题和目的。其次,问卷的表达应当明了,通俗易懂,以便被试能准确理解,正确回答。再次,问卷设计应当考虑实施过程中和结果整理中各种可能出现的问题和要求,以方便实施结果的处理。

总之,使用问卷调查法有以下的优点:它能突破时空限制,在广阔范围内,对众多调查对象同时进行调查;便于对调查结果进行定量研究;匿名性;节省人力、时间和经费。当然,也有其缺点:最突出的一点就是它只能获得书面的社会信息,而不能了解到生动、具体的社会情况;缺乏弹性,很难作深入的定性调查;问卷调查,特别是自填式问卷调查,调查者难以了解被调查者是认真填写的还是随便敷衍的,是自己填答的还是请人代劳的;被调查者对问题不了解、对回答方式不清楚,无法得到指导和说明;填答问卷比较容易,有的被调查者或者是任意打钩、画圈,或者是在从众心理驱使下按照社会主流意识填答,这都使得调查失去了真实性;回复率和有效率低,对无回答者的研究比较困难。

三、实验研究法

实验研究法是指研究者按照研究目的,充分地控制实验的环境,创设一定的实验条件,科学地选择研究对象,以确立自变量与因变量之间的因果关系的一种研究方法。实验研究法可以分为实验室实验、自然实验和模拟实验三种。

实验室实验是在实验室条件下进行的实验。一方面它的控制条件比较严格，可以避免其他因素的干扰，实验结果的说服力比较强。另一方面，这种实验是在实验室内进行的，脱离了活生生的社会生活，增加了许多人为因素，故其真实性较差。

自然实验又称为现场实验，是在自然的情况下控制条件进行实验，对于由此发生的相应的心理变化进行研究分析。这种方法在很大程度上可以推断出因果关系。

模拟实验是研究者设计的一种人为情境，是对真实社会情境的模拟，以期探求被实验者在特定的社会情境下心理活动的发生与变化。如研究儿童在怎样的社会情境下容易发生亲社会行为或攻击性行为。这种方法虽然是人为地设计情境以模拟现实社会，但对被实验者来说，如果未被察觉人为因素，则其反应是真实可信的，所以模拟社会情境必须逼真，不易被发现。

四、档案研究法

档案研究法是指对现存的档案材料的内容进行调查分析。档案材料包括报纸的报道、书籍、杂志、讲演稿等。从中寻找个体或团体社会活动和社会教育的特点和规律。如为了了解某一儿童社会性发展情况，可以从教师每日对儿童的个别观察与记录中收集相关资料；为了了解某一幼儿园社会教育活动的开展情况，可以去查看这个幼儿园的课程设置，社会领域课程的目标、内容、方法等资料。这些经过有关人员整理并加工的资料，可以供研究使用。档案研究主要是一种静态性的研究，利用现存资料进行分析。

五、个案研究法

个案研究法就是对单一的研究对象进行深入而具体研究的方法。个案研究的对象可以是个人，也可以是个别团体或机构。前者如对一个或少数几个优生或差生进行个案研究，后者如对某先进班级或学校进行个案研究。个案研究一般对研究对象的一些典型特征作全面、深入的考察和分析，也就是所谓“解剖麻雀”的方法。同时个案研究不能停留在对个案的研究和认识的水平上，需要认识教育与发展之间的因果关系，提出一些积极的教育对策，以便因材施教。例如著名心理学家皮亚杰和我国著名儿童教育家陈鹤琴都曾经运用个案研究法追踪研究了自己的孩子，取得了突破性的研究成果，并留下了不朽的著作。

六、行动研究法

行动研究法是指在自然、真实的教育环境中，教育工作者按照一定的操作程序，综合运用多种研究方法与技术，以解决教育实际问题为首要目标的一种研究模式。也是指教师在教育教学实践中基于解决实际问题的需要，与专家合作，将问题发展成研究主题进行系统地研究，以解决问题为目的的一种研究方法。行动研究法是将纯粹的教育科研实验与准教育科研实验结合起来，将教育科研的人文学科的特点与自然科学的实验的特点结合起来，用教育科学的理论、方法、技术去审视、指导教育教学实践，将教育教学经验上升到理论的高度，但依托的是自身的教育教学实践。行动研究法是一种适应小范围内教育改革的探索性的研究方法，其目的不在于建立理论、归纳规律，而是针对教育活动和教育实践中的问题，在行动研究中不断地探索、改进和解决教育实际问题。行动研究将改革行动与研究工作相结合，与教育实践的具体改革行动紧密相连。

第三节　学前儿童社会性教育与发展的意义

社会性教育和发展对学前儿童的健康成长有重要意义，对其未来的发展也具有至关重要的作用，特别是在社会迅速发展的今天，学前儿童社会性教育和发展更是必须予以充分重视的问题。对学前儿童进行社会性发展教育，不仅是学前儿童个人生存发展的需要，也是社会发展的需要。当今世界正经历着面向 21 世纪的挑战，人的现代化是国家现代化必不可少的因素。因此，研究人的社会化已成为具有国际意义的课题，学前儿童的社会性发展已引起人们的普遍关注。美国及一些西方国家，把诚实、自信、对集体的认识、责任感、在社会制约范围内的独立性作为学前教育的主要培养目标。日本强调和谐的人际关系，把社会意识、合作作为首要能力来培养。德国把社会化人格的培养作为入学准备的三大条件之一。瑞典极为重视儿童的个性发展，主张让儿童在与他人合作的环境中实现社会化。这种趋势的出现是必然的，是社会现实迫切需求的反映，同时也与有关理论研究和进展密切相关。学前期是个体社会化发展的重要时期。儿童在这段时间的经历和体验，以及在此基础上的社会性发展状况，将影响其一生。因此，必须高度重视对学前儿童社会性发展的指导。

一、社会性发展是儿童健全发展的重要组成部分，促进儿童社会性发展已经成为现代教育的最重要目标

培养身心健全的人是教育的最根本目标。社会性发展是儿童身心健康发展的重要组成部分，它与体格发展、认知发展共同构成儿童发展的三个方面。从现代教育观念看，让儿童"学会做人"的教育远较知识和智能教育重要。重视社会性教育这一主题，已经成为现代教育观念转变的一个重要标志。

完美的人格对一个人的智慧和能力的发展及事业的成功具有促进作用。一个人的道德水平、社会交往能力等对其事业的成功是有帮助的。20 世纪 90 年代初出现的情感智力的概念，则把社会性发展的作用提到了一个新的高度，强调情商是决定人生成功与否的关键，从而使"智商决定论"成为历史。这种观点的提出反映了未来社会发展的需要及相应的人才标准。什么是情商呢？情商就是除了智力因素以外的一切内容，主要包括同情和关心他人、表达和理解感情、控制情绪、独立性、适应性、受人喜欢、解决人与人之间关系的能力、坚持不懈、友爱、善良及尊重他人。可以看出所谓情商指的就是人的社会性。既然情商是可以培养的，是因教育而形成的，就会出现儿童发展的不同水平。因此，教育者就有责任培养高情商的孩子，发展儿童的社会性。

二、学前期是儿童社会性发展的重要时期，学前儿童社会性发展是儿童未来发展的主要基础

学前儿童社会性发展在人的一生的社会性发展中占有极其重要的地位。学前儿童社会性发展是其未来人格发展的重要基础。学前儿童社会性发展的好坏，直接关系到学前儿童未来人格发展的方向与水平。这是由于学前期是儿童社会性发展的关键时期。学前儿童的社会认知、社会情感及社会行为技能在此阶段都得到了迅速发展，并开始逐渐显示出较为明显的个人特点，可以说某些行为方式已经成为比较稳定的个性特征。入小学前，儿童之间就已经表现出较为明显的个体差异。如有的孩子是非观念较强，懂道理，有的孩子则反之，是非不分，显得不懂事；有的孩子对人友好，受人欢迎，能够独立处理好和同伴的关系，有的孩子任性、自私、不会和别人交往，也不受小伙伴的欢迎等。可以说，学前期儿童社会性发展的好坏，将是以后儿童社会性发展的基础，并对孩子入学以后的学习、交往有非常大的影响。因此，学前期应该注重儿童的社会性发展，为孩子未来的发展奠定一个良好的基础。

三、实施学前儿童社会性教育，可以促进学前儿童的完整发展

所谓完整发展是指儿童在内容、结构与时间上的完整发展。从发展的内容上看，儿童的完整发展是指德智体美的全面发展；从结构上看，是认知、情感、意志的完整发展；从时间上看，是终身的完整发展。

四、开展学前儿童社会性教育，可以促进学前儿童积极地社会化

社会化主要是指个体学习社会中长期积累起来的知识、技能、观念和规范，并内化为个人的品格与行为，在社会生活中加以再创造的过程。促进学前儿童积极地社会化是学前儿童社会教育的又一重要任务。学前儿童的社会化是一个复杂的过程，积极的社会化并不会自然地发生，它需要教育者创设积极的教育环境并加以适当引导才能实现。学前儿童社会性教育的研究就是要寻找创设积极教育环境与适当引导的原理与方法。

五、加强学前儿童社会性教育，可以实现社会文化的延续与发展，为社会培养合格公民

为社会培养合格公民是学前儿童社会教育的又一重要任务，一个公民是承载了一定文化传统，并积极参与现实生活的人。这决定了学前儿童社会性教育对公民的培养，既要注重优秀传统文化的继承，也要引导孩子参与现代全球化生活。

第四节　学前儿童社会性教育的目标和内容

一、学前儿童社会性教育的目标

学前儿童社会领域的教育，旨在促进儿童的社会化，教育的根本目的即通过教育使个体成为能够适应社会、参与社会生活、在社会中独立生存和发展的成熟的人。

学前儿童社会性教育的目标是一个由多种内容构成的、多层次的体系。目前学前儿童社会性教育目标共分为以下六个层次：总目标（也称社会领域目标、课程目标），学年目标，学期目标，月目标，单元教育活动目标（周目标），具体教育活动目标。

总目标是学前儿童社会教育的最终目的，是制定其他所有健康教育活动目标的重要依据。《纲要》明确提出了幼儿园社会教育领域的总目标，目标主要表明了该领域重点追求什么，它主要的价值取向何在。以下为《纲要》中提出的幼儿园社会教育领域的五条目标：

(1) 能主动地参与各项活动，有自信心；

(2) 乐意与人交往，学习互助、合作和分享，有同情心；

(3) 理解并遵守日常生活中基本的社会行为规则；

(4) 能努力做好力所能及的事，不怕困难，有初步的责任感；

(5) 爱父母长辈、老师和同伴，爱集体、爱家乡、爱祖国。

二、学前儿童社会性教育的内容

学前儿童的社会性发展包括社会情感、社会认知和社会行为三方面的内容，在儿童的社会活动中又表现出其明显的个性特征。学前儿童社会性教育的内容应包括社会情感、社会认知、社会行为和个性等方面。

（一）社会认知

社会认知是学前儿童在参与社会活动中发展的，认知所获得的经验影响其社会行为，要帮助学前儿童得到积极的社会知识经验。

1. 自我意识

自我意识是指主体对自身特征以及自身与他人及周围事物关系的认识。包括对自己的思想、言行、身体外貌、内部状态、人际关系等方面的认识。具体内容包括：

(1) 帮助幼儿认识和接纳自己，增进幼儿的自我价值感和自信心。

(2) 帮助幼儿学习认识、理解和适当地表达自己的情绪，控制自己的行为。

(3) 帮助幼儿学习自由选择，自我决断，培养其独立性、自主性和自己对自己的行为负责的意识。

(4) 支持、鼓励幼儿大胆地表达自己的意愿、想法、态度。

在一次认识菊花的活动中，老师请小朋友闻闻菊花的味道，当几乎所有的小朋友都说出“清香”时，有一个小朋友说出“菊花是臭的”，教师并没有责怪该幼儿，而是与该幼儿一起寻找答案，结果发现该幼儿闻的菊花刚施过肥。

该例子说明，孩子会表达出自己的意愿，是自我意识发展的表现，教师要支持、鼓励，不要随意阻止，否则会阻碍幼儿自我意识的发展。

2. 对周围人的认识

(1) 了解父母和亲人的工作和工作场所（请父母介绍自己的工作、参观父母的工作场所），感受生活中父母和亲人对自己的爱（说说父母和亲人如何爱自己，为自己做了哪些事），懂得爱父母和亲人，并懂得用一般的表达方法表达自己对亲人的感谢和爱，知道不打扰他们的工作或休息。

(2) 关心、理解幼儿园的同伴和老师，愿意与他们共同友好地进行各种活动，了解幼儿园其他工作人员的工作，知道他们的工作都是为幼儿服务的，懂得感谢、尊重他们的服务。

(3) 了解其他公共场所服务的人们的劳动，如社区的清洁工人，知道他们的劳动给大家带来的方便和愉悦，懂得尊重劳动的人和他们的劳动。

3. 对周围环境、现象的认识

有大环境，小环境，小到幼儿园、家庭，大到国家、世界。

(1) 家庭：知道家庭主要成员的称呼、姓名、家庭成员与自己的关系及一些邻里关系、家庭的主要设施、家庭住址、电话等。

(2) 幼儿园：知道名称、地址、班级、小组、基本的集体活动规范、幼儿园工作人员及其与自己的关系、幼儿园的环境和设施等。

(3) 社区：知道社区主要机构名称、工作人员及主要工作、与人们的生活关系及主要设施等。

(4) 交通工具和设施：知道水、陆、空交通工具及辅助设施等。

(5) 国家及民族：知道所在省、市、县、街道、门牌等名称；知道国名，认识国旗；知道首都及部分主要城市；知道家乡特色；知道主要民族的名称、分布、风俗及文化特征；知道人口及人种特征；知道主要风景名胜及特产等。

(6) 世界知识：知道主要人种，邻国、强国、大国等。

4. 社会文化

(1) 社区人文景观：所在社区的主要人文景观、特征及有关故事传说。

(2) 民间节日：知道节日名称、时间、主要特点及庆祝方式。

(3) 民间艺术：当地一些主要工艺品的名称、用材、简单制作方法及当地主要地方剧种等。

(4) 文化精品：民族的文字、书法、我国主要剧种等。

(5) 英雄人物。

(6) 世界文化。

（二）社会情感

社会情感是人们在社会活动中因自己的需要满足或不满足而产生的主观感受。社会情感分为积极情感（快乐、高兴、自豪、依恋、自尊、自信、同情、羞愧、责任感、集体荣誉感、爱国情感等）和消极情感（悲伤、沮丧、愤怒、害怕、妒忌等）。社会情感的教育就是要引导学前儿童在社会认知过程中，形成积极的情感体验，学会认识、调控自己的情绪和情感。

（三）社会行为

社会行为指人们在交往等社会活动中对周围环境的人或事情做出的态度、言语和行为反应，包括合作、助人、同情、安慰、节约、爱护环境、遵守规则、破坏、违反规则等。我们要帮助学前儿童形成积极的亲社会行为，具体包括：

1. 帮助学前儿童掌握交往技能，发展交往能力

（1）培养幼儿关心、理解、尊重和赞赏他人的态度。

例如，大(1)班有一男孩钢琴弹得很好，常得到老师的赞扬。一天，老师请别班的一位女孩到大(1)班来弹琴，女孩的琴弹得也很好，也得到了老师和其他幼儿的赞扬，只见这位男孩撅了撅嘴说了句"有什么了不起"，就趴在钢琴上哭了。小女孩站在一旁不知所措，其他幼儿则议论纷纷。

该例子表示没有尊重和赞赏他人的态度，无法和他人形成良好的人际关系。

（2）鼓励幼儿积极交往，指导学习并掌握基本的交往技能。

包括态度友好，多用语言进行交往，学会尊重他人，乐于谦让、分享、帮助他人等。

2. 引导学前儿童遵守规则

（1）文明礼貌规则：知道对人要热情，注意倾听他人的话，会使用礼貌用语等。

（2）生活中的基本规则：注意个人卫生，健康饮食，懂得自我保护等。

（3）集体活动时的基本规则：遵守游戏规则，勤于思考，积极参加学习活动，懂得文明礼貌，友好交往等。

（4）社会公共规则：爱惜公物，遵守公共卫生规则，遵守公共交通规则，遵守各种社会活动需要遵守的规则（购物、进入银行、邮局等遵守的规则）等。

（5）初步的社会公德：不随地扔垃圾、尊老爱幼、帮助需要帮助的人等。

（四）个性

幼儿社会性的发展与个性的发展相互影响，相互促进。教师在对学前儿童进行社会性教育的同时，要注意培养幼儿良好的个性品质，包括勇敢、自信、自尊、独立、坚持、友爱、坚强等。

三、幼儿园社会教育的内容

《纲要》中提出了幼儿园社会教育的内容，该部分说明了为实现教育目标，教师应该做什么、该怎样做。

（一）幼儿园社会教育的基本内容

（1）引导幼儿参加各种集体活动，体验与教师、同伴等共同生活的乐趣，帮助他们正确认识自己和他人，养成对他人、社会亲近、合作的态度，学习初步的人际交往技能。

（2）为每个幼儿提供表现自己长处和获得成功的机会，增强其自尊心和自信心。

（3）提供自由活动的机会，支持幼儿自主地选择、计划活动，鼓励他们通过多方面的努力解决问题，不轻易放弃克服困难的尝试。

（4）在共同的生活和活动中，以多种方式引导幼儿认识、体验并理解基本的社会行为规则，学习自律和尊重他人。

（5）教育幼儿爱护玩具和其他物品，爱护公物和公共环境。

（6）与家庭、社区合作，引导幼儿了解自己的亲人以及与自己生活有关的各行各业人们的劳动，培养其对劳动者的热爱和对劳动成果的尊重。

（7）充分利用社会资源，引导幼儿实际感受祖国文化的丰富与优秀，感受家乡的变化和发展，激发幼儿爱家乡、爱祖国的情感。

（8）适当向幼儿介绍我国各民族和世界其他国家、民族的文化，使其感知人类文化的多样性和差异性，培养理解、尊重、平等的态度。

（二）各年龄段幼儿的社会教育内容

1. 小班幼儿社会教育内容

（1）帮助幼儿认识自己，了解自己身体的部位、特征及作用，懂得保护自己的一些最基本常识。

（2）帮助幼儿意识到自己是哪个班的小朋友，熟悉生活环境，了解同伴、教师、保育员，初步适应集体生活。

（3）教给幼儿基本的卫生常识，帮助幼儿形成良好的卫生习惯。

（4）帮助幼儿掌握礼貌用语，能运用“你好”、“对不起”、“没关系”、“谢谢”等语言，有礼貌地与别人交往。

(5) 引导幼儿用语言表达自己的想法，喜欢和同伴一起活动，能与同伴协商、轮流、友好玩耍，不抢占、独霸玩具。

(6) 培养幼儿初步的独立性和自控力，保持愉快的情绪，遵守集体的规则，爱护玩具、图书。

(7) 能按照教师的标准学习评价人和事，能对同伴作出公正的评价，能正确地评价行为的结果。

(8) 教给幼儿基本的交通安全知识，使幼儿学会遵守交通安全规则。

(9) 了解自己父母及同伴父母的工作性质和特点。

(10) 知道中国的重大传统节日，初步了解祖国文化，并为之感到自豪。

2. 中班幼儿社会教育内容

(1) 帮助幼儿了解自己和同伴，并能说出一些异同点。

(2) 帮助幼儿用语言来表达自己的情绪、情感，并能通过语言、动作、表情来了解别人的情感。

(3) 帮助幼儿学会控制自己的情感，不任性，不随意发脾气。

(4) 引导幼儿学会同情别人，关心别人。

(5) 帮助幼儿掌握礼貌用语，并能在不同的场合恰当地加以运用。

(6) 培养幼儿与同伴交流、分享、合作、谦让的能力。

(7) 增强幼儿的独立性，鼓励幼儿遵守游戏规则，帮助幼儿克服学习中遇到的困难。

(8) 帮助幼儿进行自我评价，学习对行为的动机进行评价，认识自己的能力和优点，克服自己的缺点和不足。

(9) 引导幼儿认识社区的公共设施，了解周围人们工作的性质、特点和作用，萌发热爱人民、热爱家乡的情感。

(10) 帮助幼儿理解中国的传统节日和民间工艺品，加深幼儿对中国文化的认识和情感。

(11) 帮助幼儿了解一些外国的文化传统和风俗习惯。

3. 大班幼儿的社会教育内容

(1) 引导幼儿认识到自己是不断发展变化的，自己的进步是父母和教师教育、帮助的结果。

(2) 提高幼儿的语言表达能力及与同伴交往的能力，促进幼儿学会关心别人，并能与同伴友好相处。

(3) 增加幼儿对集体的了解，培养幼儿的集体荣誉感。

(4) 培养幼儿的自控能力，要求幼儿自觉遵守各种规则。

(5) 帮助幼儿克服各种困难，培养幼儿的责任感。

(6) 发展幼儿的独立性，指导幼儿按照社会准则进行自我评价，并能对自己的行为动机进行评价。

(7) 形成幼儿热爱劳动、爱护公物、珍惜劳动成果的习惯，培养幼儿的内疚感、公正感、爱惜感。

(8) 引导幼儿认识社区生活设施和环境，帮助幼儿理解人们的职业分工、工作性质与特点，并学会尊重不同职业的人们，萌生环保意识。

(9) 使幼儿认识到我国是个多民族的国家，幅员辽阔，资源丰富，培养幼儿的爱国心。

(10) 帮助幼儿了解一些世界名胜古迹、工艺美术品、风土人情，使幼儿学会尊重外国的文化传统和风俗习惯。

四、选择学前儿童社会性教育内容的要求

(一) 根据国家级的课程标准和当地幼儿教育纲要中社会领域方面的要求，确定社会教育的内容

目前，我国最有权威的课程标准是 2001 年国家教育部颁布的《幼儿园教育指导纲要(试行)》，明确提出了幼儿园社会性教育的内容。学前儿童社会性教育内容首先应符合《纲要》中提出的社会性教育领域方面的要求，然后再根据当地的实际情况及当地幼儿教育纲要中社会领域方面的要求，确定社会性教育的内容。

(二) 利用学前儿童当时所处的社会生活背景和社会生活环境作为课程标准和教育纲要的载体

我们选择的学前儿童社会性教育的内容应该是与儿童当时生活背景和生活环境紧密相关的，儿童对这些教育内容是熟悉且感兴趣的。因此，教师应该关注儿童当时的生活背景及生活环境，寓教育于生活。如利用围绕在儿童生活中的对 2008 年奥运会的宣传，向儿童介绍奥运会、介绍北京，激发儿童的爱国热情等。

(三) 根据学前儿童发展水平及其存在的问题确定教育内容

我们在选择教育内容时，必须考虑学前儿童的身心发展水平，主要是指儿童的年龄特点，本园、本班儿童的发展水平及儿童的个体发展水平。另外，教师还应该观察儿童的日常生活，发现儿童在生活中存在的问题，有针对地确定教育内容，对学前儿童进行教育。

第五节 学前儿童社会性教育的原则

学前儿童的社会学习具有随机性、长期性、实践性的特点，因此社会领域的教育应具有潜移默化的特点，即将教育渗透到一日生活的各个环节，通过自然的形式对学前儿童进行熏陶，如将社会教育渗透到学前儿童的交往、探索活动、游戏中等，使学前儿童适应环境，内化规则。而在对学前儿童进行社会教育时应遵守以下原则。

一、目标原则

学前儿童社会性教育的目标是教育的出发点和归宿。在学前儿童社会性教育的过程中，教师对幼儿的指导、活动的方式、活动的结果等都要受到目标的制约，因此，对学前儿童进行社会教育必须遵循目标原则。

教师在组织社会教育活动时要有强烈的目标意识，教师在教育过程中选择的教育内容、教育方法等都要围绕目标进行。

除了要遵循国家教育部为学前儿童社会教育领域设定的目标外，教师还要为社会教育活动制定具体且合理的目标。如目标中提出“培养学前儿童关心他人的品质”，这样的目标就比较空洞，很难落到实处，不具有操作性，对活动也起不到指导作用，可改为“知道应该关心和帮助有困难的人；在扮演角色中学习帮助别人的方法；愿意在别人遇到困难和痛苦时主动去关心、帮助他们。”通过制定具体可操作的目标来实现更大的教育目标，是对学前儿童进行社会教育所要遵循的原则。

二、主体活动性原则

尽可能把课程内容设计成幼儿的各种自主性活动，变“要我学”为“我要学”。教师要为儿童创设活动的空间，如提供活动的材料、布置环境等；给儿童提供自主活动的机会和时间，让他们主动体验、观察、操作以获得社会认知，形成社会情感和社会行为；教师还要为学前儿童提供适当的指导以提高儿童的活动水平，教师还可以根据儿童的水平，再给他们提出一些更高的社会活动的要求，激发他们产生更高、更多的社会活动需要，不断提高他们的活动水平。

三、渗透性原则

学前儿童社会性教育具有潜移默化的特点，对学前儿童的教育不能只局限于专门的社会性教育活动中，为了实现该领域的教育目标，要通过渗透，对学前儿童进行长期的社会性教育，让学前儿童自然地进行社会学习。渗透的方法有：

（一）渗透到各领域中

学前儿童社会性教育属于幼儿园领域教育的一个部分，要实现该领域的教育目标，可以渗透到其他领域中去，如要培养孩子谦让的品质，可以渗透到艺术领域中学唱“排排坐，分果果”的歌曲，渗透到语言领域中学讲“孔融让梨”的故事等。

（二）渗透到各游戏中

教师应该设计一些与社会教育内容相关的游戏活动，让学前儿童在愉快、自然的氛围中进行社会学习。如在角色游戏中学前儿童根据角色的社会行为来调节自己的行为，处理角色间的人际关系；在结构游戏中学前儿童可养成认真仔细、克服困难、团结协作的习惯。

（三）渗透到一日生活中

教师要善于发现日常生活中进行社会性教育的契机，及时进行社会性教育。如教师发现幼儿有争抢玩具的现象时，可以随机进行教育，培养孩子分享的品质。

（四）渗透到家庭教育中

对学前儿童进行社会性教育并不仅仅靠教师的力量，教师对学前儿童进行教育的时间是有限的，必须依靠家长的配合。教师要向家长宣传儿童在幼儿园的社会学习情况及一些恰当的社会性教育的方法，让家长在家中继续对他们进行社会性教育，实现家园配合。

四、实践性原则

学前儿童的社会认知、社会情感要和社会行为相结合。学前儿童的社会学习要通过实践才能内化。如当我们要让孩子记住“红灯停、绿灯行”的交通规则时，必须要让他自己过过马路，体验红、绿灯亮时自己应该出现的行为。贯彻实践性原则应该做到：

（一）帮助并教给幼儿具体的行为方式

在学前儿童实践前应给学前儿童讲清道理，只有这样孩子才能逐渐体会什么是对，什么是错。另外，孩子缺少行为实践的经验，掌握良好的行为方式，为他们在今后的社会行为实践中打下良好的基础。

（二）组织儿童参加多种实践活动

教师要有目的、有计划地给学前儿童实践锻炼的机会，通过身体力行、反复练习形成良好的社会行为和习惯。在鼓励儿童自己解决问题的同时，教师在实践中给予适当的指导，可使实践的效果更好。

五、强化性原则

强化性原则是指教师在学前儿童社会性教育中，通过言语、动作或表情等方式，对儿童的行为给予肯定或否定的评价，使之增强巩固或削弱消除，以便养成良好的行为习惯。

强化对于儿童的社会性教育相当重要，因为，儿童的认知发展水平和心理发展水平还处于比较低的发展阶段，家长，尤其是教师对他们言行的态度直接影响他们的言行，因此，我们要恰当地进行强化。贯彻强化性原则应做到：

（一）教师要采取明确、适宜的强化方式

当学前儿童出现良好的行为时，教师要对儿童明确地表示肯定、赞同；当学前儿童出现不良的行为时，教师要对儿童明确地表示不满，甚至批评，但要讲究批评的艺术，使儿童易于接受。

（二）强化应激发儿童的内在动机

强化不是为了让儿童做出某种特定的行为，强化重在激发儿童的内在动机。如对儿童进行肯定时，老师不宜经常采用物质奖励等外部强化手段（如小红花、小玩具等），这容易使儿童为了获得某种物质奖励而去做某种特定的行为。而教师多采用身体动作、语言的强化方式，如点头、微笑、抚摸、摇头、叹息等，效果会比物质强化更能打动儿童的内心，可使儿童为了得到某种行为的愉快体验而再次出现该行为，或为了不感到某种行为的难过体验而不再出现该行为。

（三）强化应及时

研究结果表明：倘若儿童的行为与教师反应间隔的时间太长，强化的效果就会

降低，甚至对儿童没有太大影响。

本章小结

社会性发展是儿童健全发展的重要组成部分，促进儿童社会性发展已成为现代教育的最重要目标。让儿童“学会做人”的教育远较知识和智能教育重要，重视社会性教育已成为现代教育观念转变的一个主要标志。“情商”就是社会决定人成功与否的关键。学前期是社会性发展的关键时期，学前儿童社会认知、社会情感及社会行为技能在此阶段都得到了迅速发展，学前期社会性发展好坏，对入学以后的学习、交往影响很大。

思考题

1. 简述学前儿童社会性教育的研究对象。
2. 简述社会性、个性、社会化的涵义及它们之间的关系。
3. 简述学前儿童社会性教育的主要研究方法。
4. 简述研究学前儿童社会性教育和发展的意义。

第一章　学前幼儿社会认知发展与教育

第一节　社会认知发展概述

一、社会认知和社会认知发展研究

（一）社会认知的定义

人们对客观世界的认知既包括对物理世界的认知，即认识各种自然事物及其发展变化的规律，也包括对人类本身及社会关系的认知，后者是社会认知的研究对象。社会认知是指人对社会性客体及其之间的关系，如对人（他人和自我）、人际关系、社会群体、社会角色、社会规范和社会生活事件的认知，以及对这种认知与人的社会行为之间的关系的理解和推断。社会认知是一个新的综合研究领域。一般认为，社会认知包括三种不同层次水平的研究：① 对个人的认知，包括对自己和别人各种心理活动（如感知、注意、记忆、思维、情感、动机、意向等）及思想观点、个性品质等的认知；② 对人与人之间各种双边关系的认知，如对权威的服从、友谊、意见冲突等关系的认知；③ 对社团内部或社团之间人们各种社会关系的认知等。

关于幼儿社会认知的研究与关于幼儿非社会认知的研究几乎具有同样长的历史，早期的幼儿社会认知研究有如皮亚杰关于幼儿对社会游戏规则的认识和道德判断的研究。社会认知被作为一个相对独立于幼儿自然认知的研究领域，则始于20世纪60年代末。但是这时候的社会认知发展研究，不是源于皮亚杰理论传统的发展心理学，而是源于由信息加工理论所支配的关于成人的社会认知研究。

20世纪80年代以前，社会认知发展领域的研究主要集中于婴儿期及学龄期，大量研究旨在探究婴儿社会行为的性质、对他人行为和情绪的敏感性等（如有关依恋的内在工作模型研究），也有大量的研究探究学龄幼儿采择他人观点的能力，归因的能力，有关性别角色、友谊、权威和公正等概念的形成和发展，以及幼儿的社会信息加工模式等。这些研究秉承了一般的认知发展研究思路，致力于寻求解释幼儿认知发展的一般机制，用普遍过程来解释认知发展，只是研究内容由幼儿对自然现象的认知变成了对社会现象的认知。从婴儿期到幼儿期的过渡期间，则相对缺乏研究。

（二）幼儿社会认知发展研究

20 世纪 80 年代以后，社会认知发展的研究状况发生了巨大变化，关于学前幼儿“心理理论”的发生、发展研究，吸引了大量心理学家的关注，幼儿心理理论（Theory of Mind）的研究已成为发展心理学的一个研究热点。

心理理论最早是由 Premack 和 Woodruff 于 1978 年提出的，他们认为如果个体能把心理状态加于自己和他人，那么这个个体就具有心理理论，这种推理系统被叫做一个理论是因为这种状态无法直接观察到，而且这个系统可以被用来预测他人的行为。后来这个观点就被许多心理学家所采纳，并使这一研究得以延续和蓬勃发展。Premack 和 Woodruff 之所以把关于心理的知识称为心理理论，是因为他们认为常人的心理知识是由相互联系的一系列心理因果关系而组成的一贯的知识体系，可以根据这个知识体系对人的行为进行解释和预测，而这个知识体系就像科学理论一样，有其产生、发展和成熟的过程。心理理论是指个体凭借一定的知识系统对他人的心理状态进行推测，并据此对他人的行为做出因果性的预测和解释的能力。由于心理理论发展研究特别关注 3 岁、4 岁和 5 岁幼儿，学前期间的社会认知发展不再是一个“缺乏探究的领域”。心理理论的研究主要涉及幼儿关于心理状态（诸如信念、愿望等）的认识。这种研究认为对心理状态的认识与关于现实世界中的事件、个人自己和他人的行动的认识，以及关于心理状态彼此间相互联系的认识，均密切关联；这种研究认为这种知识是人类最基本的认识领域之一，在我们的日常生活中具有举足轻重的影响；合作、行为预测、影响他人行为等重要能力，无不涉及关于信念、知识、需要、愿望、动机等心理状态的认识。例如“心理理论”研究一般认为，幼儿在 4 岁时就获得了“心理理论”能力，即 4 岁幼儿就可以根据一个人的愿望、信念等来理解他人的行为，其标志是成功地完成“错误信念任务”的作业任务，但是，这并不意味着在此之前幼儿的心理理论完全处于空白状态。从 2 岁左右开始，幼儿对他人的心理状态认知的一些基本能力逐步发展起来，这些能力的出现与发展为幼儿心理理论的形成准备了必要的前提条件。由于这种知识在社会生活中所具有的关键作用，幼儿的“心理理论”发展必然与其道德发展、社会性发展及交流能力的发展密切联系，必然对幼儿在日常生活中与他人的互动及各种社会关系的形成有着重要意义。

因此，“心理理论”研究似乎为传统的社会认知领域中零散的研究课题提供了某种相互联系的纽带，使该研究领域重新焕发了生机。由于“心理理论”研究及其观点对认知发展研究所产生的重大影响，在短短的十几年里，该领域已成为当前的认知发展领域中最鼓舞人心、最引人注目的研究课题，是当前发展心理学中最热门、最活跃的研究领域之一，备受发展心理学、认知心理学和心灵哲学等学科的学者关注。

幼儿心理理论发展的主要理论学派如下：

(1) 建构理论(Theory Theory)。其代表人物是韦尔曼(Wellman)，该理论认为幼儿对心理状态的理解是一个理论建构的过程，如同科学理论形成的过程。该理论建立在这样的假设基础上，即幼儿预先并没有关于自己心理状态的知识，而是通过建构心理理论并在此基础上来解释自己和他人的心理状态，这一理论认为幼儿关于心理知识的理论框架的形成和发展存在着一系列质的变化，而这种质的变化依靠幼儿与环境的交互影响。

(2) 模仿理论(Simulation Theory)。这种理论认为幼儿是通过内省来认识自己的心理，然后通过激活过程把这些有关心理状态的知识概化到他人身上。

(3) 模块理论(Modularity Theory)。其代表人物是 Alan Leslie 和 Simon Baron－Cohen，这种理论关注的焦点是幼儿心理理论的起源问题，认为幼儿心理理论是一种内在的能力，在个体出生时，心理理论便以模块的形式存在于个体的神经系统，因而，此理论认为个体心理理论的发展是一个内部生物机能逐渐展开的过程。

(4) 匹配理论(Matching Theory)。这一理论认为，心理理论的发展前提是婴幼儿必须意识到自己与他人在心理活动中处于等价的主体地位，即在心理活动情境中，幼儿逐渐获得对自己与他人之间心理关系的认识，意识到在与客体的心理关系中，自己与他人具有等价关系，从而认识到自己与他人在心理活动中的相似性；通过不断观察和再认，幼儿对这种等价关系的认识得以不断发展，从而逐渐获得系统的关于心理世界的知识。

二、培养和发展学前幼儿社会认知能力的意义

(一) 促进学前幼儿的完整发展

完整发展包括幼儿在内容、结构与时间上的完整发展。从发展的内容看，幼儿的完整发展是指德智体美的全面发展；从结构看，是认知、情感、意志和行为的协调发展；从时间上看，是终身发展的全过程。

(二) 促进学前幼儿积极地社会化

社会化主要是指个体学习社会中长期积累起来的知识、技能、观念和规范，并

内化为个人的品格与行为,在社会生活中加以再创造的过程。

促进学前幼儿积极地社会化是学前幼儿社会性教育的重要任务之一。人的社会化是一个复杂的过程,学前幼儿由于其身心成熟水平较低,正处于起步阶段,因此积极的社会化并不会自然地发生,它需要教育者创设积极的教育环境,加以适当引导。

(三)实现社会文化的延续与发展,为社会培养合格公民

为社会培养合格公民是学前幼儿社会教育的又一重要任务。一个能够适应社会发展的人必须承载一定的社会文化传统,并积极参与现实生活。这决定了学前幼儿社会性教育对公民的培养,既要注重优秀传统文化的继承,又要培养幼儿具有现代化的意识。

三、学前幼儿社会认知发展的特点

综合分析国内外已有研究,我们认为幼儿社会认知发展具有如下主要特点:

(一)幼儿社会认知发展是一个逐步区分认识社会性客体的过程

从人的心理发展中我们可以发现,婴儿的社会认知的发生是一个逐步认识和区分社会性客体的过程,即区分认识人类客体与非人类客体、一个个体与另一个个体、自我与非我的过程。而且认知发展过程还表现在幼儿不同情绪情感、行为意图及社会规则的认识上。塞尔曼认为,在幼儿观点采择能力的发展中,能否区分他人有意与无意行为是早期发展中的关键一步,之后幼儿才能逐渐理解人们在同一行为中可能有多种动机。在此基础上,幼儿发现对于同一事件自己和他人会有不同的观点和反应,才能区分自己和他人的观点。

(二)幼儿社会认知各方面的发展是非同步、非等速的

幼儿对自我、他人、社会关系、社会规则以及对人的情绪、情感、行为意图、态度动机、个性品质等的认识并非同时开始的,发展也是非等速的。其发生发展的总趋势是从认识他人到自我,到相互关系;从认识情绪到行为,再到心理状态;从认识身体到心理,再到社会。而同一年龄的幼儿各方面的发展水平也是有差异的。

(三)幼儿社会认知的发展遵循认知发展的普遍规律,但不完全受认知发展的影响

幼儿社会认知发展与一般认知发展并非完全平行。幼儿发展心理学研究证

明，幼儿智商与其观点采择能力之间的相关系数一般是中等或偏下，表明智商并不决定幼儿观点采择能力的发展水平。因为当幼儿的一般认知达到一定水平后，个体社会认知能力就更多地受社会、文化、教育等因素的影响和制约。

（四）幼儿社会认知的发展水平与社会交往密切相关

幼儿社会认知的对象既包括人及由人构成的社会关系，也包括其生活的社会环境。幼儿不仅是认知者，而且是积极的行为者，幼儿通过与他人的社会交往、相互作用认知社会。已有研究表明，幼儿社会认知的发展与其社会交往存在着密切的关系。首先，幼儿同伴间互动对社会认知有促进作用，幼儿在出生之后，最先接受的就是各自家庭及相关环境的影响，幼儿的行为、语言以及对活动的看法，均受各自抚养环境的影响，因此，幼儿之间的交往行为并不单纯是两个幼儿个体之间的交往。其次，幼儿交往的需要和动机与幼儿社会认知的水平有密切的关系，随着幼儿社会认知水平的提高，会激发幼儿社会交往的需求，而通过活动和交往可以满足幼儿的表现欲。

第二节　学前幼儿对自我的认知发展

一、自我概念的形成

（一）自我概念概述

1. 自我概念的定义

自我概念(Self-concept)即一个人对自身存在的体验。一个人通过经验、反省和他人的反馈，逐步加深对自身的了解。自我概念是一个有机的认知结构，由态度、情感、信仰和价值观等组成，贯穿整个经验和行动，并把个体表现出来的各种特定习惯、能力、思想、观点等组织起来，主要包括“我是什么样的人”和“我能干什么事”，综合个人的知觉、意志、态度、价值观念等构成具有独特个性的“我”。历史上，自我概念具有各种不同的涵义，主要原因在于这个概念源自多种学科。哲学和神学强调自我是道德选择和责任感的场所；临床心理学和人本主义心理学强调自我是个体独特性和神经症的根源；社会学强调语言与社会的相互作用是自我实现并得以保持的基础；实验社会心理学强调自我是认知组织、印象处理和动机激发的源泉。

自我概念对人一生的发展起着至关重要的作用。它作为一个重要的参照点决定着每一个人的行为方式、理想及信念。研究表明：自我概念与学习成绩、职业成就、心理健康状况有关。如：较自信、自尊的个体有着较好的社会成就；自卑、自弃的个体在适应社会和社会成就方面较弱。在职业生涯中，自我概念同样决定着工作的创造性、满意感和快乐感。由于自我概念在个性结构中的独特地位，因此在注意幼儿的智力开发的同时，也应注意幼儿良好的自我概念的培养。

人的自我概念是通过与其他人的相互影响而形成的。幼儿生来是没有自我概念的，幼儿们根据别人如何对待他们而逐渐学会认识自己。由于大部分幼儿所受的早期影响来自父母、看护人，因此父母在决定幼儿的自我概念中起了重要作用。其他人同样影响幼儿对自己的看法，兄弟姐妹、朋友，教师和宗教权威都在决定幼儿的自我概念中起作用。而从幼儿的自我概念发展来看，四岁和五岁的幼儿发展速度最快，所以对于幼儿来说是自我概念形成的最佳时期。

2. 自我概念的作用

幼儿期是自我概念发展的特殊时期，幼儿的自我概念容易被塑造。自我概念是幼儿心理发展过程中非常重要的内容，因为幼儿怎么看待自己，会直接影响到他们对自己的评价，进而会影响到幼儿形成什么样的个性品质。

具有良好自我概念的幼儿常表现出以下典型行为：对新活动显示出极高的热情；易与其他幼儿成为朋友；信任教师；在活动中能合作，能遵守合理的规则；善于控制自己的行为，对行为后果有一定程度的预料性；富于创造性、想像力、独立性；能与他人自由地进行交谈，绝大部分时间看上去是快乐的。而具有不良自我概念的幼儿则表现出相反的行为特征。

良好的自我概念有以下作用：

(1) 帮助幼儿认识和接纳自己，增进幼儿的自我价值感和自信心；

(2) 帮助幼儿学习认识、理解和适当表达自己的情绪，控制自己的行为；

(3) 帮助幼儿学习自由选择、自我决断，培养其独立性、自主性和自己对自己的行为负责的意识；

(4) 支持、鼓励幼儿大胆表达自己的意志、想法、态度。

(二) 幼儿自我评价发展的趋势

幼儿自我评价的发展趋势是：他律到自律的发展过程，即从轻信和运用成人的评价到自己独立的评价。幼儿初期，幼儿对自己的评价往往只是成人评价的简单再现，而且不加考虑地轻信成人对自己的评价。此后，幼儿对成人的评价不轻易再现，如评价不正确，幼儿会有反抗的表现。到幼儿晚期，幼儿开始出现独立的评价，而且，幼儿的自我评价往往比较简单，一般是两分法的简单评价方式，如“好”与“不好”,“聪明”与“笨”等,很难像成人一样作出全面细致的区分。由此,幼儿园教师对幼儿进行评价时要以发展性评价为主,要尽量基于事实,要公正客观,更多地使用积极性评价,而且尽量少给幼儿定性的评价,避免幼儿因为老师的评价而对自我评价产生偏差。

评价常常带有主观情绪性。在幼儿阶段,幼儿的行为由于受情绪的影响比较大,所以在对自我进行评价时也会显示出情绪化的特征。

学前幼儿的自我评价主要还停留在对自己外部行为的评价上,如学前幼儿基本能评价自己的外貌特征(如高矮、胖瘦等);而全面、概括地评价自己各方面能力水平的能力还比较低。

二、自尊的发展

(一) 自尊的定义

著名教育家苏霍姆林斯基曾指出,人类有许多高尚的品格,但有一种高尚的品格是人性的顶峰,这就是个人的自尊心。自尊作为自我系统的核心成分之一,它的发展状况不仅与人的心理健康有直接联系,而且也是健康人格发展的必备要素之一,它对个体的认知、动机、情感、个性及行为具有极大的影响力,同时它也受到个体自身状况与外界环境等多种因素的影响。

自尊作为自我的核心部分,是个体对自我的评价及体验,是自我中的情感成分。因此自尊是一种情感体验,是对自身价值和意义的情感体验。作为社会性发展的重要部分,有关自尊的研究已成为发展心理学中的重要领域。

(二) 自尊的发展

研究发现,自尊萌芽于3岁左右,幼儿早期随着年龄的增长,自尊水平不断提高,例如幼儿早期并不介意把自己比喻为小狗小猫等小动物,但随着年龄增长,就逐渐可以结合话语情境分辨这种比喻中的褒贬含义和情绪表达。幼儿在自尊发展的性别维度有显著差异,女童比男童注重外表,自尊总体水平不存在性别差异。

研究发现,3～8岁幼儿自尊的整体发展呈现出非常显著的年龄差异,且这种发展并不呈现直线上升的趋势,3～8岁幼儿自尊发展的年龄特征是:3～4岁呈上升趋势,4～7岁呈下降趋势,7～8岁又呈上升趋势。3～8岁幼儿自尊之所以处于发展变化之中,主要是由于随着年龄的增加,幼儿的身体、认知能力,尤其是自我意识和自我评价能力的发展,以及同伴交往范围、交往关系的扩大,再加上幼儿园与小学的知识学习,使得幼儿个性与社会性始终处于发展变化之中,也带动了幼儿自尊的整体发展。4岁是幼儿自尊发展的一个转折年龄，这与以往发展心理学研究中幼儿自我情绪体验发生转折年龄在4岁有关，也可能与幼儿自我评价开始发生转折的年龄在3.5～4岁有关，自尊作为自我情绪体验的一种重要形式，它出现的年龄也在4岁左右，另外幼儿自尊发展在4岁达到最高水平，主要与幼儿自我评价能力有关。

（三）影响因素

1. 家庭因素

家庭是人出生后接触到的第一个社会载体，对人一生的发展具有深远的影响。家庭因素在幼儿自尊发展中占有主导性的地位，在学前期阶段，父母和家庭对幼儿自尊发展的影响超过了教师和学校。

国内外研究都较一致表明：父母教养方式是家庭因素中对幼儿自尊发展影响最大的因素，它不仅对自尊总体发展水平有显著影响，而且对自尊各个方面的发展有显著影响。Cooper Smith指出，高自尊幼儿的家庭教养方式有如下特点：第一，高自尊幼儿的父母经常对幼儿表达自己的关心和爱护；第二，高自尊幼儿的父母对幼儿一贯严格要求，很果断地使幼儿明确哪些该做，哪些不该做；第三，高自尊幼儿的父母较少使用体罚，而多采用民主的方式让幼儿能够充分表达自己的观点。

父母的育幼理念与行为对幼儿自尊发展有着直接的影响。父母对幼儿采取"温暖与理解"的教养方式会促进幼儿自尊的发展，提高幼儿自尊的水平，相反，如果父母对幼儿采取"惩罚与严厉"、"过度保护"、"拒绝与否认"等不良教养方式则会阻碍幼儿自尊的发展，降低幼儿的自尊水平。父母的教养方法、态度直接影响亲子关系的状况，良好的亲子关系有利于幼儿自尊发展。在对进城务工子女自尊发展的研究中发现，离开父母的年龄越小，子女的自尊总分越低。这主要是由于父母与子女之间过早分离，子女缺少父母的关爱与支持，未形成良好的亲子关系，在幼儿心里留下阴影，阻碍了自尊发展。良好的亲子关系对于幼儿自我意识和自我评价均有积极作用。

父母的受教育水平、父母的职业和社会地位等也间接地影响幼儿的自尊水平。父母的职业对幼儿的自尊发展影响也较大，从我国目前家庭结构和分工状况来看，母亲与幼儿接触较频繁，亲子关系更为密切，因此，在一般情况下，父母亲中母亲对幼儿自尊的影响更大，研究表明：母亲的受教育水平、职业地位越高，幼儿的自尊水平也越高。

生活在核心家庭的幼儿自尊发展水平比非核心家庭的幼儿高，独生子女的自尊水平在总体上显著高于非独生子女。在独生子女的家庭结构中，由于子女数量少，与非独生子女相比，父母及家人把更多的爱和精力集中于子女身上，父母与子女的交流更频繁,得到父母的支持也更多。

2. 幼儿自身因素

幼儿早期随着年龄的增长,自尊水平不断提高。幼儿随年龄的变化,自我意识及自我评价不断增强,同时也呈现出年龄阶段特征,直接影响了自尊发展水平。一个人能力很强,品德高尚,它就会拥有一定水平的自尊。这是由于能力强、品德高尚,个体就会获得很高的社会评价,进而形成良好的自我评价;相反,一个人能力很差,品德恶劣,他就会倾向于低自尊。

三、自我概念的培养

婴幼儿自我概念是通过主客体相互作用和人际间的社会交往而逐渐形成和发展的。婴儿最初不能区分人与物、物与我,出生第二年出现自我的视觉表象,在镜子中认出自我。积极的自我概念主要表现为觉得自己是有价值的人,受到别人的重视;觉得自己是有能力的人,可以"操纵"周围世界;觉得自己是独特的人,受到别人的爱护和尊重。但是三岁的幼儿又以周围人的评价作为对自己的评价,自我概念的依从性很强,是父母和老师评价的直接表现。六岁的幼儿在作这种自我评价时,依从性就大大降低,可以独立作出自我评价。研究表明幼儿是从认识自我——认识自己的性别角色、身体器官,开始把他们自己与别的人、客体和周围的事物区分开,感觉到他们的独立存在并形成自我形象,认识自己的能力,从而形成相应的自我概念。

积极自我概念的形成是个体心理健康的核心组成部分。有良好自我概念的人,并不一定认为自己是十全十美的,但是会认为自己虽然有这样那样的问题,却和别人一样,是一个有价值的人,能够接纳自己,并喜欢自己。幼儿的自我概念形成与他人的评价有着密切的联系,成人对幼儿的态度和评价直接影响自我概念的形成和发展。学前幼儿正处在自我概念的萌生时期,在这个时期中,幼儿会非常在乎别人,特别是他们心中的权威——教师和家长对他的评价。有时哪怕只是家长或教师的一句无意话,也会使其自我概念发生变化。为了帮助学前幼儿形成积极的自我概念,家长或教师可采取的策略主要有以下两点:

第一,创造各种机会,让幼儿不断体验成功。幼儿在活动过程中,会产生种种成功或失败的体验,从而对自己的能力有所认识。成功体验的积累,使幼儿感到自己是有能力的,从而增强其自信心;失败体验的积累,则使幼儿产生无能感,减弱其自信心。幼儿对自己感兴趣的事物,常常更抱有信心,自信心引发兴趣,激发其活动的积极性,并使活动获得成功。而成功的体验又增强了幼儿的自信心,从而更激发起幼儿对活动的兴趣和积极性。一个良性循环就是这样形成的。

第二，对于幼儿的成功，适时、合理地表扬、鼓励，赋予价值。这是积极自我概念形成的外部条件。幼儿自我概念的形成，往往是透过其周围的“重要他人”，主要是父母、老师的反应，设想他人对自己的看法、印象与感觉他人的态度，在长期人际交往过程中交织而成的。“重要他人”认为他是有用的、有价值的，他就很自然地认为自己是有用的、有价值的，从而形成一种积极的自我概念；反之就形成消极的自我概念。

第三节 学前幼儿对他人的认知发展

一、观点采择能力的发展

观点采择（Perspective-Talking），经常被形象地比喻为“从他人的眼中看世界”或者是“站在他人的角度看问题”（Shantz，1983）。观点采择是区分自己与他人的观点，并进而根据当前或先前的有关信息对他人的观点（或视角）作出准确推断的能力。美国发展心理学家 R·塞尔曼（Selman，1980；1990）认为观点采择在幼儿的社会认知发展中处于核心地位。幼儿观点采择可以分为：空间观点采择与社会观点采择；情景观点采择与个人观点采择。

（一）幼儿社会观点采择发展的研究状况

幼儿社会观点采择发展是幼儿社会认知发展研究中的一个重要内容。国外发展心理学者对此问题已进行过大量研究，在发展心理学历史上，首先对幼儿观点采择发展作出系统理论阐述和实验研究的是以皮亚杰为代表的认知发展理论，其理论中的两个基本概念自我中心和去自我中心都与幼儿观点采择能力的发展有直接的联系。幼儿观点采择能力的发展涉及两个基本条件，一是认识上的去自我中心，即能够认识到对于同一问题，不同的人可能有不同的看法或观点；二是在此基础上对他人观点的推断能力。

综观近三十年来发展心理学家关于幼儿观点采择发展的研究，在研究视角和分析取向上，可以区分出两种类型：过程取向和结构分析取向。

1. 过程取向

（1）存在阶段。幼儿认识到对于某一事件或情景，人们彼此之间存在着不同的观点。

（2）需要阶段。幼儿认识到有必要对他人的观点作出推断，以便达到其人际交往的目标,如说服别人,在游戏中获胜等。

(3) 推论阶段。这一阶段的认知活动包括除感知以外的所有心理活动。这些活动的目的是推论出某一特定情景中他人的观点,即角色特性。

(4) 应用阶段。个体把自己推断出的信息应用于随后的行为中,如对别人说什么,怎样说等。

2. 结构分析取向

结构分析取向研究所关心的是不同发展阶段中的幼儿进行社会推断的水平和对各种观点的协调及其发展问题。在这一取向的研究者眼中,当幼儿能够意识到不仅自己在观察、推测他人,同时他本人也是别人观察或推测的对象时,在人际互动中,他能够跳出互动双方的视角而从第三者的角度来看待与他人的交流时,其心理结构或认知结构就发生了一种质变。这种质变代表着幼儿对社会现象的一种心理的重建。这一取向研究的主要代表人物是塞尔曼(R. Selman)。

塞尔曼认为,幼儿认识自己和他人的能力是以对其观点的假设或采择为前提的,要认识一个人,就必须理解他的观点并了解他的思想、情感、动机和意图等影响、决定其外部行为的内部因素。幼儿对不同观点的理解、认同和协调能力的发展标志着其自我中心思维方式的摆脱以及认识社会关系的方式的重新构建。通过观点采择可以把幼儿社会认知发展的不同方面联系在一起,观点采择能力也体现在社会认知发展的各个方面中。

塞尔曼研究幼儿观点协调所采用的方法是向幼儿呈现一系列人际关系两难故事情景,利用这些故事与幼儿进行深度访谈。在塞尔曼的研究中,要求幼儿对几个人际交往的两难问题做出反应。如:"荷妮是一个喜欢爬树的女孩,她的爬树技能是邻近的幼儿中最好的。一天,她从一棵高树上爬下来时,摔了下来,但没有受伤。正好她的父亲看到了这一情景,感到不安,要求荷妮以后不要爬树了,荷妮答应了。过后有一天,荷妮和她的朋友遇见了肖恩。肖恩的猫爬到一棵树上下不来了,如果不立即采取措施的话,小猫就会掉下来了。只有荷妮能爬到树上救下小猫,可她想起了对父亲的承诺"。

要求幼儿听完故事后回答下列几个问题:"荷妮知道肖恩对小猫的感情吗?""荷妮的父亲发现她爬过树会怎么想?""荷妮认为父亲发现她爬过树会如何对待她?"

根据幼儿的回答,塞尔曼认为幼儿的角色采择技能的发展表现出阶段性。

(1) 阶段 0:自我中心或无差别的观点(3~6 岁)。

除了自己的观点,幼儿无法认识到他人的观点,因而往往根据自己的经验来做出反应。认为自己的想法就是别人的想法。如:幼儿自己喜欢小猫,因而认为荷妮会救小猫,她父亲会很高兴,因为"他喜欢小猫"。

(2) 阶段 1:社会信息的角色采择:(6～8 岁)。

儿童意识到别人的观点和自己的有所不同,但认为这是他们接受到的信息不同。如认为荷妮的父亲如果不知道荷妮爬树的原因就会生气,而如果知道了,就不会生气。

(3) 阶段 2:自我反省的角色采择(8～10 岁)。

儿童知道就算他们获得同样的信息,自己和他人的观点仍会有冲突,能考虑他人的观点,并预期他人的行为反应。但还无法同时考虑自己和他人的观点,如认为荷妮知道父亲理解她的行为,所以不会惩罚她。

(4) 阶段 3:相互性角色采择(10～12 岁)。

儿童可以同时考虑自己和他人的观点并知道其他人也有自己这种能力。能知道第三者的观点,能够以一个客观的旁观者的身份来解释和反应,也知道自己和同伴对对方观点会有如何的反应。如,幼儿可以客观地以观察者的身份来描述荷妮这一两难故事的结果:荷妮要求救小猫,因为她喜欢小猫,但是他的父亲知道荷妮爬树后可能会惩罚她,因为他并不知道小猫的事情。

(5) 阶段 4:社会和习俗系统的角色替换(12 岁以后)。

进入青春期的个体试图将别人的观点置于自己构建的社会系统中加以比较,就是说青少年相信处于相同社会团体的个体会有相似的观点。如认为荷妮的父亲会生气,惩罚她,因为作为父亲通常都会惩罚不听话的孩子。

角色采择技能是随着年龄增长而发展的,是与幼儿社会经验有关的认知发展的技能。生活中,有的幼儿的角色采择技能的水平低于其年龄应达到的水平,这是产生过失行为或者不良行为的一个影响因素。通过角色采择训练可以在一定程度上帮助幼儿减少问题行为。

(二) 幼儿观点采择发展的一般趋势

幼儿达到观点采择的年龄问题是近年来研究者颇感兴趣的一个问题。近年来有关研究者提出,幼儿达到观点采择的年龄要早于皮亚杰指出的年龄。香茨(Shatx, 1983)等人认为,幼儿在四五岁能够达到认识上的去自我中心,其他研究也得出了类似的结论。张文新、郑金香(1999)采用标准化的观点采择测验任务考察了 6～12 岁幼儿社会观点采择的一般趋势及年龄差异。结果发现,幼儿观点采择从初步出现到稳定的发展要经历一个较长的过程。6 岁左右幼儿即能够初步区分自己和他人的观点,但在利用有关情景线索准确推断他人的观点或视角方面存在较大困难。6～10 岁是幼儿观点采择的快速发展阶段,10 岁左右幼儿已能够利用故事信息对他人的观点作出准确推断。

在幼儿观点采择能力的研究中,还有一项研究——干预训练研究是不可忽视的，但至今国内仍无学者进行相关的、系统的研究。国外对此项研究也几近空白，只有 Aronfreed 和 Michael 的少数干预研究。

（三）幼儿观点采择能力的培养

(1) 教师和家长要鼓励幼儿参与各种游戏和活动。幼儿教师在游戏、活动中加入充满想像力又丰富多彩的角色让幼儿扮演，会有很好的效果；在幼儿常玩的“过家家”游戏中，幼儿可以扮演不同角色，体会不同角色的心理，从而提高观点采择能力。

(2) 在日常活动中，教师和家长要让幼儿有更多接触同龄小朋友的机会，在玩耍中也会有更多机会来体会他人的想法和情感，在运用观点采择能力的同时逐渐提高观点采择能力。利用活动中产生的各种行为和关系进行教育，例如在幼儿园分享玩具时，教师可以先让一些幼儿旁观其他小朋友玩玩具，观察他们的心情和表现；也同时让有玩具的幼儿观察和说出旁观者的心情与表现；请没有玩具又很想玩的幼儿谈谈自己心里的感受。即在短时间内让玩具的所有者，被分享者互换角色，更深刻地意识到等待分享而得不到分享时的内心体验，在分享体验的同时引导、培养幼儿养成分享习惯。

(3) 教师和家长可以通过讲故事来增加幼儿采择不同角色观点、情感的能力。例如讲故事的时候，根据一些角色的面部情绪和动作情绪的描述，让幼儿给出合理的解释。

二、移情的发展

（一）移情的定义

移情的概念由德国哲学家、心理学家利普斯提出，他认为在认识的领域里存在着物、自我和他者的自我三部分，物是凭感性的知觉来理解的，自我要通过内部的知觉才能理解，而理解他者的自我则必须通过移情。在这个意义上，利普斯把移情也称作自我客观化。移情一词后来被美国心理学家铁钦纳在与人共感的意义上使用。一般认为，移情是一个人（观察者）在观察到另一个人（被观察者）处于一种情绪状态时，产生与被观察者相同的情绪体验，它是一种替代性的情绪情感反应，也就是一个人设身处地为他人着想，识别并体验他人情绪和情感的心理过程。

一个人感受到对方的某种情绪时，自己也能体验到相应的情绪，心理学上称为移情。所谓移情是指对他人情绪情感状态的一种替代性的情感体验，也就是，设身处地地体会别人的情感。

每个幼儿天生就有与他人的情感相匹配的倾向，这种倾向就是幼儿的“移情”。新出生的婴儿听到别的婴儿在哭泣，也会不由自主地哭起来，仿佛他自己也受到伤害一样。2岁之前的幼儿看到自己的同伴因忧伤而哭泣，就会模仿成人的样子安慰哭泣的幼儿。这是一种站在他人的立场上考虑问题的心理感受。一般地说，如果在家庭教育中，父母能够在幼儿2岁之前及时强化这种移情，就能使幼儿的这种情感和助人行为结合起来。因此，一些心理学家认为，移情是人类的一种“核心道德情绪”，是“道德的主要情绪支柱之一”。

幼儿3～4岁时便开始具有移情能力了，就能从表情辨别和理解成年人的情绪，并采用一定的方式取悦他们。学前幼儿已具有较强的移情能力，会由他人的情绪状态而引起自己与之相一致的情绪反应。可以置身于他人处境，设身处地地为他人着想，接受他人的情绪情感。而且幼儿情感的产生是早于语言的。如果一个幼儿在早期家庭教育中能够经常感受到移情的环境，就会逐渐培养起一种站在他人的角度设身处地地为他人着想的能力。

（二）学前幼儿移情的发展阶段

幼儿移情的发展是情绪、认知和道德判断等综合因素发展的结果。Feshbach认为，移情包括两种认知成分和一种情感成分：认知成分是辨别命名他人情感状态的能力及采择他人观点的能力；情感成分是指情绪反应能力。移情就是一种特殊的观点采择，是幼儿在觉察他人情绪反应时所体验到的与他人共有的情绪反应，它是三种成分相互作用的结果。首先是辨别他人情绪情感状态的能力，无论是成人还是幼儿，若要对另一个人的情绪反应产生移情，此人必须能够从不同人的不同情绪状态中区分和辨认出相关的情感线索。其次要具备更复杂的认知技能，即依据获得的情感线索推测他人的内部情感状态，尤其是建立在采择他人观点基础上的对他人内部情感状态的推测。两者均属移情的认知成分。第三就是情绪情感的反应能力，也就是观察者产生与被观察者类似的情感体验的能力。

马丁·霍夫曼(M. Hoffman)等人将移情发展描述为四个阶段。

(1) 普遍性移情(0～1岁)：1岁左右的幼儿，对周围事物的反应还相当笼统。如果他看到某人闷闷不乐，就很可能模仿那人的表情；如果有人表现出强烈的情感，他也会产生那种表情和体验，这都是不自觉的，主要是模仿和好奇所致。随着幼儿的自我意识渐渐明晰，看见别人苦恼时，他可能也会因此不快，甚至还会以他认为的最能够安慰人的方式来试图帮助别人。但他所采取的方式是自我中心的。比方说别的幼儿哭了，他就可能认为是妈妈不在他身边，然后就把自己母亲的手牵到对方幼儿的手中。

(2) 自我中心的移情(1～2岁)：这一水平的移情建立在清楚地区分自己和他

人身体的基础上，从而体验受伤者的移情。但是，这时的幼儿还不能充分地区分自己和他人的内部状态，通常表现为他给予受伤者的帮助仅仅是对他自身最能有所安慰的。例如1岁半的幼儿看见一个小伙伴伤心，会把自己心爱的娃娃送给小伙伴，以示安慰。

(3) 对他人感受的移情(2～3岁)：幼儿能够对他人的情感产生共鸣，更能理解别人的处境，而不是仅仅与自身的体验相联系，他的移情反应会越来越细致入微，因为在这一段时期，幼儿对他人情感的理解能力越来越强。幼儿对动画片中的人物或动物产生移情，比对家庭或幼儿园真实情境中成人的感受体验得更为明显。

(4) 对他人境遇的移情(4～5岁)：幼儿的移情反应已经相当复杂，他能够同时体会到两种相反的情绪，例如当幼儿看见一个小伙伴跌倒受伤，他不仅会体验到朋友的伤痛，而且还可能想到朋友有可能产生的害羞和窘迫。所以，幼儿可能不会冲过去帮助他，而是选择静退一旁，因为他知道自己的朋友此时不希望别人来帮忙，此时，幼儿能够明显地表现出对别人情感更全面的理解，这不仅仅表现在当时的情境中。

霍夫曼认为亲社会行为有三种重要的动机源，一是作为利他的无私的动机源，是以他人为中心的；二是以规则为中心和以道德取向为特征的动机源，目的在于坚持行为的规则或原则；三是移情的动机源。移情取决于三个条件：初级移情，对他人的积极评价和自我概念。初级移情是指幼儿由于他人的不安所引起的情绪反应，这是移情的最初形式。人们对他人作出移情反应时，除了需要把别人看成是独特的、可区分的个体外还必须以他的积极评价作为先决条件，对他人的积极评价是亲社会价值取向的一个成分。自我概念也影响着移情，移情在某种程度上是从自我到他人的延伸，所以，人们更有可能对与自己相似的人作出亲社会反应，缺乏精确的自我概念的人就难于以助人的方式扩展自我的界限，从而影响亲社会行为的实施。

（三）学前幼儿移情能力的培养

移情能力是经过两个不同的阶段逐渐发展起来的，首先是知道他人情绪表达的阶段；其次是对产生情绪情境的理解阶段。

1. 倾听幼儿的言语报告

幼儿的言语已经有了相当程度的发展，常常以其特有的语言词汇和方式来表达内心的情绪。幼儿通常向自己认为可以信赖的人报告，如家长或教师。因此，教师要抓住机会并有足够的耐心听取幼儿的报告。然而并不是每个幼儿都会自我表白的，对于那些内向的幼儿，可以给他们创造自我表白的机会，如听讲故事并复述故事内容，和爸爸妈妈的对话等小游戏、小练习，让幼儿有充分的报告情绪体验的机会。

2. 榜样示范

教师和家长要善于表现自己所产生的移情。成人是幼儿的主要观察对象，成人在具体情境中也会表现出类似于幼儿的移情性的情感体验。而幼儿的观察并非是含蓄的，而是直接的，如教师看到幼儿跌到了，要直接地表现出很关切很痛惜，让其他幼儿有模仿的机会和亲近的机会。同时，还可以安排移情能力强的幼儿和较少移情的幼儿一起参与游戏，提供榜样学习的机会。

3. 加强情感交流

把幼儿当成朋友，民主、平等相待。教师在遇到一些可以产生移情情境的问题时，可以和幼儿交流，告诉幼儿自己的想法和心情，尽量创造幼儿了解别人的机会。例如在幼儿园的日常教学中，对幼儿的一些错误行为直接表达失望，同时让幼儿提出该怎么办？引导幼儿理解和判断他人的情感表现。教给幼儿如何观察别人的表情、声音、行为等，提高幼儿的判断能力。培养与引导幼儿控制自己情绪的能力。鼓励幼儿把自己的情感表达出来。创设一定的情境，通过教师生动形象的语言描绘，进行观察、想像、体验、感受，从而加深幼儿对情感的体验。

第四节　学前幼儿对人际关系的认知发展

一、对亲子关系的认知

（一）亲子关系的定义

亲子关系是指父母在养育子女过程中，与其相互作用而形成的相对稳定的人际交往模式。良好的亲子关系是幼儿认知能力发展的前提。父母是幼儿接触到的第一位老师，也是对子女影响时间最长的老师；父母的一言一行，潜移默化地对子女产生着影响，并成为幼儿学习的榜样。然而幼儿作为独立的个体，他们又有自己的思想和个性，有着独特的特点和发展规律，需要家长去了解和掌握并按照幼儿的实际发展水平和需要，提出相应的要求和指导。良好的亲子关系，有利于父母观察和了解子女，使他们有的放矢地去指导、开发幼儿的潜能，特别是在幼儿智力发展的关键期（婴幼儿阶段），这种恰当的教育与指导会取得事半功倍的效果。另一方面受到父母热爱、鼓励和支持的幼儿，也愿意接受父母的指导，并在父母的支持下大胆地探索和认识未知世界，发展自己的创造力。研究表明，父母对子女发展的积极态度和殷切期望，对幼儿一生尤其是成就动机与学习成绩等有较大的影响。

（二）亲子关系的发展

美国教育心理学家西蒙兹认为，在亲子关系上有两个基本要素，一是接受—拒绝（不是接受幼儿的爱，就是拒绝幼儿的爱），二是支配—服从（不是随心所欲地支配幼儿，就是服从幼儿的要求）。这两种要素是基本要素，两者都程度不同地存在于父母的行动之中。

从发生学角度来看，0～6 岁是婴幼儿个性和社会性发生发展的关键期。他们通过与周围的环境、人群和社会物体接触，吸收形成着各种社会文化知识，发展着自己的能力、语言、情感、社会行为、道德规范、交往经验、人际关系和性情品质等。在家庭生活中，婴幼儿的主要交往对象是父母和家庭其他成员。研究表明，母亲在与子女交往中，给予最多的是抚育、照料和丰富的情感反应以及言语教导、具体示范、行为榜样、平时鼓励与错误纠正等等。其中，母亲对婴幼儿的交往态度和丰富而又积极的情感交流，对子女未来一生形成良好的人际关系和健康的情感具有奠基性的影响。父亲与子女的交往具有母亲不可代替的特殊作用。父子交往内容偏重于游戏、游玩和学习指导活动，具有更多的认知性和活动性交往内容。

二、对同伴关系的认知

（一）同伴关系的定义

关于同伴关系的研究最早可以追溯到 20 世纪三四十年代，研究手段主要是应用社会测量学技术来评定幼儿在同伴中受欢迎的程度。对于同伴拒绝指标高的幼儿，通过社会技能训练的实施帮助其掌握与同伴交往所必需的知识和技能，从而改进其同伴关系。

同伴关系主要是指同龄人或心理发展水平相当的个体间在交往过程中建立和发展起来的一种人际关系。同伴交往、同伴经历是同伴关系的外在表现形式。幼儿是在与周围人的交往中生长发展的，他们的行为、习惯、道德观念、理想和信念都是通过和社会环境相互作用而形成的，在各种社会环境中，同伴关系在幼儿发展中的作用仅次于亲子关系。大量观察和研究表明，幼儿从出生后的半年起即开始出现真正意义上的同伴社交行为，这种同伴社交行为在以后几年里一直贯穿于幼儿社会化发展过程中，幼儿间的交往是促进幼儿发展的有利因素，同伴关系对于健康的认知和社会性的发展是绝对必需的。

（二）同伴关系的作用

良好的同伴关系可以促进幼儿社会化，发展幼儿良好的社会行为、良好的情绪情感及社会交往能力，可以使幼儿形成良好的品德。同伴关系的外在表现形式即同伴交往。

同伴交往可以使儿童发展良好的社会行为。日本幼儿教育专家山下俊郎在其《独生子女》一书中指出："幼儿是在同别的幼儿的交往中开始从'自我中心'的'壳'中解脱出来，了解自我与他人的区别，了解集体中每个成员的权利和义务，培养出各种各样的道德品性的。尊重他人，理解行为规范、协作精神、服务精神这一类品性，不是靠成人的说教，而是靠幼儿在游戏活动与社交实践过程中形成的"。

"自我中心"是个体在婴幼儿阶段所表现出的一种自然的心理特征。这种心理特征随着幼儿的心理发展逐渐减弱或消失。如果幼儿主动寻求与同伴交往，与同伴在一起的游戏、活动日益频繁，便会逐渐了解其他幼儿所拥有的权利，并借助于其他幼儿的行为来评价自己的行为。随着交往经验的积累，幼儿还能逐渐了解群体交往中的规则，产生与同伴交往所需的合作、共享、谦让、同情、助人、宽容等良好的社会行为。

同伴交往能促进幼儿情绪、情感的良好发展。幼儿通过与同伴的交往，满足自己交往和归属的需要。需要的满足会使幼儿得到快乐，而快乐是个体最基本的肯定的情感体验，有助于幼儿形成乐观、开朗的性格。这一切又恰恰是社会对个体情感发展的期待。如果交往的需要得不到满足，幼儿就会产生消极情绪，时间久了，这种消极情绪就会严重阻碍其社会化的进程。因此，同伴交往有助于幼儿产生积极情绪，形成和发展健康的情感。

同伴交往可以发展幼儿的社会交往能力。社会交往能力是一种综合能力，也是一种实际操作能力。幼儿的社会交往能力虽然离不开成人的培养，但主要还是幼儿平日社会实践经验积累的结果。幼儿通过与同伴的交往，逐渐掌握一定的交往技能，掌握社会所认可的行为模式。幼儿之间互相模仿，学习对方的行为，又彼此竞争和对抗，并在共同的活动中形成一定的行为模式。通过社会性交往，对是非、善恶行为准则和社会道德规范产生初步的认识。

同伴关系有利于幼儿道德的发展。幼儿最初的道德判断具有很大的情绪性、具体性和受暗示性，很容易受其他环境影响。正因为如此，"榜样"的作用便充分体现出来，树立同伴中的榜样和其他榜样可能使幼儿对品德规范有一定的认识。同伴关系本身就是一种强化物。幼儿通过同伴对自己行为的认可，来衡量自己的行为，进而强化了自己积极的行为。在同伴关系和亲社会行为或侵犯行为的研究中表明，同伴关系对幼儿的亲社会行为有显著的正效用。幼儿的亲社会行为会被同伴接受,而攻击和破坏行为则遭到同伴拒绝。同伴的接受和拒绝强化了幼儿的道德行为,使幼儿认识到哪些道德规范是符合社会规范的,哪些是不符合社会规范的,最后内化为自己的道德品质。同时,幼儿还可通过观察或模仿同伴受到肯定的品德行为,习得自己的行为方式。

同伴交往为幼儿将来的社会角色做了准备。幼儿的特点是模仿。在与同伴的游戏中,幼儿积极地对成人世界中的各种角色进行模仿、探索。例如,女幼儿在一起玩过家家,男幼儿在游戏中扮演警察。这些在游戏中的模仿行为,对幼儿将来的社会角色的形成是一种积极的准备。

(三)影响幼儿同伴关系的因素

1. 家庭的因素

家庭是幼儿个性社会化的基础。家庭的物质环境、家庭结构、情感气氛、父母教养模式都会对幼儿的个性产生影响,从而间接影响幼儿同伴关系状况。

(1) 父母对同伴关系重要性的认识。有的父母认为自己已把所有的爱给了幼儿,幼儿已得到爱的满足,无需与同伴交往。他们没有认识到幼儿随着年龄增长,寻求与同伴交往的欲望日益强烈,从而整天将幼儿关在家里。还有的父母爱子心切,生怕幼儿在与同伴交往中受欺负,尽量减少幼儿与同伴的接触。这两种认识与做法都是错误的。

(2) 父母对幼儿社交技能的培养。幼儿大多有自我中心化倾向,社交经验也比较贫乏,在与同伴交往中总爱站在自我一边,社交冲突也时常发生。研究结果表明:当发生社交冲突时,幼儿大多采取消极的回避态度。面对幼儿间的冲突,有的父母置之不理;有的父母气愤地打自己的幼儿,不让幼儿再与同伴交往;有的父母责骂他人的幼儿。这几种处理方式都不利于幼儿社交技能的提高。

(3) 父母自己的交友观念与行为。父母是幼儿的榜样。父母喜欢交友,一方面给幼儿交往创造了条件,另一方面也潜移默化地影响了幼儿的交往活动。父母的社交行为与观念是幼儿的社交范型,幼儿通过观察父母的社交行为,从而内化为自己的行为方式。就一般情况而言,父母喜欢交友的幼儿大多同伴关系良好,反之同伴关系较差。

2. 幼儿自身的因素

(1) 个性因素。亚历山大·桑莫斯等人指出,每个人出生时就带有反应周围人与环境刺激的独特模式。这些独特模式影响了幼儿的交往。如喜欢交往的幼儿对他人反应积极,那么他得到的交往机会就多;而不喜欢与人交往的幼儿对他人反应消极,导致他得到的交往机会更少,这就形成了幼儿交往中的马太效应。

(2) 外貌与体格因素。某些调查发现有部分幼儿在选择“最喜欢的幼儿”与

“最不喜欢的幼儿”时，陈述的理由是：“他长得漂亮，他长得高”或“他长得不漂亮”。在幼儿期，幼儿往往会通过外表来评价人，另外，体格健壮的幼儿经常被教师要求帮忙为大家服务，如发碗筷等，这样就给同伴留下好印象。

（3）智力因素与非智力因素。个人在能力与特长方面如果比较突出，其本身就有一种吸引力，与幼儿谈话的结果表明：聪明、能干、有特长的幼儿，其受到社会偏爱度高。如有的幼儿在选择最喜欢的同伴时，说：“他的画画得好”、“他的舞跳得好”等，而没有特长的幼儿往往受忽略。对教师的问卷调查也表明：教师认为最聪明、能干的幼儿正是这个班的“受欢迎者”。

（4）品行与交往特征。良好的品行是幼儿与同伴交往取得成功的重要原因。能够尊重对方、合作谦让的幼儿易受同伴的欢迎；反之，攻击性强、唯我独尊、不讲礼貌的幼儿，则被同伴排斥。国外有研究表明，10个月的婴儿就不喜欢攻击性强和不作出友好反应的伙伴。王振宇等人的研究指出：“在幼儿期，攻击性是使幼儿讨人嫌的主要原因。”本调查也表明品行对幼儿社交地位的影响：最乐于帮助其他小朋友、态度温和、有礼貌的幼儿得到的正面选择较多，而经常与其他幼儿发生冲突以及在老师面前爱打“小报告”的幼儿得到的负向选择较多。

另外，通过观察与调查表明：那些喜欢交往、交往积极主动、善于交往的幼儿大多是受欢迎的。对幼儿的调查还表明：失去朋友时的情感体验也对幼儿同伴关系状况有影响。

3. 教师的因素

在学校中，对幼儿起主导影响的是教师。教师喜欢并经常表扬、给予表现机会多的幼儿大多受到同伴的欢迎，而一些教师不喜欢并经常批评的幼儿大多容易受到同伴的排斥；教师很少提及的幼儿大多是受同伴的忽略。这表明由于幼儿对人评价的他律性，受权威影响较大。

总之，幼儿同伴关系在其社会化过程中具有重要作用，幼儿同伴关系状况是多因素系统相互作用的结果。调查显示：幼儿同伴关系现状不是很良好，在班级中“受排斥者”与“受忽略者”比例都很高，这应引起教师的注意，家长也应密切配合，尊重并了解幼儿的同伴关系，并积极为幼儿社交创设条件，使幼儿在和谐、快乐的同伴集体中健康成长。

第五节　学前幼儿对道德的认知发展

一、道德认知发展概述

幼儿的道德认知主要指幼儿对是非、善恶行为准则及其执行意义的认识。它包括道德概念的掌握、道德判断能力的发展以及道德信念的形成三个方面。皮亚杰是第一个系统地追踪研究幼儿道德认知发展的心理学家。他在1932年出版的《幼儿的道德判断》一书是发展心理学研究幼儿道德发展的里程碑。

二、学前幼儿道德认知发展的特点

皮亚杰根据对幼儿对规则的理解和使用，对过失和说谎的认识和对公正的认识的考察和研究，把幼儿道德认知发展划分为三个有序的阶段。

第一阶段：前道德阶段（出生～3岁）。皮亚杰认为这一年龄时期的幼儿正处于前运算思维时期，他们对问题的考虑都还是自我中心的。他们不顾规则，按照自己的想像行动。他们的行动易冲动，感情泛化，行为直接受行动的结果所支配，道德认知不守恒。例如，同样的行动规则，若是出自父母就愿意遵守，若是出自同伴就不遵守。他们并不真正理解规则的含义，分不清公正、义务和服从。他们的行为既不是道德的，也不是非道德的。

第二阶段：他律道德阶段或道德实在论阶段（3～7岁）。这是比较低级的道德思维阶段，具有以下几个特点：

第一，单方面地尊重权威，有一种遵守成人标准和服从成人规则的义务感。也就是说，他律的道德感在一些情感反应和作为道德判断所特有的某些显著的结构中表现出来。其基本特征：一是绝对遵从父母、权威者或年龄较大的人。幼儿认为服从权威就是“好”，不听话就是“坏”；二是对规则本身的尊重和顺从，即把人们规定的规则，看作是固定的，不可变更的。皮亚杰将这一结构称为道德的实在论。

第二，从行为的物质后果来判断一种行为的好坏，而不是根据主观动机来判断。例如，认为打碎的杯子数量多的行为比打碎杯子数量少的行为更坏，而不考虑有意还是无意打碎杯子。

第三，看待行为有绝对化的倾向。道德实在论的幼儿在评定行为是非时，总是抱极端的态度，或者完全正确，或者完全错误，还以为别人也这样看，不能把自己置于别人的地位看问题。皮亚杰与英海尔德在谈到这个时期的幼儿特点时说:“道德实在主义引向客观的责任观,因而对一种行为的评定是看它符合法律的程度,而不管是出于恶意的动机违反这个原则,还是动机好却无意违反了规则。例如,幼儿在理解不准撒谎的社会价值之前(因为缺乏充分的社会化),在对有意的欺骗与游戏或纯粹的愿望区别之前,成人就告诉他们不要撒谎。结果说真话就成了幼儿主观人格之外的东西,并引起了道德实在论和客观责任观,从而使幼儿认为一切诺言的严重性似乎并不是看有意欺骗的程度,而是看实际上跟真实性相差的程度。”

第四,赞成惩罚,并认为受惩罚的行为本身就说明是坏的,还把道德法则与自然规律相混淆,认为不端的行为会受到自然力量的惩罚。例如,对一个幼儿说,有个小男孩到商店偷了糖逃走了,过马路时被汽车撞倒,问幼儿“汽车为什么会撞倒男幼儿”,回答是因为他偷了糖。在道德实在论的幼儿看来,惩罚就是一种报应,目的是使过失者的遭遇跟他所犯的过失相一致,而不是把惩罚看作是改变幼儿行为的一种手段。

第三阶段:自律道德或道德主观主义阶段(7～12 岁)。皮亚杰认为幼儿在 7～12 岁进入道德主观论阶段,这个阶段的道德具有以下几个特点:

第一,幼儿已认识到规则是由人们根据相互之间的协作而创造的,因而它是可以依照人们的愿望加以改变的。规则不再被当作存在于自身之外的强加的东西。

第二,判断行为时,不只是考虑行为的后果,还考虑行为的动机。研究表明,12 岁的幼儿都认为,那些由积极动机支配但损失较大的幼儿,比起怀有不良动机而只造成小损失的幼儿要好些。由于考虑到行为的动机,因而在惩罚时能注意照顾弱者或年幼者。

第三,与权威和同伴处于相互尊重的关系,幼儿能较高地评价自己的观点和能力,并能较现实地判断他人。

第四,能把自己置于别人的地位,判断不再绝对化,看到可能存在的几种观点。

第五,提出的惩罚较温和,更为直接地针对所犯的错误,带有补偿性,而且把错误看作是对过失者的一种教训。

达到自律性道德阶段的幼儿,在游戏时不再受年长者的约束,能与同年龄幼儿平等地参加游戏,彼此明白自己的立场与对方的立场,共同制定规则,遵守规则,独立举行游戏比赛。

皮亚杰认为幼儿道德发展的这些阶段的顺序是固定不变的,幼儿的道德认识是从他律道德向自律道德转化的过程。他律道德阶段的幼儿是根据外在的道德法则进行判断的,他们只注意行动的外部结果,不考虑行为的动机,他们的是非标准取决于是否服从别人的命令或规定。这是一种受自身之外的价值标准所支配的道德判断。后期幼儿的道德判断已能从客观动机出发,用平等或不平等、公道或不公道等新的标准来判断是非,这是一种为幼儿自身已具有的主观的价值所支配的道德判断,属于自律水平的道德。皮亚杰认为只有达到了这个水平,幼儿才算有了真正的道德。

三、学前幼儿道德认知的教育

幼儿期是人生的启蒙期,是塑造健康人格和形成良好道德素质的关键时期。孔子曾告诫人们:少成若天性,习惯如自然。教育家陶行知也说:人格教育有赖于6岁之前培养。因此培养幼儿健康的心理和健全的个性,不仅是幼儿身心健康成长的需要,也是当今社会发展的需要。学前幼儿时期正是一个人的个性品德形成的重要时期,采取有效的方式和途径对幼儿进行道德启蒙教育极为必要。学前期的幼儿具有很强的可塑性,无论是接受能力还是模仿能力都非常强,也较容易接受外界的影响,因为此时幼儿的头脑尚未发展成熟,没有定型而又幼稚无知,不管接触什么都会留下深刻印象,并且一切事物的本性都是娇弱的时候容易屈服,容易形成,长硬后就不容易改变了。这一时期幼儿发展的方向和水平很大程度取决于外部环境。

许多国家的德育实践表明,完整的德育工作是从低龄幼儿德育策略的实施开始的。英国在20世纪初就制定了专门的幼儿德育目标;在废墟上创造了经济奇迹的日本更重视幼儿的德育,学前阶段几乎不进行文化知识教育,而主要致力于培养幼儿的心理品质和行为准则;法国和美国也都制定了相应的幼儿园德育大纲。

在幼儿的道德品质形成中,道德认识、道德情感、道德行为习惯都是不可缺少的成分,它们是相互联系、相互促进的。道德认识是推动幼儿产生道德行为的内部动力之一,是道德动机的主要成分,道德行为则是道德认识的具体表现与外部标志。幼儿道德教育的重要任务之一是培养幼儿道德认识与行为的一致性。

(一)通过环境创设,营造培养良好道德品质的氛围,培养幼儿良好的道德情操

环境对人的影响具有自发性、偶然性、经常性和广泛性,并有潜移默化的作用。良好的教育环境有助于幼儿良好品德的形成和发展。因此,注重环境布置的艺术性和教育性是一个重要的原则。节假日可以通过布置一些主题鲜明的图片,激发幼儿的爱祖国、爱家乡情感;在教室和活动室等场所可以布置与幼儿社会认知相关的展台。要求幼儿合作作品,如绘画、手工、搭积木等,让他们享受到合作分享、关爱别人带来的乐趣。利用环境创设来进行道德情感和道德认知的教育,使幼儿在良好的氛围中不知不觉地受到教育。

（二）融良好道德品质的培养于各科教学中，提高幼儿道德认知水平

充分利用各科教学和游戏进行幼儿良好道德品质培养。如通过看图讲故事教育幼儿在日常生活中要学会谦让的精神，渐渐养成“尊敬长辈”、“心中有他人”的好品格；懂得用礼貌用语协调同伴关系，并体验与同伴合作交往的愉快。陈鹤琴先生曾精辟地指出：“各种高尚道德，几乎都可以从游戏中学得，什么自治、什么克己、什么独立、什么共同作业、什么理性的服从、什么纪律等，这些美德的养成，没有再比游戏这个利器来得快来得切实”。通过组织各种游戏让幼儿懂得什么是道德的，什么是不道德的，什么是应该的，什么是不应该的，学习判断善恶、美丑、好坏、是非等简单的道德行为规则，不断提高幼儿的道德认知水平。

（三）注重幼儿的情感体验，发展幼儿的道德情感，促进幼儿良好道德行为习惯的养成

1. 躬行身教，榜样示范

榜样示范是幼儿品德教育中一种极为有效的直观教育形式，榜样的作用是无穷的。俗话说“一个被崇拜的榜样胜过教科书”，老师是幼儿活生生的榜样、楷模。

2. 及时表扬、强化

对于主动搬椅子、擦桌子、整理玩具，帮助别人穿衣服、扣纽扣，游戏时玩具主动让给别人，会说礼貌用语，与同伴合作共享，关心帮助别人等良好行为都应及时给予肯定、表扬。可以采取三种强化方法：一是肢体语言强化，即采取向幼儿点头、微笑、竖起大拇指，用手轻轻抚拍其肩、头，小朋友为他拍拍手等随机强化；二是每天组织一定的活动，让幼儿通过自己的眼睛及时发现同伴的优点和进步之处，既激励了进步的幼儿，又为其他幼儿提供了榜样和学习机会；三是健全激励机制，通过“评小红花”、“评好幼儿”，墙上布置“奖评栏”等途径，对幼儿的积极行为进行奖励肯定，让幼儿内心产生一种愉快而肯定的情绪体验，这种内心体验可以转化为今后做好事或继续进步的动力。

3. 用耐心和爱心维护幼儿的自尊心

幼儿虽小，却有很强的自尊心，对于那些抢别人的东西、打架、骂人、犯错误的幼儿，要进行正面引导、教育，维护其自尊心，让幼儿自己体会内疚、后悔、不满意自己的心情，使之在记忆中打下“烙印”，成为今后行动的“清醒剂”。绝不当作“典型”当众处理，伤其自尊，引起逆反心理而破罐子破摔。

（四）开展多项活动，创设良好的品德培养机会，巩固幼儿良好的道德行为

1. 根据幼儿园日常工作开展活动

培养幼儿关心他人、帮助他人、为集体服务、与人共享合作、谦让等良好的道德品质。例如幼儿对当值日生很感兴趣，知道这是很光荣的，但是，值日生究竟要做哪些事情还不太清楚，也缺乏一定的责任感。因此，在激发、保持幼儿良好兴趣的同时，逐步让幼儿明白值日生工作的意义，由兴趣性向责任感过渡。在日常教学中明确制定一些合理的科学的班规等，如别人有困难时要去帮助他，如帮助小朋友系鞋带、扣纽扣、叠被子等；小朋友摔倒时、心情不好时、生病时要去关心他；班里玩具没整理好、小椅子没放好、地上有纸屑时，鼓励为集体做好事；在实践活动中，增添关心他人、帮助他人、为集体服务、与人共享合作、谦让等良好道德品质培养的机会，提高幼儿的社会责任感，增强幼儿劳动意识，培养幼儿热爱劳动的好品德。

2. 充分利用社区教育资源

在社会大环境中，也有许多良好的品德教育资源，如敬老院里的爷爷奶奶、福利院里的小伙伴、街头巷尾随时可见的残疾人、要饭人、精神病人、捡破烂的人……这些特殊人群都特别需要别人的关心和帮助，不能歧视和欺负他们。通过亲眼目睹和亲身经历，让幼儿们亲身感受到生活的艰苦和不容易，激发同情心，学会从小关心他人、爱护他人、帮助他人，并体验到关心帮助他人、与人分享的愉快情感，树立初步的社会责任感。

（五）家、园协调配合，提高幼儿道德品质教育的有效性

家庭教育与幼儿园教育如果不能共同配合，就会造成教育作用相互抵消，使幼儿无所适从。例如教师要求幼儿自己的事情自己做，在园自己洗手进餐、午睡自己穿脱衣服。而幼儿回到家，父母嫌幼儿自己洗手弄湿衣服，进餐、穿衣嫌太慢而一一给予包办。教师教育幼儿玩具要友好地一起玩，而家长却教育幼儿“这是爸爸妈妈花了好多钱才买来的，你不要给小朋友玩，自己一个人在家好好玩”。家、园教育的不一致，幼儿无法树立正确的道德标准，使我们的道德教育事倍功半。因此幼儿园可以定期召开“家长会”、“家园联系册”、“家园联系栏”、“育儿知识讲座”、“家访”等与家长及时传递信息、相互沟通，转变家长的育儿观念，提高家教质量。如：介绍幼儿在园内的学习情况和表现，宣传幼儿园的教育主张和对幼儿进行良好品德教育的重要性、内容、要求；让家长注意自己的教养方法，时刻注意自己的言、行，生活中互相尊重、互相谦让，关心别人，与邻里友好相处，为幼儿树立良好的榜样；让家长尽量为幼儿创设一个温暖、快乐的家庭气氛；还要让家长在生活中对幼儿的做法

作出正确的评价，让幼儿知道什么是好的，什么是坏的，什么是应该做的，什么是不应该做的，为幼儿行为指明方向。促使家长按照幼儿园的教育要求，在家庭中对幼儿进行良好道德品质的培养。

本章小结

本章主要阐述幼儿的社会认知发展的特点和养成，包括幼儿对人际关系认知的发展以及幼儿对道德的认知发展。幼儿社会认知是一个新的综合研究领域，作为一个相对独立于幼儿自然认知的研究领域，"心理理论"的发生、发展研究对学前幼儿的社会认知发展有着极其重大的影响。在幼儿自我认知发展研究中，从幼儿的自我概念发展来看，四岁和五岁的幼儿发展速度最快，所以对于幼儿来说是自我概念形成的最佳时期。幼儿对他人的认知的发展中，美国发展心理学家R.塞尔曼认为观点采择在幼儿的社会认知发展中处于核心地位。良好的亲子关系是幼儿认知能力发展的前提，也是幼儿身心健康发展的前提条件。幼儿期是人生的启蒙期，是塑造健康人格和形成良好道德素质的关键时期，完整的德育工作应该从低龄幼儿德育策略的实施开始的。

思考题

1. 简述社会认知、观点采择、自尊、移情的涵义。
2. 简述心理理论的主要观点。
3. 简述如何培养幼儿的移情能力。
4. 简述皮亚杰的幼儿道德认知发展理论。

第二章　学前儿童依恋的发展与教育

依恋是儿童早期生活中最重要的社会关系，是个体社会性发展的开端和组成部分。它对于儿童身心发展尤其是社会性发展具有重要的影响。依恋成为儿童早期社会性发展研究的最重要的课题之一，研究的重点在于探讨依恋的性质及其发生发展的特点，依恋对未来发展的影响及影响依恋质量与性质的因素。

本章试图对上述问题进行探讨，并对西方关于依恋的若干理论做简要评述。鉴于背景、方法等因素的复杂性，在依恋的诸多问题甚至一些基本问题上都存在争议，但依恋的存在及其性质、意义却是无可争辩的事实。对这些问题的深刻理解不仅是有关研究的首要任务，而且对儿童抚养与教育的具体实践具有重要意义。

第一节　依恋的概述

一、依恋的定义

依恋是儿童早期最重要的社会关系，因其对儿童身心发展尤其是社会性发展具有重要的影响，从 20 世纪 60 年代至今，一直是研究者关注的问题。什么是依恋？依恋对儿童的发展究竟有什么影响？

依恋一般是指个体的人对某一特定个体的长久持续的情感联系。在发展心理学中，依恋特指儿童与他的抚养者（一般为母亲）之间存在的一种特殊感情关系，它产生于儿童与抚养者的相互作用过程中，是一种感情上的联结和纽带，表现为儿童对抚养者的一种追随、依附和亲密行为以及由此带来的归属感和安全感，一般在儿童 2 岁左右形成。

二、依恋的特点及表现

与儿童的其他社会关系相比，依恋具有如下特点：

(1) 依恋对象的指向性，即儿童一般倾向于依恋能激起特定的情感和行为，满足其自身需要的个体，而不是所有的人，对于婴儿来说主要是具有较高敏感性和反应性的抚养者或父母。

(2) 对依恋对象的接近性追求，即喜欢依偎在抚养者身上或身旁活动。

(3) 依恋双方有较多的相互作用，尤其情感上的交往，依恋者可以从中得到一种慰藉或安全感，当依恋对象离开，会造成依恋者的分离焦虑和痛苦。

(4) 依恋双方的关系稳定持久。由于婴儿与抚养者相互作用的模式不同，依恋有不同的类型。根据我国学者的研究，儿童早期的依恋可以分为安全型依恋和不安全型依恋，不安全依恋又可分为淡漠型依恋、缠人型依恋和混乱型依恋。

依恋表现为婴儿与主要照顾者(一般为母亲)特别亲近，不愿意分离，他们之间存在着强烈、持久、亲密的情感联结。这种特殊的情感联结主要表现为一系列有固定倾向的行为：① 想接近某人；② 与该人分离时紧张不安；③ 重聚时高兴或轻松；④ 即使没有亲密接触，也喜欢朝向此人，听其言，观其行，与之交往。

鲍尔贝认为，这种情感联结是婴儿倾向于寻求和维持与某个特定对象的亲近关系，特别是在受到威胁的时候。依恋可以通过一系列依恋行为表现出来，如在独处或者碰到陌生人时，婴儿常常哭泣、喊叫、避让、抓挠和反抗。婴儿最愿意与依恋对象在一起，常常会微笑、抓握、依偎、咿呀、目光追随。依恋对象使婴儿具有安全感。当依恋对象在身旁时，婴儿很少害怕。有时，儿童的依恋行为仅仅是对依恋对象看一眼，听听依恋对象的声音，或者呼唤依恋对象一声，以确认依恋对象存在与否。当婴儿感到痛苦、不安、害怕时，他们就会四处寻找依恋对象，出现哭泣、喊叫等行为。此时，依恋对象的抚慰往往比其他人的抚慰更有效果。

三、依恋的意义

1. 依恋是学前儿童早期生活中最重要的社会关系，是个体社会化的开端和组成部分

儿童在与主要抚养者(或者是母亲)之间积极的、充满深情的相互作用中，逐渐意识到他们能满足自己的各种愿望和需要，因而产生了高度的信赖和安全感，建立了最初的人际关系。尤其是母子依恋，其程度和性质在其他人际关系之上。鲍尔贝在报告一些由于过早离开父母，没有在早期形成依恋关系的婴儿的状况时指出：他们不能很好地与人相处，常常感到不安，缺乏对人基本的信任感；怕做游戏，怕冒险，怕探索，怕发现超过他身体之外的世界，乃至自己等。鲍尔贝据此得出结论：心理健康最基本的东西就是婴幼儿应当有一个与母亲(或一个稳定的代理母亲)之间温暖的、亲密的、连续不断的情感关系。这一关系将导致一个人信赖和自我信赖的形成，并且能成功地依恋自己的同伴和后代。也就是说，婴儿早期如果缺乏母亲的精心照顾，缺乏一种与母亲或主要照看者之间积极而充满深情的情感联结，种种需求和感情表示就会因此得不到及时的反馈和满足而渐渐减弱。由于没有良好的社会适应行为，儿童也就不能建立起对他人对自己的信赖。

2. 早期母婴依恋的形成，有助于儿童自我概念的形成、积极的情绪情感的发展和良好的社会行为的产生

婴幼儿形成的依恋风格能够预测个体社会化发展的结果。大多数纵向研究发现，形成非安全型依恋的儿童出现外化或内化的情绪、行为问题的比例，远远高于形成安全型依恋的儿童。具有安全型依恋的儿童比不安全型依恋的儿童在以后的生活中更有自信，更合作，更友好，更热情，更有好奇心，更有能力。非安全型依恋的儿童大多在学前期，学龄期出现退缩、敌意、攻击性行为，在成人期出现药物滥用等。

总之，早期依恋的形成，有助于培养婴儿对自己、对父母、对他人的信任感和安全感，产生积极的探索行为和勇敢的交往行为。这不仅对儿童的心理发展有重要影响，而且对儿童形成良好的社会关系有重要作用，为儿童社会化发展奠定良好的基础。

第二节 依恋的发展过程

儿童依恋心理的发展同其他心理现象一样，是阶段性和连续性的统一，儿童出生以后，与看护者（主要是父母）的社会相互作用就开始发生并对儿童心理的发展产生影响。依恋就是在这样的互动中逐渐产生和发展的。许多研究者依据对早期依恋的研究，各自从不同的角度出发，提出了依恋的阶段理论，其中影响最大的是鲍尔贝的依恋阶段论和谢弗等人提出的阶段模型。

鲍尔贝依据儿童行为的组织性、变通性和目的性发展的情况，把儿童依恋的产生与发展过程分为前依恋期、依恋关系建立期、依恋关系明确期、目标调节的伙伴关系期四个阶段，描述了四个阶段中儿童依恋行为的典型特征。

一、无差别的社会反应阶段(0～3个月)

最初，婴儿对任何人的反应都没有区别，是无选择地以十分相同的方式，如抓握、微笑等对大多数人作出类似的反应。

在新生儿的脸上，你能看到一种奇妙的笑。这是一种具有一定节奏的运动，它是神经兴奋周期的反映，是身体内部状态引起的一种反射，与外界刺激无关。在新生儿心情满意的时候，对映入眼帘的任何刺激物都会报以微笑，因此，称这种微笑为非社会性微笑(即生理微笑)。也有人称之为“自发性微笑”。在儿童出生后第5周左右，最强烈的社会性微笑出现了，儿童开始专心致志地注视人的面孔，然后突然开颜而笑。但这种笑只能保持3个月左右。在此之前，婴儿的笑并非表示个人的偏爱，他对所有的面孔，甚至一个纸面具也会产生微笑。婴儿的哭也是如此，主要是由于生理上的不适。只要生理上的需求得到满足，婴儿就会表现出安宁并渐渐安然入睡。

由此可见，婴儿从出生到3个月左右，他们的笑与哭只能是满足其生理需要的手段，而不能说是真正的依恋行为，最多也只能说是依恋的萌芽状态，真正的依恋行为的产生是以认生现象的出现为标志的。尽管如此，我们对婴儿这种生理性的笑与哭的作用仍不能低估。最近的一项研究表明，婴儿微笑引起成人微笑的可能性是46%～88%。婴儿微笑的次数是存在着个性差异的，但对婴儿对别人的影响以及随后对他们的反应来说，这些微笑次数的差别又是相当重要的。

母子关系是可逆的，婴儿的良好情绪会引起母亲的积极反应；同样，母亲的态度、情绪也会造成婴儿的不同反应。研究人员发现那些非常焦虑的母亲所生的孩子，在出生后第二、三、四天内哭得比别的孩子多。这就再次告诉我们，胎教不是可有可无的，而是非常重要和必要的。

二、有差别的社会反应阶段(3～6个月)

大约在3个月左右，婴儿的行为发生了较大的变化，一反过去对任何人都友好的态度，其表示微笑的对象仅限于几个熟悉的人，而当他看见陌生人时，它就注视着，如果陌生人对他微笑或抱起时，他才作出一些反应；但是，对悉心照料他的母亲却产生了依恋行为，诸如依附、要求接近或吮吸、咿呀喊叫等。到了七八个月，婴儿的行为变化更大，当陌生人靠近时他就哇哇大叫甚至哭闹不安，并转而寻求母亲的所在，而当他接近母亲时，一般是伸手臂作出欲抱的姿势。这说明此时的婴儿已能敏锐地辨别熟人和生人了，这样，婴儿真正的依恋行为便产生了。

婴儿的依恋产生后，家人应当十分珍惜这种关系，尤其是与孩子生活在一起且接触频繁的亲人更应重视。因为这种依恋关系的好坏将直接影响着孩子未来的发展。心理学家专门研究了人类婴儿的早期行为，发现如果家人(特别是母亲)对婴儿的态度十分冷淡，缺少交往，使孩子不能产生对父母的依恋，则孩子会变得呆板，不信任父母，以后也不会信任他人。另外，中外的一些研究人员一致认为，在正常情况下，母养优于寄养，因为母乳历来被称为是最有利于儿童健康的养料，它能给婴儿带来许多生理上的好处。同时，由于喂奶时大量的身体接触和密切的母子联系，可以给婴儿带来不少心理上的安慰。所以，母子之间关系的质量比数量更为重要。

三、特殊的情感联结阶段(6个月～2岁)

儿童在这一阶段突出的特点是对母亲产生了强烈的依恋，排他性尤其明显，导致对母亲以外的人几乎没有什么依恋行为。

8个月后，婴儿害怕与母亲分离，越来越依恋母亲。当他听到母亲的声音时便显得相当安静，而离开母亲时则会出现强烈的烦躁情绪或不安反应，儿童将依恋之情全部集中于母亲一个人身上，而对母亲之外的人则不再过分亲近。这样，婴儿对人不加区别的友好态度相应减少。此时，由于婴儿开始学会说话、走路，因此，当母亲离开时，一般采取喊叫、快走跟随的方式来表达对母亲的依恋，并把母亲作为安全基地去探索他人外物。例如，当母亲带着一个2岁左右的婴儿到一个陌生的地方时，孩子总是先依偎母亲片刻，然后独自向前行走，但仍不时回头看看，只要看到母亲还在场，又会放心大胆地朝前走。因为母亲的在场给儿童提供了一种安全感、依靠感。当母亲突然消失时，婴儿就会大喊大叫、紧张不安，甚至号啕大哭起来。

正是由于在此阶段内，儿童将依恋的对象集中于母亲一人之身，因此，母亲的情绪态度会直接影响着儿童的个性发展。如果当有依恋之情的婴儿需要安慰与抚爱时，母亲能及时给予满足，婴儿的依恋之情就会逐渐加深并形成良好的母子关系；如果儿童的这种需要被剥夺了，与母亲的正常接触被取消或忽视了，儿童便会产生惴惴不安的焦虑情绪。焦虑是儿童心理上产生的一种忧虑、恐惧或紧张的情绪状态，它伴随着依恋的产生而产生，然而，适当的焦虑又具有积极的意义，如能够约束儿童的某些不良行为，使之适应社会和教育的合理要求等；不过，焦虑过高时，会产生消极影响，甚至产生恐惧，严重的还可能导致神经过敏性焦虑，出现病态心理；而焦虑过低时，则会降低婴儿活动的效果，致使儿童对一切事物不恭，出现顽皮、马虎等不良心性。因此，在儿童依恋的形成和发展过程中，必须注意到焦虑对儿童的影响。

四、目标调整的伙伴关系阶段(2岁以后)

这时的儿童已经能够理解父母的需要，并与之建立起双边的人际关系。他们学会为了达到特定的目的而有意地行动，并注意考虑他人的情感与目标。如哭泣不再是一种机体内部状态的完全自动化的反应，而是婴儿用于召唤母亲的手段，并且婴儿能根据母亲的反应及母亲与自身的距离调整哭喊的强度，而且哭喊、跟随等行为被儿童在同一目的的协调下互换使用。此时的儿童已完成了由自动激活的反应向指向特定个体的复杂的目标调节系统的转换。

3 岁以后，大多数儿童进入幼儿园，他们逐渐把依恋对象从父母转移到老师和同伴身上。此时，学前儿童依恋行为的发展进入高级发展阶段——寻找老师和同伴的注意与赞许的反应阶段(3～6 岁)，尤其是对教师的依恋情感逐渐产生。学前儿童对老师的依恋主要表现为更多地寻求老师的注意与赞许，尤其是中、大班儿童。

第三节　依 恋 理 论

依恋现象的普遍存在及其在儿童发展中的意义很早就引起了人们的关注。但在依恋产生的根源、影响依恋发展的因素以及依恋发展的内在机制等问题上却存在着众多的争议。发展心理学家对于上述问题提出了各种理论解释，其中著名的有精神分析理论、学习理论与习性学理论，而以习性学理论影响最大。

一、精神分析理论

精神分析理论非常重视人早期同父母形成的亲密关系，它把依恋看成早期儿童对能够满足其生理需要，提供快乐与舒适的父母形成的一种情感关系。在弗洛伊德看来，这种关系是在婴儿先天的自我关注或自恋的基础上发展起来的。因为抚养者满足了婴儿的需要，特别是使婴儿吮吸的愿望得到满足，婴儿逐渐开始依恋那些抚养、照顾和保护他们的人。相对于早期精神分析而言，新精神分析学派更强调人的社会性存在。艾里克森认为，在以基本信任感的确立为发展任务的第一年，母亲因能提供营养及满足儿童的需要而在儿童生活中占有主要地位，成为儿童的依恋对象。在此意义上，这种对母亲的依恋实质上是儿童对现实世界信任感的集中体现。

精神分析在一定程度上揭示了依恋的情感内涵，触及了依恋的本质；从需要的意义上讨论了依恋的建立与发展，并以儿童需要的满足与否作为依恋确立、发展与转移的内在依据，具有重要的理论意义；而把依恋的发生发展与特定阶段的基本任务相联系，对有关研究与教育实践具有现实的指导意义。

不过总的来说，精神分析的依恋理论过分强调儿童生理需要满足的意义，过分看重喂养与口腔经验在依恋形成中的决定作用，而忽视了其他交往经验与抚养方式对于依恋形成的影响，割裂了儿童早期经验的完整性。精神分析的理论建立在解释之上，不具有可操作性，无法进行实验研究和验证。

二、习性学理论

习性学说是目前影响最大、综合性最强的一种依恋理论体系。鲍尔贝在习性学的基础上整合了精神分析理论、信息加工理论与控制论，创立了自己的依恋学说。它系统地论述了依恋产生的生物基础、依恋的阶段性发展及其内部机制，还对依恋的主要特征进行了分析。

习性学家认为，依恋是物种普遍存在的现象。习性说的创立人之一劳伦茨描述了鸟类动物的"印刻"现象，而鲍尔贝在劳伦茨研究的基础上，指出依恋的形成有着深刻的生物根源。人类婴儿对于抚养者的依恋是生物长期进化的结果，是基因所保留下来的人类进化和生存方式的信息，或者说是人类在面对可能的威胁和意识到危险时所采取的必然的、本能的反应方式。

真正的依恋要在儿童生命的特定时期才能产生。鲍尔贝认为，儿童的依恋是呈阶段性发展的，是其行为的组织性、目的性、适应性日益发展和成熟的过程。儿童从最初的依恋期，依次经历依恋关系建立期、依恋关系明确期等阶段，最终在2周岁与特定个体建立起目标协调的伙伴关系。此外，儿童的依恋是指向某些特定个体的。

三、社会学习理论

学习理论虽然也把喂养看作依恋确定的主要决定因素，但它摒弃了本能力量在儿童早期亲子关系中的绝对支配地位，而注重在观察实验的基础上突出亲子双方社会经验的相互作用。

早期学习理论认为，依恋是与母亲之间基于相互强化与报偿而建立起来的双向社会关系。学习理论假设，人有着强烈的本能需求，而主要驱力来自普遍存在的基本生理需要，如饥渴和安全等。婴儿只有通过建立与他人的社会联系来满足这些需要，才可以缓解由这些驱力带来的紧张感。而最初的时期中，担当喂养者角色的母亲正好满足了婴儿的需要，母亲就成为婴儿依恋的最初的对象。同时，婴儿的行为又形成了对母亲抚养行为的报偿与强化，使之获得精神上的报偿，从而促使特定养育行为的重复出现，儿童对母亲的依恋就这样产生和被强化了。

与早期学习理论相比，社会学习理论更注重依恋的社会发展性。它倾向于把依恋的形成看作儿童对于社会刺激敏感的生物机能与成人有意识的社会行为有机整合的产物。另外，社会模型、社会支持与直接指导在依恋形成过程中也具有重要作用。

相对于精神分析理论而言，学习理论阐述了依恋建立和发展的外部机制，重视亲子互动的经验对依恋确立的决定性影响，更加突出了依恋现象的社会本质。然而，学习理论却依然缺乏对依恋形成发展的内部机制、依恋性质的差异及具体影响因素的论述。

四、社会生物学的“亲情投资理论”

社会生物学家力图用生物学的观点解释人类社会现象。他们认为，依恋是母亲对儿童亲情投资的结果，是为避免生殖的高昂代价“作废”而作出的抚养努力的产物。这种理论假定，女性为生殖做出的牺牲是巨大的，为了不致使自己的心血付之东流，她便在婴儿抚养上投入更多的时间和精力，结果形成了儿童的依恋。

五、认知学派的依恋理论

认知学派的依恋理论并不重视需要满足的作用，而强调一些认知能力（如观察力、辨别力、记忆力等）对依恋发展的影响。该理论认为，要想形成依恋，儿童必须具备两种能力：一是必须学会区分环境中不同的人，若缺乏这种能力，儿童既不会形成对特定对象的依恋，也不会产生怯生心理；二是必须具备认知永久客体的能力。认知心理学家卡根（Kagan）采用“图式”的概念来解释依恋的形成机制。卡根设想，婴儿在交往中会逐渐形成一些人和物体的图式。当与图式相似的刺激物出现时，婴儿会表现出愉快的情绪；当与原先图式不同的刺激物出现时，婴儿会产生兴奋、好奇或害怕的情绪。婴儿在6～9个月时已经形成对抚养者的专门图式，因此产生了特定的依恋。

六、评价与展望

自20世纪60年代依恋兴起以来，依恋研究就一直是很有研究价值的重要领域。依恋研究从最初的发展心理学的一个问题，逐渐渗透到心理学基础研究的各个领域，认知、情绪情感和行为研究都开始与依恋研究相结合，依恋的心理机制和神经机制的探讨也方兴未艾；而在应用心理学中，依恋理论的影响越来越大：职业选择和发展、企业管理以及心理学治疗与咨询都采用了依恋理论的研究成果。Lopez在1995年甚至提出要让依恋理论取代现有的人格理论，成为心理治疗的元理论。

依恋研究的深入发展是与其自身的优势分不开的。从理论上说，以习性学为基础的依恋理论具有很强的科学性和影响力。它整合了其他学派，兼顾了后天学习经验与先天的人体守恒机制的作用，较全面地论述了社会因素与生物因素对儿童依恋的综合影响；它从人类进化与个体发展的意义上突出了依恋的情感内涵；它能够从认知等内部过程为依恋的情感特征提供更充分的解释；它能为个体的终身研究提供有力的理论支持。从实践上说，它注重实验观察等现代研究方法与技术的运用，量表的大量运用使与依恋相结合的基础研究具有可操作性和重复性，使得所涉及的研究即科学又严谨，同时社会性的强调也不会使得研究走到机械化的极端。

不过，依恋的研究也并非十全十美，以习性学为基础的依恋理论存在着不可避免的不足。首先，该理论仍过分强调了依恋形成的生物基础与进化起源，而相对贬低了人的社会性尤其是儿童的社会能力(张文新，2000)。在客体选择上，过分突出了母亲的作用，虽然在实际的研究中，有些学者也注意到了这个问题，研究儿童与父亲、与其他抚养者的依恋关系(Schaffer，1997)，但相对来说，这部分的研究比重还太小。依恋理论强调了亲子双方相互作用的数量的作用，而对相互作用的质量不够重视。因此，在以后的研究中，研究者在关注他(她)的研究目标的同时，也要将依恋理论基础的不足这个因素考虑在内。

20世纪90年代以来，依恋研究向纵深推进，主要在三个方面取得了突破性的进展：一是从认知、人格、神经生理等方面深入考察了依恋的心理机制；二是对依恋类型的分布进行了跨文化的研究；三是依恋在精神病理学领域也取得了一定的成果。

研究发现，在不同文化背景中，依恋类型的分布有着明显的差异。依恋在精神病理学的研究主要集中在两个方面：一是关注儿童成长环境中的高危因素；二是关注不安全依恋与儿童精神障碍之间的关系。这些研究有助于我们深入了解依恋对儿童心理和精神发展的影响，对儿童家庭教养和儿童精神治疗都有一定的实践作用。

综观前人对依恋的研究，我们不难发现，众多研究范围狭窄；对依恋机制探讨不足；研究方法缺乏生态效度；对教育实践的指导性不足。因此，在今后的研究中，要扩大研究范围，探讨依恋的作用机制，指导家庭教育和幼儿园教育实践。

第四节　学前儿童依恋的类型与特征

一、研究方法

研究婴儿依恋主要采用爱因斯沃斯的陌生情境法，它通过在实验室设置一种类似于儿童日常生活的典型情境，观察儿童在此情境中的反应，从而判断儿童依恋关系的过去、现状，并对其未来人际关系的发展做出可能的推测。这种方法基于的假设是：儿童被置于由亲子分离和陌生人的出现所导致的压力情境中，因而突出了其寻求安全的努力。

陌生情境法的标准程序包括7个步骤：

(1) 婴儿自由探索，母亲在一旁观看。

(2) 陌生人进入，起初沉默不语，然后(1分钟)与母亲交谈，再过1分钟，陌生人走近婴儿，与其游戏。

(3) 母亲离开，陌生人与婴儿留在一起活动。

(4) 母亲返回，安顿婴儿，陌生人离开。

(5) 母亲离开，婴儿单独留在室中。

(6) 陌生人返回，与婴儿一起活动。

(7) 母亲再次返回，重新安顿婴儿，陌生人离开。

每步持续3分钟，有时也把"实验者将母亲和婴儿领进观察室，然后离开"包括在内，从而成为8个步骤(Durkin, 1997)。

陌生情境法的产生极大地推动了有关依恋的研究，被看作研究婴儿社会情感发展的最有力的、最有效的方法。然而它的应用也有一定的局限性：首先，它只适合于12～18个月的婴儿。其次，作为一种个性研究，它的应用需要具有广泛性与代表性的大样本以保证其实验的内部效度。

除了陌生情境法以外，在进行早期依恋研究时，还可采用测量儿童依恋内部运行模式的照片法以及依恋故事续成法，也就是分离焦虑法。Bretherton编了三个经典的故事，来测量学前儿童的依恋内部运行模式：① 受伤的膝盖：儿童在岩石上玩，后来掉下来，摔伤了膝盖；② 卧室里怪物：在父母送孩子上床的过程中，孩子告诉他(她)的父母，卧室里有怪物；③ 分离—重聚：父母整夜去旅行而把孩子留给临时保姆照看，随后父母又回来。通过分析儿童对这三个故事的反应，来划分他们的依恋类型。

二、研究结果

(一) 依恋类型

许多学者都从不同的角度对依恋的类型进行过划分，不过总体来说，他们最终都将依恋分为安全依恋和不安全依恋，虽然各类型在具体特征上有所不同，但相似点还是多于不同点。在所有的分类中，爱因斯沃斯的分类的运用范围最广。

依据鲍尔贝的理论，爱因斯沃斯设计了陌生情境法，以儿童在陌生情景中的反应为基础，将婴儿分成三大类，其中一类为安全依恋型（TB），另两类为回避型（TA）和矛盾型（TC），后两者属于不安全依恋（Ainsworth et al，1978）。实验结果如下：

1. 安全依恋型

大约70%的1岁儿童属于这种类型。在陌生情景中，能以母亲作为自由探索环境的安全基地，能自信地探索环境，愉快地游戏；母亲离开以后，表示出伤感，但没有强烈的分离焦虑；母亲返回时，表现出很大的热情，寻求于母亲的亲近和安慰，平静下来后，重新进行探索和游戏活动。而且，儿童对陌生人也表现出积极的兴趣。

2. 回避型

大约有20%的婴儿属于这一类。他们忽视母亲的在场，表现出漠不关心的行为；自主地探索环境和游戏而不受母亲的影响，甚至回避母亲的接近；也不愿意进行探索活动。他们能接受陌生人的关注，对陌生人没有特别的警惕，但常常采取回避和忽视的态度。

3. 矛盾型

大约有10%的婴儿属于该类型。他们对母亲表现出相互矛盾的依恋行为。即使母亲在场，他们也感到非常焦虑，不愿进行探索活动；当母亲离开时，表现出极度的悲伤；而当母亲返回时，又表现出矛盾心理，一方面对母亲曾经离开表示非常不满，试图留在母亲身边，但对母亲的接触又表示反抗。

除了以上三类，梅因（Main & Solomn，1986）在研究中发现，还存在第四种类型，即无定向型依恋。这类儿童缺乏对陌生情景的一致策略，行为组织性很差，过于任性，也同时表现出寻求亲近与回避的矛盾行为，而且行为缺乏完整性。

（二）各种类型依恋的特点

1. 安全型依恋的儿童

表现出舒适、安全的总体特征。与母亲在一起时能愉快地玩游戏，自信地探索环境，能与母亲进行近距离或远距离交往，不总是注意母亲是否在场，在紧张情境下迅速回到母亲身旁，寻求保护和安慰，在母亲鼓励下能很好与陌生人交往。当母亲离开时，探索的行为会受到影响，有的哭泣，如果不哭泣，也明显地表现出一种苦恼，但没有明显的分离焦虑，对玩具的注意力减少。当母亲又回来时，他们会立即寻求与母亲的亲近和安慰，并能很快地与母亲做游戏。

2. 淡漠型依恋的儿童

人际关系趋于冷淡，疏远。与母亲在一起时，很少关注母亲的行为，母亲在场或不在场对他们影响不大。在自由活动和其他不同程度的压力下，与母亲的身体接触很少，也很少与母亲主动交谈，与母亲的分享行为少。对陌生的人和事物，表现得胆子大，不退缩，能进行自主探究活动。母亲离开时，不哭泣，悲伤程度小，对母亲的归来不积极地欢迎，也无明显的喜悦。

3. 缠人型依恋的儿童

表现出依赖、退缩的特征。与母亲在一起时，喜欢缠在母亲身边，和母亲的身体接触比较频繁，探索活动不积极，对陌生的人和事物拘谨、退缩；与母亲分离时表现出反抗、哭泣，悲伤的程度高；与母亲重聚时急切地寻求母亲的安慰，但是不容易平静下来。

4. 混乱型依恋的儿童

对母亲有较多的身体接近或接触，与陌生人交往少，不友好。有的儿童分离时表现出混乱的不适宜的行为，有的儿童表现为既亲近又反抗母亲的矛盾行为。

不同依恋类型的儿童在与周围环境相互作用的过程中采取不同的反应方式与应对方式，表现出与依恋类型相关的能力倾向。安全型依恋的儿童，在人际交往中积极主动，与照顾者建立起相互信任的关系，在安全感的支持下饶有兴趣地探究周围环境，对于陌生人也能友好相处，表现出自信、独立、适应性强等积极的心理品质，这些社会品质的发展与积极进取的探索行动进一步促进了儿童认知尤其是智力的发展，改善了整体素质，增强了身心发展的和谐性。不安全型依恋的儿童由于强烈的不安全感和内心冲突，不能有效地探索环境，难与人建立友好的交往，这在很大程度上阻碍了他们对外界事物的认知与探究活动，限制了经验范围。淡漠型的儿童虽能进行自主的探究活动，但并不深入，与人交往过程中又易为强烈的焦虑所困扰，且由于具有回避性行为倾向，人际交往与活动的机会减少，导致社会经验缺乏以及社会性发展滞后。缠人型儿童怯于探索，与陌生人交往异常谨慎，这就缩小了人际空间,阻碍了社会能力的发展和对现实世界的理解。混乱型儿童在生活中往往惶惑不安,缺乏自主性,不能进行自我定向,实际上是缺乏自信感、自主性和人际交往的能力。这些在与人和周围环境相互作用过程中所表现出来的心理品质的差异表明,安全依恋的儿童相对于不安全依恋的儿童具有某种现实发展的优势。这种依恋关系的安全性使儿童生活的环境具备了心理意义上的安全保障,即保证了较高的活动安全度,这驱使儿童自由地探索与交往。而不安全依恋的儿童安全感的缺乏反而增强了寻求安全的需要,在这种需要得到适当满足之前对自我环境的探索和对社会环境的开拓都很难有效地进行。

不仅如此,大量的研究证明,在生活环境保持相对稳定的前提下,早期形成的依恋关系会影响儿童今后人格和社会性的发展,儿童从安全的依恋中获得的温暖、信任、安全感奠定了未来生活中良好心理功能的基础。研究发现,与不安全型儿童相比,安全型儿童在以后表现出更强的探索欲望和能力,在特定的情景中表现出较强的解决问题的能力与良好的坚持性及挫折的容忍力,在与人交往时表现出较高的积极性、主动性、独立性和合作性,有良好的适应能力和行为品质。早期儿童的依恋会对儿童以后的发展产生影响。主要是儿童在与周围人和物不断复杂化的交往中形成的反应方式与决定这种反应方式的认知方式逐渐沉淀定型,形成最初的"内部工作模型",即儿童对自己、重要他人(如父母或其他照看者)及自己与他人的人际关系的认知模式。儿童在这个模式的指导下根据依恋对象对自己日常要求的反应速度和方式来建立在不同情境里的反应方式。如果孩子在早期的关系中体验到爱和信任,他就会觉得自己是可爱的,值得信任的,如果婴儿的依恋需要没有得到满足,他就会对自己形成一个不好的印象,并且他以后也会以相应的方式去对待他周围的人。当然,如果儿童以后生活在一个有利的环境中,早期不安全依恋的消极影响会得到改变,相反,安全依恋的儿童如果以后生活在不利的环境中,其社会性也会向不健康的方向发展,这也表明了依恋与对儿童心理发展的巨大可塑性。

由此看来,不同的依恋类型对儿童发展的影响是不一样的,安全型依恋有利于儿童的发展,而不安全型依恋则会对儿童的发展起到不利影响。因此,安全型依恋是一种高质量的依恋。

第五节 学前儿童依恋的影响因素与促进

为什么会产生依恋类型的个体差异?如何帮助儿童形成安全型依恋呢?儿童依恋的发展是一系列环境因素与自身主体因素相互作用的结果,其中最重要的是成人的抚养质量和儿童的气质类型。

一、影响因素

1. 儿童依恋的类型在很大程度上取决于成人的抚养质量

儿童出生后即生活在一定的抚养环境中,成人的照料方式及与儿童的相互作用构成了儿童依恋关系的关键因素。研究结果表明,儿童的依恋类型与抚养品质相对应,安全型儿童的母亲多能保持一致、稳定、合作、敏感、易接近等特性,他们对孩子发出的信号、表情极为敏感,鼓励孩子探究,乐于与孩子亲密接触。而不安全型儿童的母亲则倾向于拒绝、干涉、不敏感、忽略,有时对孩子缺乏耐心,对孩子发出的信号反应迟钝,经常表现出消极情感,他们或者过多地干预,或者过分地忽视孩子的行为,有的母亲看上去愿与孩子进行亲密的接触,但常常误解孩子发出的信号,不能与孩子形成同步习惯。

2. 气质是影响儿童行为动力特征的关键因素,它在很大程度上赋予儿童依恋行为以特定的速度和强度,制约儿童的反应方式和水平

儿童形成哪种依恋类型不仅与抚养活动有关,还与儿童本身的气质特点有关。气质特点可以作为预测其个性及人际关系的指标,儿童与生俱来的对分离表现出的焦虑倾向特点可以预测依恋类型,对分离表现出过分焦虑的儿童有可能形成不安全型依恋。此外,儿童的气质特点会影响到抚养的难易程度与抚养者尤其是父母对儿童的看法和态度,进而影响到抚养质量,反过来又作用于儿童,使其依恋的发展表现出不同的特点。一些天性安静、被动、顺从的儿童,容易受到成人的忽视,一些儿童很难照料,拒绝与人接近,不易抚慰,行为反应强烈无规律,令抚养者无所适从或筋疲力尽,产生厌烦情绪,影响对儿童的态度和照料方式,这两种儿童都不易形成安全型依恋。还有一些儿童生性活泼,他们会主动吸引成人对他们的注意,当成人对他们发出的信号作出反应时,他们又能以积极的情绪或行为回报成人,从而受到成人的喜爱,这种儿童易形成安全型依恋。

因此,我们可以说气质是构成依恋发展的重要生物基础与内因,成人的抚养质量是依恋产生的外因,依恋是内外因相互作用的结果,应充分考虑到儿童气质特点对儿童依恋的影响,对于一些难于形成安全型依恋的儿童,不能完全归因为成人的抚养方式不当,但如果抚养者能主动调节自己,以积极的情绪、态度去唤起儿童的反应,也能使儿童获得安全的依恋。

二、如何促进

（一）采用合理的育儿方式，提高抚养质量

儿童出生即处于一定的社会环境中，成人尤其是母亲的喂养方式及其与婴儿相互作用的性质构成了影响儿童依恋的关键因素，母亲对婴儿所表现的行为特性直接影响着儿童对自身认知模式尤其是内部工作模式的建构，制约儿童个性发展方向，合理的育儿方式能在很大程度上保证依恋的安全性，提高抚养质量。要使儿童获得安全型依恋，抚养者应该做到：

(1) 及时满足孩子各种合理的需要。包括及时满足孩子进食的需要，并且采取合理的喂养方式，让孩子在轻松、愉快的环境下进食而不是强迫孩子进食；多与孩子身体接触，如拥抱、抚摸、亲吻；经常与儿童进行积极的情感交流，如微笑，以温柔愉快的声音与孩子交谈；给儿童提供丰富的触觉、视觉、听觉的刺激。

(2) 当儿童发现各种社会信号时，能正确理解，给予敏感的反应。成人应该经常关心孩子在做什么，了解他们的愿望和要求，如当孩子哭时，抚养者能迅速地根据哭声作出判断，孩子是饿了？尿布湿了？还是想要与人交流？从而采取恰当的行动给予反应。

(3) 保持抚养者和婴儿稳定、一致的抚养关系，不要经常更换抚养者，特别是主要抚养者，尤其不要突然更换，更换时一定要给儿童一个适应过程，且抚养方式不要发生太大改变，以免引起儿童过分的焦虑，同时抚养者对待儿童的方式要保持一致，不要经常变化，否则儿童无法有效地组织自己的行为而导致不安全或无组织无定向的依恋。

(4) 成人主动调节自己的行动以适应儿童的行为节律，而不是把自己的行为习惯强加给儿童。即成人按照儿童身心发展的特点和规律，而不是按照自己的愿望和要求安排儿童的生活。

（二）创造健康、宽松、稳定的家庭环境

健康、宽松、稳定的家庭环境首先是指家庭结构的完整性，家庭结构遭到破坏，尤其是母亲缺失，会严重影响儿童安全型依恋的形成，虽然“替代母亲”可以在一定程度上解脱因母亲缺失带来的焦虑和烦恼，但依恋对象的变化，依恋关系模式的改变会改变儿童心理的安全感，即使以后能形成新的依恋，也会表现出与现实生活无关的焦虑或失望。

其次，是抚养者特别是父母亲要有正确的教养观念和教养方式。父母的教养

观念、教养态度会影响儿童的气质和个性倾向，从而影响其依恋的类型。研究发现，双亲是支配型的儿童表现得顺从、腼腆、被动、缺乏自信心，母亲支配性越强，儿童就越容易倾向消极、被动、依赖、顺从。这类父母多用支配的态度和方法对待儿童，他们把儿童的行为归因为儿童的天性，特别是当儿童表现出不良行为时，他们常表现出生气、失望、内疚、无助的情感。相反，鼓励型的父母认为儿童的能力大多是通过自我调整学习得来的，他们很少使用支配式教育，如果孩子表现出不良行为，他们认为这是暂时的内部状态，因此，他们对矫正儿童的行为更积极、更有信心，父母的这些观念会影响对儿童的态度。

再次，宽松稳定的家庭环境是指家庭人际关系和谐，人与人之间互相尊重，民主、平等，抚养者有良好的文化素养以及健康开朗的个性，它们不仅给儿童安全型依恋的形成提供了良好的环境气氛，而且通过影响抚养者的心理特点与抚养方式、抚养质量而作用于儿童本身，影响儿童依恋的发展。

（三）根据孩子的气质特点，因材施教

气质是一个人所特有的心理活动的动力特征，它使人的整个心理活动带上个人独特的色彩，儿童生来就具有个人的气质特点。不同的气质特点直接影响儿童依恋类型的形成。抚养者必须了解儿童的气质，针对其特点抚养教育。

心理学家根据儿童基本生活活动模式把早期儿童的气质分为三种类型：易带的孩子、难带的孩子和迟缓的孩子。易带的孩子生活有规律，节奏性强。他们容易适应新环境。他们总是情绪愉快，爱玩，对成人的招呼反应性强，对成人的抚养活动提供大量的积极强化，因而在整个儿童期都受到成人的极大关注和注意。对于这类孩子，只要在日常生活中按照上述要求去做，就能使孩子获得安全性依恋。难带的孩子总是在哭，不易抚慰。进食时烦躁不安，睡眠无规律。对新刺激畏缩，接受变化难。他们的心情总是不好，在游戏中也不愉快，成人需要费很大气力才能使他接受抚爱，由于成人的抚爱经常得不到正面反馈，成人和孩子之间的关系往往较不密切。这一类孩子需要成人付出较大的体力和精力，努力摸索出他的生活活动规律，除了耐心外，成人要努力调整自己的行为以符合孩子的要求，在保持抚养环境和抚养方式的稳定性和一致性时，又要特别注意把握好变化的度。迟缓的孩子常常是安静地退缩，对新事物适应缓慢，如果坚持和他积极地接触，他们会逐渐产生良好的反应，慢慢地活跃起来。这一类孩子，需要成人特别地耐心，创造宽松愉快的环境气氛，用积极的情绪和行动主动唤起儿童的反应，切不可因为一时得不到儿童积极的反应而丧失信心，随着年龄的增长，如果得到成人的抚爱和正确的教育，这类儿童的气质会向积极的方向转化，并且获得安全的依恋。

（四）帮助孩子获得安全型依恋中的“爱与序”安全的依恋，是依恋双方一种爱的情感交流

对于抚养者，这种爱表现为积极的关注及对儿童的敏感性反应，这是儿童获得安全依恋的关键。但这种爱不是溺爱，溺爱和拒绝都会使儿童形成不安全型的依恋，前者可能形成缠人型的依恋，后者可能形成淡漠型的依恋，都不利于儿童社会性的发展。因此，对孩子必须爱而有序，这种爱是充满感情的，但又是理智的；既要细心呵护，又要掌握呵护的度，不要让孩子形成有求必应的习惯；既要培养孩子对成人的信任感，又要注重孩子独立性的形成，使孩子生活在一种爱而有序的环境中。总之，许多研究已证实，早期儿童的依恋质量会对儿童的发展尤其是社会性发展产生不同的影响，这种影响既是现实的，又是长远的。因此，应该创造良好的抚养环境和条件，提高儿童的依恋质量，促进儿童个性和社会性健康发展。

（五）教师要公正地评价儿童，增加儿童对教师的信任和热爱

教师是学前儿童幼儿园生活中的“重要他人”。儿童对教师的任何评价都会在意，但不同的依恋类型使儿童对教师评价的反应有很大的差异。安全型依恋的儿童倾向于把教师的表扬和批评归因于教师对自己的热爱和关心，因此他们在受到老师的表扬时会洋洋得意，喜形于色；在受到老师批评时会感到内疚惭愧，积极努力地改正缺点，以期得到老师的再次肯定与赞许。不安全型依恋的儿童往往认为老师不喜欢自己，会产生高度焦虑的现象。因此，他们受到老师批评时，不仅不改善自己的行为，反而产生更多的消极情绪；受到老师的表扬后，他们又会对今后能否保持良好的成绩和行为产生焦虑。如果教师对儿童的评价不公正，他们就会对老师产生信任危机。因此，教师对儿童的评价要做到公正、公平，应充分考虑儿童的不同的依恋类型，以有利于儿童行为的改善和个性的发展作为评价的准则，并明智地选择不同的评价方式和评价程度，从而赢得儿童的信任、理解和热爱，建立起积极的师幼关系。

本 章 小 结

在一般意义上，依恋是个体生命早期对特定个体形成的情感联系，它构成早期儿童最重要的社会关系。与其他心理现象一样，依恋的产生与发展有其自身特殊的规律。识别记忆和客体的永久性为之提供了认知前提，分离焦虑与怯生的出现标志着儿童依恋关系的正式建立。而依恋的发展则表现为连续性与阶段性的统一，由前依恋期开始，依次经依恋关系建立期、依恋关系明确期，最终确立与依恋对

象的目的协调伙伴关系。其实质上是组织性、目的性与灵活性品质日臻成熟的过程。2岁后，儿童逐渐由单向的依恋关系转变为双向合作型的情感关系。

各理论流派力图从各自的角度解释依恋的本质及其产生、发展的机制。精神分析理论将依恋看作早期儿童对满足其生理需要、提供快乐与舒适的父母形成的一种情感关系。学习理论尤其早期学习理论力图从外部行为互动意义上阐释依恋产生与发展的机制，把依恋作为基于行为双方的相互强化与报偿建立起来的一种人际关系。后期学习理论突出依恋的社会发生性。在综合诸流派依恋观的基础上，习性学揭示了依恋产生的生物基础、进化根源，提出依恋阶段性发展的思想，并力图从个体的内部心理结构揭示依恋产生发展的微观机制，因而成为当前最具影响力、系统性最强的依恋理论流派。

陌生情境法是广泛使用的依恋测量方法，是依恋分类的依据。它通过观察儿童在陌生情境中的反应测定依恋的性质与类型。该方法因实验情境创设的"生态性"、效度较高而备受关注，但陌生情境法的实验效果受文化背景、儿童自身特点的制约，而且作为一种实验方法，它的效度最终也未能摆脱"实验室效应"的干扰。

依据陌生情境法的测定结果，人们将依恋划分为安全型、不安全—回避型与不安全—拒绝型，后来又进一步划分出第四类即无组织无定向型。事实证明，许多早期依恋类型的消极影响可为后来的社会环境所修正。这又表明了依恋与儿童心理发展的巨大可塑性。

思 考 题

1. 试述学前儿童依恋的发展过程、类型及其成因。
2. 试述学前儿童依恋的影响因素与促进方法。

第三章 学前儿童社会行为的发展与教育

第一节 社会行为概述

一、社会行为的定义

社会行为是指个人在人际交往中对各种事件，对他人的行为或言语表现出来的态度和行为反应。比如，在我们的社会生活中处处可以看到帮助他人的现象，从指路、扶老携幼到见义勇为再到与歹徒搏斗，甚至为此付出生命，但同时我们又可以看到，有些人对处于困境中的他人抱着冷漠的态度，见死不救。

二、社会行为的分类

按照行为的意向和结果，社会行为可以分为亲社会行为和攻击行为。也可以叫做向社会行为和反社会行为。

三、社会行为研究的意义

社会的进步和发展，有赖于社会化了的个体去推动。成功的社会化可以使个体与所属的群体一致，内化社会规范，维持社会秩序，服从国家法规，恪守道德标准，为了有利于社会的稳定和进步，有利于大多数人的利益，不惜做出自我牺牲，于是产生了亲社会行为。反之，社会化有缺陷的人就难以自觉地形成高尚的道德观念和产生亲社会行为，甚至会一味地追求个人利益而违背道德、违反法律，出现反社会行为。所以我们进行社会行为研究的意义就在于如何减少反社会的行为，并且培养人的亲社会行为，只有这样，整个社会才会进步和发展。

对于社会行为的研究，长期以来受到了人们的忽视，只是到了 20 世纪 60 年代美国的社会风气、社会思潮中出现了新的倾向，人们日趋自私，社会上发生越来越多的暴力事件，社会产生了精神危机，社会现实要求人们研究人性中善良的一面。同时，20 世纪 60 年代的美国，在哲学思想上是行为主义占主导地位，于是，环境对人的行为的影响成为一个主要的研究内容。著名的拉顿和达利（Latane & Darley）的研究就是这样产生的。他们设计了一个以成人为对象的试验：一位妇女在马路中央突然晕倒，研究者在一旁观察记录行人的反应。他们的结论是：围观者越多，助人行为的发生率就越低，他们的解释是社会责任得到了分担。从那以后，大量对社会行为的研究就展开了。

第二节　学前儿童亲社会行为的发展与教育

一、亲社会行为概述

在当今科学技术高度发展的时代，人类社会中的每一个个体都是相互依存的，这种相互依存反映在劳动分工、产品和服务交换等复杂的系统中。这个经济系统内的大多数关系都被构建成有利于等价交换的组织结构。与此同等重要的是另一类人际关系，包括给予和获得帮助。这类行为不同于纯粹的经济行为，强调如何使人获得帮助、安慰，感受到幸福，这便是我们通常所说的亲社会行为。

（一）亲社会行为的定义及其类别

对于亲社会行为的概念，不同的学者从各自不同的研究角度出发给出了不同的结论。美国著名发展心理学家 Paul Mussen 在 1977 年给“亲社会行为”的定义是：“亲社会行为是指这样一些行为，试图帮助其个人或某个团体，使他们受益，但是在进行这些活动时，不期待任何外来的奖励，并且常常要付出一定的代价，自我牺牲，承担一定的风险。”这种界定更多侧重于利他行为，是以忽视或不顾个体自身的利益为代价的。但是当儿童因为某一次的亲社会行为而受到损害或有不愉快的情绪体验时，他会在以后的生活中减少自己的亲社会行为。这种定义的操作性不是很强，是一种理想的状态，忽视了儿童自身的情绪情感体验。

Mussen 于 1983 年给出的操作定义是：“亲社会行为旨在增加或保证他人利益的行为，包括助人、慷慨、牺牲、保卫、无畏、忠诚、尊重别人的权利及感情、有责任感、合作、保护他人、分享、同情心、安慰、抚养他人、关心别人的利益、好心、拒绝非正义事物。”这种定义比较全面，更合理些。但是也有不足之处：如果儿童的亲社会行为只对被帮助的对象有利，而对社会是不利的，那么此时儿童的行为不能算是亲社会行为。所以儿童的亲社会行为应该是在符合社会期望的前提下的行为。

加拿大心理学家 Orlick McNally 这样描述:"亲社会行为是任何与他人分享、帮助他人、亲昵地接触他人的身体的行为。亲社会行为可以分为两大类:第一类,身体上有感情的接触。第二类,合作完成任务的行为。第一类行为有:一个儿童与另一个儿童出于友爱之情的身体接触,或者是起支撑作用的身体接触。比如两个儿童手拉手一起走路;一个儿童亲昵地用手搂着另一个儿童的脖子;一个儿童刚摔倒,另一个儿童上前去扶住他、安慰他。第二类是指这样的一些行为:一个儿童以某种方式帮助另一个儿童(如帮助他爬上高高的秋千);或者与另一个儿童紧紧联系在一起共同完成某项任务(如两个孩子各抓住小船的一头)。这里要强调的是,两个孩子共同完成某一个任务,或者,一个孩子明显地用行动帮助另一个孩子。与以上行为相对立的就是反社会行为(Antisocial Behavior)。"这种定义的操作性很强,比较利于在做实证研究时观察儿童的亲社会行为。但是,这个定义有些简单宽泛。

综合已有的亲社会行为的定义,后来人们普遍认为亲社会行为是人们在社会交往过程中所表现出的符合社会期望的并对他人、群体和社会有利的行为,如谦让、分享、帮助、合作等。助人行为,分享行为,合作行为等是亲社会行为的主要构成成分。亲社会行为是儿童良好个性品德形成的基础,是提高集体意识,建立良好的人际关系,形成助人为乐等良好道德品质的重要条件。

儿童早期的亲社会行为发展具有连续性。有人对 2～7 岁儿童的亲社会行为做过详细的研究,发现行为是连续的,后期的行为在很大程度上延续、保持或包含了早期已经产生的、发现的行为。

根据亲社会的动机和目的性来看,把亲社会行为分为两类,一类是自发的亲社会行为,即动机是关心别人的亲社会行为;另一类是常规性的亲社会行为,即期望得到自身的好处,或避免别人批评自己而做的善意行为(Rosenhan)。这种划分方法得到了许多心理学家的赞同。

(二) 亲社会行为与利他行为的关系

利他行为(Altruistic Behavior)是指完全从他人的利益出发,不期待任何奖励或回报的自愿表现出来的亲社会行为。

从对他人和社会有益的效果看,这两种行为的含义是一样的。从动机来看,分属不同层次和水平,其中利他行为是高层次的亲社会行为。利他行为属于亲社会行为,且是它的一种高级形式,因为行为的动机是站在他人的立场自愿自发地表现出来,它并不企图得到任何报酬或奖赏。而亲社会行为可能是由利他主义引起的;也可以不是由利他行为引起的,比如亲社会行为可以是为了某种目的、有所企图的助人行为，所以它是一个比利他行为更宽泛的概念。

二、亲社会行为的相关理论及解释

（一）社会学习理论

强调社会经验是儿童产生亲社会行为的基础，认为亲社会行为是儿童观察学习、模仿和所受到的强化的共同作用的产物。强化包括直接强化和替代性强化。强调注意和调控过程在亲社会行为中的作用。

（二）认知发展理论

这一理论认为，亲社会行为发展的中介是儿童对自己和他人的理解。随着儿童智力的发展，他们获得了重要的认知技能，比如角色扮演的能力和道德判断的能力；对自己和他人的理解也相应地增长，形成了发展亲社会行为的基础。

（三）社会交换理论

这一理论认为，人与人之间的相互作用，本质上是个人试图尽可能获得最大奖励，同时又尽可能地付出代价的社会交换过程。心理学家福阿（Foa，1975）和格根（Gergen，1981）等都持这种看法。他们认为，人们在做出亲社会行为之前，往往要先对自己、对别人、对社会背景做出估价，考虑助人行为是否能够给自己带来快乐或者减少痛苦。比如拿钱资助路边的乞丐，具有这种社会交换的色彩，个人在一手拿钱的同时，另一手也拿进了自我尊重和赞誉，或者，人们是通过助人行为来减少自己的焦虑。

（四）社会规范理论

社会学家古尔德纳（Gouldner，1960）提出，人们道德准则中最普遍的成分是交互性原则。也就是说，各种社会都有一个共同的期望，就是人应当帮助帮助过自己的人，而不是伤害他们。这一理论可以很好地解释亲社会行为的相互性，但是却不能解释整个社会中最初的亲社会行为是怎么样发生的。

（五）精神分析理论

当个体超我形成后，会产生对个体的约束机制，他们认为，亲社会行为是个体的防御机制，认为儿童能够接受并且内化亲社会的价值观念，而亲社会的价值观念一旦成为超我的一部分，个体就表现出亲社会行为，因为他们害怕由于意识到自己没有做出与已内化的价值观念所要求的亲社会行为一致的行为而产生的痛苦，因此这一理论强调内心冲突的作用。

（六）社会生物学理论

认为亲社会行为部分是本能的，是人类天性的自然成分，因为动物或人如果以合作的社会性单位聚在一起就可能避开天敌，合作、利他的个体非常可能生存下来，并将亲社会基因传给后代，这并不排除文化和学习的作用，亲社会行为表现存在个体差异，亲社会行为更多地在血缘关系中发生。这一理论的主要代表人物是生物学家唐纳德(Donald)。他们认为，亲社会行为部分是本能的，是人类天性的自然成分，因为动物或人如果从合作的社会性单位聚在一起就可能避开天敌，合作、利他的个体非常可能生存下来，并将社会基因传给后代。这一理论可以解释亲社会行为更多地在血缘关系中发生，因为他们有共同的基因。但是这一理论并不排除文化和学习的作用，作为一种有机体机能的亲社会行为，不仅受到环境的影响，而且还存在个别差异。人类亲社会行为的形式和强度在很大程度上由文化决定。

三、学前儿童亲社会行为的发展阶段和特点

（一）亲社会行为的萌芽(2 岁左右)

研究证明，2 岁左右，儿童的亲社会行为即已萌芽。有人对 15～18 个月的孩子进行了分享行为的观察。他们将分享定义为：把自己的玩具给人看，或送给别人，或拿出玩具参加他人活动。观察结果表明，表现出全部三种分享行为的在 12 名较小儿童中有 1 人，在 12 名较大儿童中有 7 人。他们用同样的方法研究了儿童援助行为，实验室里有一些待完成的工作，让成人完成。在 25 分钟里，所有的 2 岁儿童都帮助了他们的母亲。20 名孩子中有 18 个帮助了他不熟悉的成年妇女。在儿童的援助行为中，有些援助行为是模仿性的，但是许多是独创的，是成人完成工作的一部分。

（二）各种亲社会习惯迅速发展，并出现明显个别差异(3～7 岁)

1. 合作行为发展迅速

幼儿亲社会行为发生频率最多的是合作行为。有研究发现，在儿童的亲社会行为中，合作行为的发生频率最高，占一半以上。关于儿童的合作行为的发展可以从幼儿同伴交往的发展中看出。

2. 分享行为受物品的特点、数量、分享的对象的不同而变化

分享行为是幼儿期亲社会行为发展的主要方面。目前国内有研究发现，幼儿

分享行为的发展具有如下特点：

(1) 幼儿的"均分"观念占主导地位。其中，4～5岁时分享观念增强，表现为从不会均分到会均分。5～6岁时分享水平提高，表现为慷慨行为的增多。

(2) 幼儿的分享水平受分享物品数量的影响。当分享物品与分享人数相等时，几乎所有儿童都作出均分反应。当分享物品不足或只有一件时，表现出慷慨的反应最高。随分享物数量的递增而渐次下降，满足自我的反应渐次增高，这说明幼儿利他观念不稳定。

(3) 当物品在人手一份之外有多余的时候，幼儿倾向于将多余的那份分给需要的幼儿，非需要的幼儿则不被重视。

(4) 当分享对象不同时，幼儿的分享反应也不同。分享对象是家长，且物品少的时候，幼儿慷慨反应较对同伴多。但当物品有多余时，则慷慨反应下降。

(5) 幼儿更注重于食物，对这些东西，幼儿的均分反应高，而慷慨反应少，而对玩具，幼儿慷慨反应稍多。

3. 出现明显的个性差异

有人观察3～7岁儿童对同伴困境的反应，记录一个儿童大哭引起的他附近的儿童的反应。结果发现，毫无反应的儿童极少，只占7%；目睹事件的儿童有一半呈现面部表情；有17%的儿童直接去安慰大哭者；其他同情行为包括10%的儿童去寻找成人帮助，5%的儿童去威胁肇事者，但有12%的儿童回避；2%的儿童表现了明显的非同情性反应，这表明幼儿的亲社会行为存在个别差异。这说明亲社会行为的发展需要适当的引导和教育。

四、学前儿童亲社会行为发展的影响因素

(一) 儿童自身因素

1. 社会认知能力

前面我们提到社会认知能力包括对他人的认知、对自我的认知、对人际关系的认知、对社会规则的认知等几个方面。相应地这几方面对亲社会行为的发展有很重要的影响。比如，对他人认知中的观点采择能力就影响亲社会行为的发展。从前面内容我们知道，儿童的观点采择能力从两三岁到青少年阶段得到了相当的发展。在表现亲社会行为之前，须先具有对别人思想、情感和需求的一些认识，以便辨认别人的需要，以及决定可以满足别人需要的行动。如穆尔(Moors，1982)通过元分析发现，观点采择能力和亲社会行为呈高度相关，即使年龄因素被控制时，两者之间仍然具有显著性相关。这个结论也在角色承担能力训练研究中获得支持。

角色承担能力越强，观点采择能力越高的被试者，其亲社会行为增加得越多（Iannotti，1978；Staub，1971）。

柯尔伯格等人对美国孤儿院儿童的研究显示，孤儿院儿童观点采择能力发展迟缓是导致他们缺乏相应的亲社会行为的一个原因。

除此之外，还有对社会规范的认识能力，社会心理学家认为，影响儿童亲社会行为的社会规范主要包括三种：社会责任规范（我们应该帮助那些需要帮助的人）、相互性规范（要帮助那些帮助过我们的人）和应得性规范（帮助那些应该得到帮助的人）（Durkin，1997）。

自我认知中的自我概念的发展水平也影响儿童的亲社会行为，如果儿童有比较积极的自我概念，相应地会做出更多的亲社会行为。

2. 移情能力

美国著名心理学家霍夫曼对儿童移情及其与行为的关系进行了多年的实验研究。他指出，移情对儿童亲社会行为的产生具有极其重要的意义，是儿童亲社会行为产生、形成和发展的重要驱动力。“移情是诸如助人、抚慰、关心、合作、分享等亲社会行为的动机基础。它激发、促进人们的亲社会行为，是个体亲社会行为的推动器。”他还认为，移情是对他人的情感线索做出的自愿反应，这种反应能力是天生的，但受环境影响加强或者抑制。一旦儿童能辨认出别人的悲伤或不幸，是使他们自己变得不愉快的原因，了解到自己能通过相应的行动减少他人的悲哀，从而消除自己的不愉快，移情就成为亲社会行为动机的重要来源。对于儿童来说，具有良好移情能力的儿童能更好、更经常地做出亲社会行为，对周围成人和同伴亲切、友好；移情能力较缺乏的儿童，亲社会行为很少，而消极的、不友好的行为则较多。

3. 自控能力

共享行为或者帮助别人或者与人合作这种亲社会行为要求人们抑制自己感兴趣的反应，以满足他人的需要，所以亲社会行为常常需要控制自我。研究表明，自控能力和儿童亲社会行为有相关。

4. 气质、个性和自信等

行为与个性有着密切的联系。与亲社会行为有关的良好的个性品质，如自尊心、自信心、责任心和自制力等都影响儿童的亲社会行为。儿童的个性心理特征与亲社会行为的关系非常密切，性格开朗外向与较强的亲社会行为有关，而焦虑、神经过敏性与较弱的亲社会行为有关。

（二）外部客观因素

1. 家庭的影响

家庭是儿童形成亲社会行为的主要影响因素。而家庭对孩子亲社会行为的影响，主要表现在两个方面：第一，榜样的作用，父母自身的亲社会行为成为孩子模仿学习的对象；第二，父母的教养方式是关键因素。从目前的研究看，人们普遍认为，民主家庭更有利于培养孩子的亲社会行为。民主家庭的父母是支持孩子独立活动的，他们经常对孩子的行为进行奖赏和指导；同时，民主家庭的父母在孩子面前有自己的权威，这种权威表现为给孩子们制定严格的准则，同时也向他们清楚地说明对他们施加限制的原因。

2. 同伴相互作用

同伴关系对儿童的亲社会行为具有非常重要的影响。美国心理学家对此有较为一致的看法，即在儿童的安慰、帮助、同情等能力形成过程中，同龄人起着决定性的作用。调查表明，对亲社会行为的影响 60％来自同龄人，40％来自于成人。同伴的作用不外乎模仿和强化两个方面。

3. 社会文化传统和大众传播媒介

大众传播媒介是社会传递文化和渗透道德价值观的主要途径。电影、电视、报纸、杂志等对儿童的社会性行为的性质和具体形式都具有重要的影响。电视是儿童学习亲社会行为的一个重要途径。有个实验表明，观看亲社会节目的五六岁儿童不仅能懂得节目的特定亲社会内容，而且还能将其应用到其他情境。与看中性节目的孩子相比，他们学会了一些有关亲社会行为的一般规则。

社会文化传统对儿童亲社会行为具有影响。经济文化水平各不相同的国家和地区对利他和合作行为的鼓励程度也不同，工业化水平较低的国家或地区，更多地鼓励儿童友好、合作、关心他人的社会行为；而工业化程度高或经济比较发达的国家和地区，则更多的鼓励人与人之间的竞争和个人的独立奋斗。这些不同文化传统对社会性行为的不同态度通过多种途径作用于发展中的儿童，对其社会性行为发生影响。比如，东方文化中强调群体和谐，因而赞扬亲社会行为。这种倾向使亚洲国家的人们在儿童早期就鼓励儿童的亲社会行为，从而使儿童的游戏和儿童之间的社会互动为孩子进入成人社会打下了基础。因此，从宏观上讲，亲社会行为是社会文化的产物。

社会宏观环境的影响要通过儿童具体的生活环境来起作用，因为孩子是生活在具体的家庭和同伴环境中的。

五、学前儿童亲社会行为的培养和促进

亲社会行为是个体社会化发展的一个重要的指标，但是亲社会行为并非儿童一出生就有，儿童必须经过一定的教育和训练才能具有真正的亲社会行为。

（一）创建一个亲社会的环境

创建一个良好的亲社会的环境氛围，让幼儿在温暖、友好的空间中发展和成长，可以促进亲社会行为的培养。那么，如何创建这样的环境呢？可以从以下几个方面着手：

1. 优化家庭和校园环境

一般来说，幼儿绝大部分时间都是在家庭和学校中度过的，因而校园和家庭的环境对幼儿十分重要。这里所指的环境不仅包括物质层面，也包括精神层面；不仅包括外在环境，也包括内在环境；不仅包括硬环境，也包括软环境。优美的外在环境能够让人心情愉悦，心旷神怡。当一个人心情愉快的时候，更容易做出利他的行为。而幼儿在情绪良好时也更乐于做出较多友好的举动。从这个意义上讲，为使幼儿健康地成长，顺利地完成社会化进程，家庭和学校应该给幼儿提供一个优美、清洁的环境，让他们感受到舒适和愉悦，从而增加亲社会性。

除了美化外在环境外，家庭和学校的内在环境也要得到净化。这种隐性环境比外在的物质环境对幼儿的影响更为深刻和持久，并且是在潜移默化中起作用的。这种内在环境主要指道德环境，包括家庭成员与教师的道德观念和道德行为。教师和家长的言行是否具有亲社会性将直接影响幼儿。俗话说："孩子是家长的影子，是老师的镜子。"因此，成人要树立积极正确的价值观和人生观，加强自身品德修养，提高个人的素质，在幼儿面前保持良好的形象。而幼儿从小生活在谦让、合作的环境中，也有利于亲社会价值观的获取和亲社会行为的习得。

此外，在日常学习和生活中，家长和教师可以有意识地创设一些亲社会场景，让幼儿身临其境，在真实的生活环境中体验助人和被助、爱人和被爱、合作与分享的快乐。比如在家园互动栏和活动室内，设置亲子乐园、友谊天地、爱心角、帮助角等，让孩子在观察或参与的过程中提高社会责任感，习得亲社会行为，这样做往往会起到事半功倍的效果。

同时，教室内各种材料的数量、种类、获取方式、摆放位置等都会对幼儿的亲社会行为产生影响。因此，尽量创建开放式活动室，分区投放材料，且数量、种类丰富，这种方法有利于幼儿合作行为的增加。户外活动时，可以为幼儿提供两人、三人、多人合作的玩具，如两人小网球，多人大脚板等，使幼儿在主动参与的过程中学会谦让，培养合作意识。

2. 建立和谐的人际氛围

幼儿的各种人际关系构成了其生活和学习的人际环境，这种人际环境持久和深入地影响着他们的情绪、态度和行为。对幼儿来说，最直接的影响来自家庭、学校和同伴。在幼儿的人际关系中，亲子关系、师幼关系和同伴关系是影响其健康成长的三种最主要的人际关系。因此,建立良好的人际关系氛围,关键是要从这三种关系层面着手。

(1)良好亲子关系的培养。作为父母,首先要爱孩子,能够对幼儿表示关怀,给予幼儿必要的帮助。父母如果以温暖、爱护和支持扶助的方式对待幼儿,将更容易使幼儿形成和发展利他和助人的倾向;其次加强亲子沟通,及时了解孩子的感受、想法和需要,尊重孩子的人格,做到体贴、宽容和理解,接纳、信任幼儿,给予幼儿适当的独立和自由,坚持民主平等的原则,改进不适当的教育方式,去除不合理的要求。对父母来说,鼓励幼儿亲社会行为的最有力方式是运用微笑、赞扬和拥抱等手段来奖赏这类行为。多用引导的方式,通过说理、表扬,阐明儿童行为给别人带来的后果,不仅告诉孩子该做什么、不该做什么,而且提供解释,让孩子明白行为合理的地方及被期望的原因。让孩子知道帮助他人是值得的,而自己之所以去帮助别人,并非为了奖赏,而是因为自己是善良的人,也就是让孩子把自己看作真正的利他者。这些信息一旦被幼儿内化,在任何环境中,即使没有成人在场监督,孩子们也会表现出被期望的良好行为。同时,了解了自己的行为可能给他人带来的后果,幼儿会更多地显示出同情,这也是亲社会行为发展必不可少的前提。

(2)良好同伴关系的培养。同伴群体是幼儿学习社会行为的强化场。幼儿在最初与同伴交往的过程中,可能会表现出一些亲社会的举动,这种亲社会的行为尝试是否得到同伴的积极响应,是影响幼儿以后能否作出相似行为的关键因素。也就是说,同伴的反应对幼儿亲社会行为的学习、巩固和发展非常重要。首先,强化交往意识,鼓励幼儿主动与人交往,加强互动,同时向幼儿传授一些必要的社会交往技能。这些人际交往的技能对幼儿非常重要,它可以促进人际吸引,赢得同伴的喜爱和团体的认同,是构建良好人际氛围的要素之一。好的同伴关系刺激幼儿为获取来自同伴的接受、认可和良好评价,会更积极地模仿和表现出利他行为。好的同伴关系本身就反映和体现了一种亲社会倾向,在幼儿遇到求助情境时势必会有良好的行为反应。另一方面,同伴关系良好的幼儿要比同伴关系恶化或不良的幼儿体验到更多的关爱,积累更多的社交经验,从而更好地适应社会。其次,为幼儿提供和创造与人相处和进一步发展友谊的机会。不仅要培养本班幼儿良好的同伴关系,还要通过园内的小小运动会、各类节日庆祝会、大带小活动、同年级的双休日家庭假日小队、大型郊游等,让幼儿感受集体的温暖和友爱,学会如何和陌生人合作完成任务以及分享成功,并在成人的引导下逐渐懂得关心和帮助别人。

(3)良好师幼关系的培养。教师与幼儿的关系是幼儿园中最基本、最重要的关系,其核心是尊师爱幼。师幼关系的好与坏在一定程度上影响着幼儿的社会化过程以及亲社会行为的发展。师幼关系良好时,幼儿都乐意接受教师所施加的影响,甚至带有一种盲目性;而师幼关系恶化时,即使教师所施加的影响是正确的,幼儿也可能会拒绝接受。可见，师幼关系的好坏对教师能否取得满意的教育与教学成效来说至关重要。在亲社会行为的培养与训练方面，更需要有良好的师幼关系作为实施的前提条件和重要依托。

首先，良好的师幼关系是平等的、民主的。教师关心幼儿，幼儿热爱教师，这种友好积极的人际氛围，不仅提供给幼儿自由的发展空间，而且使之获得宝贵的人际交往体验，真正感受到来自没有亲缘关系的他人的关爱，从而形成对社会的信任，建立积极的社会价值取向，为以后进一步的社会适应奠定良好的基础。同时，好的师幼关系也会促进师幼之间的互动，为幼儿学习亲社会行为创造更多的机会。

其次，运用正确的教育方式与评价。教师应为幼儿设置有效的情境，创设平等、友好和互助的课堂氛围，运用一些教学手段和策略，诱导幼儿在合作解决问题中体验到成功和快乐，并学会分享这种快乐。很显然，这种教学方式和教学行为对幼儿亲社会性的培养是极为有利的。对于幼儿的亲社会行为，教师是否给予积极的评价和以什么方式进行评价，所产生的效果也是不同的。通常，教师在看到幼儿的行为发生时就应该及时给予强化，而且及时反馈比延时反馈效果更好。而同样是肯定，对不同年龄层次的幼儿来说，口头表扬和物质奖励的作用有很大差别。作为强化手段，在年龄小的幼儿看来，物质奖励更有吸引力，而在年龄稍大的幼儿看来，公开表扬更具激励性。特别是当这种评价和个人形象、自我观念联系起来时，幼儿更乐意表现出这种行为。

再次，在对待幼儿的个别言行时，多运用移情性评价，并对幼儿满怀“期待”。教师的期待在幼儿的社会化过程中也会发生很大作用，它不仅影响幼儿对社会行为的学习，也影响他们的动机和自我评价。这就是我们通常所说的皮格马利翁效应。当教师对某个幼儿寄予期望时，对他的行为就会更加关注。每当幼儿有好的表现时，教师通常会不自觉地流露出满意和赞赏，这本身就是一种肯定和鼓励，势必强化幼儿的行为和动机。因此，在这种期待的促动下，幼儿定然有更佳的表现。

3. 形成良好的社会风气

幼儿受年龄局限，缺乏辨别力、控制力和免疫力，很容易受到不良风气的诱惑和侵袭。而幼儿的行为习惯又大都是在非正式学习的课程中潜移默化习得的。这就需要全社会乃至全人类共同努力，“从我做起，从现在做起”，提倡尊重人，理解人，关心人的人道主义精神，共同为幼儿创建一个清新优美、自由和谐、团结互助、昂扬奋发的良好精神家园。

（二）运用积极的干预预防幼儿不适当的行为

幼儿在成长过程中会遇到许多问题，由于受到知识水平和经验的局限，他可能无法正确处理，从而出现一些不适当的行为。因此，在注重正面培养幼儿亲社会行为的同时，预防幼儿的不适当行为同样重要。对于幼儿来说，让他们学会合理宣泄，也是预防不良行为特别是攻击行为的有效方法。通过适当合理的途径将心中压抑的不良情绪释放出来，以免因为不良的感受郁结过多，无法疏通，造成心灵阻塞，甚至在超过一定的心理负荷后突然迸发，像火山爆发后的岩浆一样不可收拾。由此可见，在教育过程中探索科学有效的方法对幼儿的不恰当行为进行干预是必不可少的。

第三节　学前儿童攻击性行为的发展与干预

攻击是心理学尤其是发展心理学长期以来的持续研究热点之一。自 20 世纪 80 年代开始，儿童早期（如婴幼儿期）的攻击行为，尤其是其认知机制，成为研究的重点。儿童的攻击是一种比较常见的社会行为，也是儿童社会性发展的一个重要方面。一个人与生俱来就有一种内在的攻击倾向，但随着生理、心理的发展，这种攻击倾向可能会指向一些有意义的目标，如征服外部环境并在驾驭外部环境中取得成功，目标就会变成人们心理中的积极成分，如坚韧性、毅力、意志品质等。但是，如果指向一些不被社会赞许的目标，如伤害别人，危害集体和社会利益等，这种攻击就是有害的，是一种反社会行为。

一、攻击性行为概述

（一）攻击性行为及学前儿童攻击性行为的定义

尽管心理学家对攻击的科学研究已有近百年的历史，但是对攻击的性质的认识至今仍存在分歧。概言之，心理学家对攻击的界定主要有以下四种：

1. 解剖学定义

攻击的解剖学定义认为，攻击是指那些导致对方逃跑或给对方造成伤害的行为或行为模式。习性学家在动物攻击性研究中通常持有这一观点。但是把这一定义应用于人类的攻击行为时却存在着一些问题，主要表现为对攻击的界定过分宽泛，同时又缺少对引发攻击的条件尤其是伤害意图与动机的限定。按照这一定义，一些本不属于攻击的行为也被看作是攻击，如医生给病人拔牙，虽然医生的行为可能会给他的病人造成伤害或痛苦，但是这类行为不能看作攻击性的，因为它缺乏攻击行为的一个基本要素——伤害的意图。

2. 前提条件定义

这种定义方法强调攻击发生的前提条件——伤害意图或伤害的有意性。例如，著名的攻击行为的“挫折—攻击”假设的创立者多拉德认为：“攻击是以对行为所指向的人造成伤害为目标的行为。”

前提条件定义法的优点在于它抓住了人类攻击的一个本质特征——伤害的有意性。但是这一定义在实际应用过程中也存在着较严重的问题：人的意图、动机都是内在心理活动，无法直接观察或测量，只能依靠对伤害者的外显行为或行为发生情况的观察进行推断。因此，采用这种定义方法所导致的观察的信度和效度问题往往是研究和应用中的一个不易克服的困难。

3. 行为后果定义

这一定义强调要以个体的行为所造成的伤害性结果作为攻击的界定标准。按照这一观点，攻击是指“导致另一个个体受到伤害的行为”。该定义的优点在于对行为的结果可以客观地观察，因而不需要对行为意图或动机等主观状态进行推断。但是，同解剖学的定义一样，缺点在于把攻击这一概念的外延扩大化，导致一些非攻击性行为都被标定为攻击性行为。

4. 社会判断定义

班杜拉认为，与道德及利他主义一样，攻击是一个设计行为结果、形式、强度、意图以及行为者和行为对象之间的关系等多种因素的复杂结构，而不能仅仅以其中一种因素或一个维度作为依据或标准。因此，所谓攻击，实际上是人们根据行为者和行为本身的特性对某些伤害性行为作出的一种判断。

从上可见，尽管心理学家对攻击的科学研究已有近百年的历史，但是对攻击的形式和性质的认识至今仍存在分歧。攻击性行为是有意伤害别人且不为社会规范所许可的行为，是儿童身上不受欢迎但却经常发生的不良行为，通常表现为对他人打、抓、撞、骂、责备、威胁等。不过，儿童过失或不小心、儿童之间的粗暴游戏而给同伴或他人造成的伤害行为等，都不属于攻击性行为，因为它们不是以伤害他人为目的的。由此可见，攻击性行为总是以社会判断为基础的，既要考虑到个人动机，又要考虑到行为发生的背景和环境。其中，伤害意图、伤害行动与社会评价是攻击性行为概念的三个要素。攻击者具有伤害他人的主观意图，目的是直接造成被攻击者的伤害，或通过唤起被攻击者的恐惧而达到其目的。所以，大多数行为主义心理学家把攻击和反社会行为看作是目标—驱力行为的一种特殊分类。

（二）学前儿童攻击性行为的分类

1. 直接攻击和间接攻击

贝约克基斯等人根据攻击的形式和功能，把攻击性行为分为直接攻击和间接攻击两大类。

(1) 直接攻击

直接攻击主要包括身体攻击和言语攻击。身体攻击是直接用自己的身体对他人进行攻击，在学前期的主要表现包括打扭拧、指戳砸、挤压踢踩、抓咬他人，打掉、损坏、抢夺他们物品，强占座位空间等。言语攻击是直接用口头语言对他人进行攻击，其主要表现包括给人起绰号、造谣、侮辱、威胁、恐吓等。

(2) 间接攻击

间接攻击是指借助第三方实施的攻击。在学前期其主要表现为：一是向第三方说对方的坏话、造谣、使其他人不喜欢对方，如对别人说“他有毛病，他身上有臭味，他是个坏孩子，他是傻瓜”等；二是唆使第三方打对方，如对幼儿说“我们打他，大家一起打他”等；三是在游戏或活动中冷落或排斥对方，劝说别人不与对方一起玩或活动，把对方排除在集体之外，如对小朋友说“我们不要带他玩，我们都不要理睬他，因为他是个坏孩子”等。

2. 敌意性攻击和工具性攻击

美国心理学家哈吐普根据攻击的目的和性质，把攻击性行为分为敌意性攻击和工具性攻击两类。敌意性攻击是指攻击行为者的主要目的是专门打击和伤害他人(可以是身体的、口头的或者是破坏他人的工作或财产)。工具性攻击是指攻击行为者的主要目的是为了获得某件事物而作出抢夺等动作，这类攻击本身不是为了给受攻击者造成身心伤害，攻击被看作是一种工具或手段，用以达到伤害以外的其他目的。

在众多的攻击分类中，哈吐普的分类具有较高的信度，他的观点得到广泛的采纳。但是，其效度有时很难保证，因为一些敌意性攻击具有工具性攻击的功能，而一些工具性攻击表现出敌意性攻击的愤怒反应。如一个男孩用力地撕扯一个女孩，可以说是敌意性攻击，但是如果这个男孩是为了抢夺女孩的玩具或物品，这种行为也可以被认定为工具性攻击。

(三) 研究学前儿童攻击性行为的意义

攻击性发展影响儿童的人格和品德发展，也是个体社会化发展的一个重要指标。一次偶尔的攻击行为是正常的，可以成为儿童重要的学习经验。但如果攻击性行为持续，会造成儿童发展和自我控制能力方面的持久缺陷，从而可能会导致儿童形成反社会的生活方式。“在本世纪过去的岁月，很少有哪儿个课题，像攻击及其控制那样，引起如此之多的理论与实验研究的关注。”(Parke & Slaby，1983)

二、攻击性行为的相关理论

（一）习性学理论

习性学是研究人和动物行为的生物学基础的科学。习性学家认为，动物行为模式的基本系统或组成部分是在发育过程中随着成熟而出现的，而不是经过学习获得的。动物某种行为模式出现的时间和形式是由某种进化过程形成的“蓝图”所决定的。这些所谓的行为“蓝图”即是一些固定的行为模式。

著名的奥地利习性学家、诺贝尔生物学家奖得主劳伦茨对动物和人类的攻击问题进行了深入系统地研究，出版了《论攻击》一书，他认为，攻击是人类和动物的一种本能，它同喂食、逃跑、生殖一起共同构成了人类和动物的四大本能系统。人和动物攻击的驱动力来自有机体内部，而与外界刺激无关。随着个体攻击的能量在有机体内不断地积累，他必须借助于适当的外部刺激周期性进行释放。

劳伦茨的攻击理论主要存在三个缺陷：

第一，过分强调本能因素在动物和人类攻击中的作用，对学习因素重视不够。尽管不少习性学实验已证明，某些事件可以不必经过先前的学习而直接引发动物的攻击性反应，但是也有不少研究证明，动物的攻击模式通过学习是可以改变的。

其二，攻击能量模式不成立。如前所述，他认为，人和动物的攻击来源于与生俱来的攻击本能，而且这种本能在有机体内不断积累，最终通过攻击行为而获得释放。这一模型不仅缺少实验证据，而且本身也难以自圆其说，因为按照这种观点，即使剥夺动物和人攻击的诱发刺激，机体的攻击能量也会不断增强，直至找到一个对象释放这种能量。照此逻辑，攻击是在所难免的。

其三，忽略了人和低等动物的差异。劳伦茨的理论主要来源于对动物界的观察研究。他把这些结果用来解释人类的攻击，不仅忽略了人和动物的行为的复杂性，而且也忽略了人和动物之间的本质差异。

（二）挫折—攻击假说(Frustration—aggressive Hypothesis)

20 世纪 30 年代，多拉德(J. Dollard)等人曾提出过一种关于攻击行为的理论，称为“挫折—攻击假说”。多拉德认为，人类的攻击行为不是来源于攻击本能，而是由挫折所致。他明确提出：“攻击的发生总是以挫折的存在为必然前提。”

20 世纪 60 年代，“挫折—攻击假说”经由贝科威茨之手得到了修正。贝科威茨认为：挫折并不直接导致攻击，它只为攻击行为创造了一种情绪唤醒状态。攻击的实际发生需要外部引发线索。

（三）社会学习理论（班杜拉，1983）

社会学习理论把攻击看成一种习得的社会行为，是个体通过社会化和文化适应以及观察学习的结果。儿童对攻击行为的社会学习包括四个子过程。

1. 获得机制

社会学习理论研究的重要课题是儿童的某种社会行为是如何获得或形成的。根据这一理论，儿童的社会行为主要是通过两条途径获得的：一是观察学习，二是直接学习。前者又称模仿。儿童对攻击行为的观察学习或模仿由四个相互联系的子过程组成：注意过程、记忆重现过程、动作复制过程和动机过程。儿童获得攻击行为的第二条途径是直接学习。虽然观察学习或模仿是儿童获得攻击行为的重要机制，但是更应当重视儿童实际参与打架斗殴等冲突行为对儿童习得攻击行为的重要作用。这种直接学习的显著特点是行为的后果对儿童产生即时强化：儿童通过亲身体验自己采用的不同攻击方式所产生的不同结果，逐渐认识到在不同的情境中哪些行为是适宜的，哪些会招致不良后果。这对于儿童攻击行为的诱发或抑制具有重要的作用，影响着儿童攻击行为的发生和发展。

2. 启动机制

攻击行为的获得与实际表现出的攻击行为不是一回事。也就是说，儿童获得了某种攻击行为并不等于他立即实施攻击。儿童攻击行为的发生取决于特定的内外因素的启动或激发。启动儿童攻击行为的外部因素主要包括三个方面：消极事件启动，诱发性启动，榜样性启动。

3. 保持机制

启动儿童攻击性行为的原因各不相同，而且相同或相似的攻击行为对于不同的儿童或同一个儿童在不同的情境中也产生不同的结果。儿童攻击行为的保持机制包括外部强化，不恰当的惩罚，替代性强化三个方面。

4. 自我调节机制

儿童作为意识的主体，并不像华生的行为主义所宣称的那样，只是外部刺激的简单反应者。儿童主体的认知结构对其行为反应起着重要的调节作用。这种认知结构为儿童提供了一个对自己的行为作出评估判断并进而影响其行为反应的标准。儿童攻击行为的自我调节机制包括三个子过程：自我观察、判断和自我反应。

（四）认知理论

攻击的认知理论强调人类认知对攻击行为的调节作用，试图从人类心理活动内部来揭示攻击发生发展的规律和机制。认知心理学关于儿童攻击发生机制的解释主要包括以下三种理论模型：攻击的信息加工模型，归因模型，社会问题解决模型。通观20世纪80年代以来儿童攻击行为发展的认知研究，对于这一领域的研究现状我们提出以下几点看法：

第一，从认知发展的角度探讨儿童攻击行为的发展代表了儿童攻击行为发展这一领域研究的趋势。

第二，近年来儿童攻击行为认知研究的重点包括四个方面：鉴别儿童攻击行为的内部中介因素；论证认知的中介过程如何调节、制约个体的攻击反应；论证儿童攻击行为中所表现出的年龄差异和个别差异与特定的起中介作用的认知作用的认知模式和认知能力之间的关系；解释特定的认知中介模式如何导致某一儿童在不同情境中反应的一贯性和不同时间里的稳定性。

第三，一些研究者在各自的实验探索的基础上建立了一些攻击行为的理论模型，这有助于对儿童攻击行为的认知分析。

第四，近十几年来攻击行为认知研究存在的一个重要问题是忽视了情感对儿童认知的影响。

三、学前儿童攻击性行为的发展特点与趋势

实际上，每个儿童在发展过程中都有不同程度的攻击性行为，它对儿童的身心健康、人格发展与学业进步等具有消极的影响。

关于儿童攻击性行为发展变化的特点，国内外的研究很多。20世纪30年代，彪勒、格林、雪莉等一批发展心理学家的研究表明，儿童早期与同伴之间的社会性冲突至少在儿童出生以后的第二年就开始了。1977年，美国心理学家霍姆伯格的研究发现：12～16个月的婴儿相互之间的行为，大约有一半可以被看作是破坏性的或冲突性的，但随着儿童年龄的增长，这种冲突行为呈下降趋势。到2岁半，儿童与同伴之间的冲突性交往只有最初的20%。

（一）学前儿童攻击性行为的起因及发展特点

研究者根据对学前儿童攻击性行为起因的观察分析，将学前儿童攻击起因分为八种类型：① 获取他人的物品；② 保护自己的物品；③ 争夺空间；④ 帮助好朋友或受他人指使；⑤ 在游戏或其他活动中产生纠纷；⑥ 他人违反纪律和行为规则；⑦ 无故挑衅、欺负他人；⑧ 报复反击。

统计结果显示，学前儿童攻击行为的起因次数之间存在显著差异，各类起因出现的次数由高到低依次排列为：① 报复反击；② 保护自己的物品；③ 无故挑衅、欺负他人；④ 在游戏或其他活动中产生纠纷；⑤ 他人违反纪律和行为规则；⑥ 获取他人的物品；⑦ 争夺空间；⑧ 帮助好朋友或受他人指使。

由此可见，婴幼儿时期儿童的攻击与冲突主要是由争夺物品或空间引起的，由具有社会意义的实践而引起的攻击所占比例比较小。进入学前期后，由具有社会意义的事件而引起的攻击行为逐渐增多。儿童4岁半时，由具有社会意义的事件引起的攻击行为，与由争夺空间引起的攻击性行为首次达到平衡。此后，学前儿童的攻击性行为基本是由具有社会意义的事件而引起的。

（二）学前儿童攻击性行为类型和表现方式的发展特点

从学前儿童攻击性行为的类型发展变化来看，学前儿童不仅表现出更多的攻击性，而且其冲突性是为了争夺玩具和其他物品等，主要采用的是工具性攻击；随着年龄的增长，学前儿童由行为规范等社会性问题而引起的攻击越来越多，攻击的对象大多以人为中心，主要采用的是敌意性攻击。由工具性攻击逐渐向敌意性攻击转变，敌意性攻击的比率逐渐超过工具性攻击，在整个学前期，工具性攻击逐渐减少，敌意性攻击逐渐增多。我国学者张文新等人的研究也表明，两类攻击性行为在幼儿园小、中、大班三个年龄组中的次数分布存在显著差异。小班儿童的工具性攻击明显多于敌意性攻击，大班正好与小班相反，中班儿童两类攻击之间的次数不存在明显差异。这可能是因为年龄较大的儿童具有了推测对方意向和动机的能力，所以儿童的报复就更多地指向攻击者本人。

从学前儿童攻击行为的表现方式来看，3岁前的儿童更多地使用身体上的攻击；随着年龄的增长，3岁后的儿童身体攻击逐渐减少，言语攻击的比例逐渐增加。其原因不仅是因为儿童言语沟通技能的提高，而且也因为成人社会期望与行为规则的变化。大多数父母和教师对大年龄孩子出现的身体攻击比较重视，坚决予以制止，而对他们的言语攻击容易忽视。

（三）学前儿童对攻击意图的认知及其对攻击行为调节的发展特点

对儿童攻击意图的认知是指儿童在与他人的交往中对他人的意图、动机的认知和理解。道奇的研究表明，当同伴的意图明显表露出来时，攻击性和亲社会性儿童都能根据这一动机相应地改变其报复行为。只有在意图模糊不清的条件下，攻击性与亲社会性儿童才会在对待他人的行为上产生差异。攻击性儿童更多的是对他人的行为做敌意性归因，而亲社会儿童则做友善性归因。道奇还提出了著名的“儿童社会适应的社会信息加工模型”的假设，认为儿童面临某一特定的社会情境的时候，在做出行为反应之前，会首先经过一个特定的社会认知加工过程：识别面临的情境线索，对这些线索进行编码解释，根据对线索的解释去选择并澄清行为目标，组织建构可能的反应方式，预期反应的结果并决定所采取的行为方式，直至最后实施行为反应。

近20年来,众多研究者采用SIP模型先后对攻击性儿童和亲社会儿童的社会认知过程进行了研究。他们发现,攻击性儿童和亲社会性儿童在社会信息加工过程的各个阶段上有很大不同。

随着年龄的增长,儿童不仅对他人行为意图的认知能力在迅速发展,同时开始把对他人的行为意图的知觉整合到自己的行为反应中去,即认知对行为的调节作用日益增强。

总之,随着年龄的增长,学前儿童攻击行为的发展变化有不同的发展趋向,具体可以归纳为这样几点:一是起因由争夺空间和物品向具有社会意义事件引起的攻击行为变化;二是类型由工具性攻击向敌意性攻击变化;三是表现方式由身体攻击向言语攻击变化;四是攻击同性别同伴的比例随着年龄的增长而发生变化。小班儿童攻击同性别同伴与异性同伴的比例无显著差异;从中班起,学前儿童攻击同性别同伴的比例多于异性别同伴;到幼儿园大班,两者则达到显著差异水平。

四、学前儿童攻击性行为的影响因素

影响儿童攻击性行为的因素有许多,主要包括以下几个方面:

(一)生物学因素

生物学因素为学前儿童攻击性行为的产生提供了必要的物质前提。首先是大脑的协同功能。行为是大脑认知的直接结果,而大脑的功能又是认知活动的物质基础。攻击行为作为人类思维的一种特殊形式,很可能是在两半球处在非均衡或变异状态下的大脑所产生的行为。我国学者张倩关于攻击行为儿童大脑两半球的认知活动特点的研究表明,攻击行为儿童与正常儿童相比,大脑两半球均衡性较低,大脑左半球抗干扰能力较差,而右半球完形认知能力较弱,这可能是儿童攻击行为的某些神经心理学基础。其次是情绪唤起水平。心理学家齐尔曼等人的研究证明,一般化非特异性的唤起水平的提高,会直接导致人们攻击性的增加。20世纪70年代以后的大量研究发现,不仅总的情绪唤起水平直接影响人们的攻击性,特异性的唤起水平,如性唤起,也会增加人们的攻击性。最后是性激素水平。男女儿童之间攻击性行为的明显差异就是受到性激素水平的影响。

(二)社会环境因素

社会环境因素主要包括父母、幼儿园教师、儿童个体、大众传媒等。

1. 父母与学前儿童的攻击性行为

家庭作为儿童社会化的最初环境,对儿童早期行为的塑造起关键性作用。第一,父母在遗传方面影响儿童的攻击性行为。所谓遗传,并不是指父母把打人、骂人的攻击行为遗传给了孩子,而是把他们兴奋型的神经系统、容易激动的情绪情感遗传下来。这些生理特征一旦遇到合适的土壤,就会滋生出攻击性行为。第二,父母对儿童消极的教养方式影响儿童的攻击性行为。缺乏温暖的家庭、不良的家庭管教方式,以及父母对儿童缺乏明确的行为指导和活动监督,都可能造成儿童以后的高攻击性。他们常常会采用惩罚、打骂的方法对待孩子的调皮和不听话,这也在无形之中为孩子提供了攻击性行为的模仿原型。父母的惩罚、打骂行为不仅达不到控制儿童攻击行为的目的,而且会加剧孩子的攻击行为。因为这等于给孩子一个心理暗示:“当孩子让你不满意、不舒服的时候,你可以这样对待他。”第三,父母对儿童平日的言行、人际交往和朋友选择等方面缺少监督和监控,易导致儿童产生攻击性行为。第四,家庭成员之间缺乏沟通与交流,父母感情不和,没有给孩子提供一个安定、温暖、和谐的家庭环境,也会导致孩子多发攻击性行为。

2. 教师与学前儿童的攻击性行为

对幼儿来说,每天大约一半的时间是在幼儿园度过的,是与教师共处的。教师的教育观念、教学行为、对幼儿的评价、对攻击性行为的处理方式等,都会影响儿童攻击性行为的产生和发展。如果教师能充分考虑不同年龄儿童的身心特点,合理安排教育活动和游戏,就能减少或避免儿童同伴之间冲突和产生攻击性行为的机会。反之,如果教师草率安排教育活动和游戏活动,不提出明确的活动要求和规则,则极易产生攻击性行为。

3. 学前儿童个体和攻击性行为

个体因素对儿童攻击性行为的影响是不可忽视的。儿童个体的性格和气质特征及其与同伴关系等,都是影响其攻击性行为的重要因素。

第一,攻击性行为与儿童的道德发展水平和自我控制有关。研究表明,道德水平越高,儿童就越容易从他人利益的立场感受和思考问题,行为也就越趋近于正好与攻击行为相反的亲社会行为方向。自我控制也是直接与攻击性相联系的个人品质因素。研究发现,当用特定的实验条件使个人的自我意识和控制水平下降时,攻击性行为就会明显增加。

第二,攻击性行为与儿童的人格特点有关。研究表明,儿童较强的攻击倾向与某种人格结构紧密相连。欺负者作为攻击行为的发起者和参与者,其自身性格具有高冲动性、高活动性的特征,即脾气暴躁,易被激怒,极易成为高攻击性儿童。同时,他们具有较多的与社会相悖的价值观,进而促成特定的情绪特点和攻击性行为模式。

第三,攻击性行为与儿童的社交技能水平有关。理查德等人的研究发现,与受欢迎的儿童相比,攻击性儿童对冲突性社会情景的解决办法较少,社交技能相对缺乏，很容易受到同伴的拒斥。这就会使攻击性儿童对来自同伴的信息作出错误的归因，认为别人对自己不友好，会引发他们频繁地使用攻击手段。

第四，攻击性行为与儿童的个体固有经验有关。社会学习理论认为，儿童在童年时期遭受身体虐待与他们长大以后的攻击性行为之间存在一个逻辑的理论关系，即身体遭受虐待的经历教会了儿童的攻击性行为，并且使儿童把攻击性行为作为亲密关系的一种规范。事实也证明，儿童时期的受虐待经历与以后的攻击性和暴力倾向有关。

4. 大众传媒中的暴力传播会引发或增加学前儿童的攻击性

学前儿童模仿性强，极易受暗示。大众传媒中，尤其是影视作品中的暴力情节渲染对儿童的负面影响是极其巨大的。大众传播媒介为儿童提供了直接模仿某些社会行为方式的机会。在现代社会里，电视是儿童观察学习社会的课堂，儿童又比成人容易产生媒介认同，所以儿童从电视上所目睹的一切都将以直接或间接的方式转化为他们的日常言行。

五、对学前儿童攻击性行为的干预和控制

（一）提高儿童的社会认知水平和移情能力

社会认知发展水平同攻击性行为之间关系极为密切，学前儿童攻击性行为的真正控制依赖于儿童的社会认知水平，个人的社会认知水平越低，就越倾向于忽视他人的痛苦、利益和幸福。反之，社会认知水平越高，儿童也就越容易站在对方的立场上体验、理解和思考问题，其行为也就越趋向于亲社会行为方向。因此，只有丰富儿童相关的社会性知识和经验，才能提高儿童的社会认知水平。

（二）帮助儿童掌握解决社会性冲突的技能和策略

儿童由于知识经验缺乏，自制力较弱，社交技能水平较低，因此当同伴之间遇到社会性冲突和矛盾时，常常由于缺乏解决人际问题的策略，而以攻击性方式来解决彼此间的冲突。年龄越小的幼儿，表现得越突出。当儿童学习和自觉使用非攻击性的方式，如轮流、等待、谦让、分享、合作等，就会有效地解决社会性冲突，减少和避免攻击性行为。

（三）严格控制儿童收看电视、电影的时间和内容

一般讲，儿童收看电视时间以每周不超过 10 小时为宜，收看内容应有选择，应是健康的、适合儿童发展的，凡是宣扬武打、枪战、凶杀、色情等内容，腐蚀儿童身心

健康的应一律禁止。

（四）注意辅导方式

不论儿童出现什么行为问题，进行辅导的基本原则是，既要接纳儿童，即在情感上爱儿童，又要控制儿童，即对儿童的行为提出要求。接纳的目的是在一个温暖的情感背景上，更有效地将父母和教师的价值观和社会化目标传递给儿童，控制的目的是在一个健康的文化背景上，向儿童提供有益的环境刺激，抑制攻击性等不良行为。一般常用的控制方式有强制、引导、爱的收回三种。强制包括惩罚、批评、剥夺儿童的某些权利等；引导包括说理、表扬、指明行为的后果等；爱的收回包括暂时孤立儿童、不理睬儿童、表示失望等。这些控制方式的实际效果是很复杂的，它与父母、教师和儿童原有的感情基础相关，感情基础越好，效果也就越佳。

（五）建立良好的群体情感气氛

儿童生活在一定的群体中，任何一个群体的建立都是以情感为纽带的。所谓群体情感气氛，是指一个群体中占主导地位的一般态度和感受。它可以是融洽的，也可能是对抗的。这种情感气氛是由群体中的成员共同酿成的。建立良好的群体情感气氛，不仅可以增强群体的凝聚力和战斗力，而且使群体中的每个成员生活得很充实，心情舒畅，精神愉快，有安全感，有依恋感，从而消除种种不良行为的发生。反之，如果一个群体是对抗性的，群体成员之间情感对立，互不信任，你争我夺，四分五裂，那么，生活在这种群体中的成员就会失去安全感、互惠感，结果必然引发种种破坏、攻击等不良行为。

本 章 小 结

儿童亲社会行为是儿童社会性发展的重要标志之一，它对儿童的成长发展具有重要作用。本章阐释了儿童亲社会行为的内涵及国内外发展心理学家对儿童亲社会行为的实验研究和理论探索所取得的成果，全面分析了影响儿童亲社会行为发展的因素，并提出了培养儿童亲社会行为的具体方法和措施。儿童攻击性行为是指儿童受到挫折时，由愤怒情绪表现出来的用言语或身体向一定对象攻击的行为。儿童的攻击性行为可分为两类。其一是直接攻击。即对构成儿童挫折的人或事用言语、表情、手势的方式立即作出反应，直接攻击。其二是转向攻击。转向攻击一般在两种情况下发生：一是慑于对方的权势而不敢直接攻击，或碍于自己的身体不便进行直接攻击；二是挫折的来源不明，如莫名的烦恼或内分泌失常等因素引起的情绪冲动，将怒气发在他人或其他事物上。在儿童成长发育的过程中产生攻击性行为是一个普遍现象，不足为奇。但儿童攻击性行为的持续不断、次数增多、强度增大，既会影响儿童当前的生活和学习，又会影响儿童一生的发展。

思考题

1. 阐述学前儿童的亲社会观念和亲社会行为的发展特点。
2. 阐述学前儿童的攻击性行为的发展变化规律。

第四章　学前儿童同伴交往的发展与教育

随着儿童年龄的增长，认知能力的提高和活动范围的扩大，他们逐渐疏远了与父母的交往而更多地走到同龄伙伴中去。在与同伴相互作用的过程中，儿童发展了一种崭新的人际关系——同伴关系。同伴关系在儿童发展中具有成人无法替代的独特作用。

第一节　同伴关系的性质和功能

一、同伴关系的性质

同伴(Peer)是指与儿童交往并具有相同社会认知能力的人。同伴关系(Peer Relationships)是指年龄相同或相近的儿童之间的一种共同活动并相互协作的关系，或者主要指同龄人间或心理发展水平相当的个体间在交往过程中建立和发展起来的一种人际关系。

在发展过程中，儿童与他人之间要形成两种不同性质的关系，这两种人际关系对儿童的社会化具有不同的意义。哈吐普(1989)把这两种人际关系分别称为垂直关系和水平关系。

垂直关系是指那些比儿童拥有更多的知识和更大权力的成人与儿童之间形成的一种人际关系，其性质具有互补性和不平等性。垂直关系的主要功能是为儿童提供安全和保护，也可以使儿童学习知识和技能。前者主要指父母与儿童之间的关系，后者主要指教师和儿童之间的关系。

水平关系是指儿童和那些与他们具有相同社会权力的同伴之间形成的一种人际互动关系，其性质具有平等性、互惠性。水平关系的主要功能是给儿童提供学习技能和交流经验的机会，而这种技能经验只有在地位平等的基础上才能获得，是垂直关系所不能给予的。

垂直关系与水平关系既有区别又有联系，前者主要体现了成人与儿童之间的一种“权威—服从”关系，在心理上、地位上是不平等的；而后者主要是儿童与生理、心理方面处于相同地位的同伴之间的一种自由、平等和互惠的关系。在社会化过程中，水平关系比垂直关系对儿童的影响更强烈、更广泛。

二、同伴关系的作用

围绕同伴关系在儿童发展和社会适应中所起的作用这一命题，许多心理学家从不同角度提出了自己的理论。这些理论主要集中在三个方面：首先，认为同伴关系是发展社会能力的重要背景；其次，认为同伴关系是满足社交需要、获得社会支持和安全感的重要源泉；再次，认为同伴交往经验有利于自我概念和人格的发展。上述理论为同伴关系的实证研究奠定了坚实的基础，同时实证研究也在不断丰富、完善或修正着同伴关系的有关理论。从以上理论中，我们不难看出，同伴关系在儿童社会化过程中的作用重大，主要体现在以下方面：

（一）良好的同伴关系能满足儿童的社交需要，使儿童产生安全感和归属感，有利于培养儿童对环境进行积极探索的精神

韦斯(1974)提出了社会需求理论假设：个体在与他人不同的关系中寻求特殊的社会支持，不同类型的关系提供了不同的社会支持功能，满足不同的社会需求。

归属感是指一个人属于群体和被其接纳的感受。这种感受只有在群体中获得，而无法在一对一的友谊关系中得到，因此成为同伴群体的一员可以培育儿童的归属感。当儿童团体中的其他人赞同或肯定自己的某些方面时，他将愿意与他们共享群体的规范，取得群体的认同。这对儿童的自尊感具有积极的影响。归属感的需要一般在青少年时期变得更为强烈。社会测量研究也表明，具有良好同伴群体关系的儿童易表现出友好、谦虚的品质和低焦虑，能顺利适应环境。

儿童与儿童之间良好的交往关系，能和良好的亲子关系一样，使儿童产生安全感和归属感，成为儿童的一种情感依赖，对学前儿童具有重要的情感支持作用。如在陌生的实验室中，一些4岁的儿童与其同伴在一起，而另一些则独自一人。结果发现：前者比后者更容易安静地、积极主动地探索周围环境，玩玩具，或做操作练习。在日常生活中，我们也可以观察到，学前儿童在与同伴交往时经常表现出更多的、更明显的愉快、兴奋和无拘无束的交谈，而且能更放松、更自主地投入到各种活动中。具有良好同伴关系的幼儿往往感到很愉快，反之，则会产生消极的情感体验。

（二）良好的同伴关系有利于儿童学习社交技能和策略，促进其社会行为向友好、积极的方向发展

1. 同伴交往有助于促进儿童社交技能及策略的获得

同伴交往有助于儿童社交技能的形成。经常和同伴在一起，儿童能锻炼自己和别人交流的能力，特别是语言技巧。在同伴中地位较高的儿童通常能够适当地控制自己的攻击行为，具有较高的道德水平，而且比较友好和喜爱交际。从表 4-1 中可以看到，儿童在与同伴交往中不仅需要自己去引发和维持，而且他从同伴那儿得到的反应远比从父母那得到的反应要模糊和缺乏指导性，因此，儿童必须提高自己的社交技能，使其信号和行为反应更富有表现性，以使交往活动得以顺利进行。由此可见，同伴交往系统比亲子交往系统更能促进儿童社交技能的提高。另一方面，与亲子交往相比，在同伴交往中，儿童遇到更多的交往场合和情景，儿童要能根据这些场合与情景性质的不同来确定自己的行为、反应，发展多种社交技能和策略，以适应这种变化。

表 4-1　学前儿童在与父母和与同伴交往中的不同表现

关系 项目	亲子交往	同伴交往
交往的发起、维持	往往是成人发起、维持	儿童发起、维持
信号的发出、行为反应	成人可以进行猜测	必须更富于表现性
对方的反馈	明确、具有指导性	模糊、缺乏指导性
对对方反馈的反应		特别关注对方的态度和反应

2. 在同伴交往中，同伴的反馈有助于儿童的社会行为向积极、友好的方向发展

与亲子交往相比，同伴交往中同伴反馈更真实、自然和即时。儿童积极、友好的行为，如分享、微笑等，能立刻引发另一儿童的积极反应，得到肯定性的反馈；而消极、不友好行为则正好相反，如抢夺、抓人等会马上引发其他儿童的反感，或引起相应的行为。儿童正是在与同伴的交往中不断地调整和修正自己的行为方式，掌握和巩固较为适宜的交往方式。以下的两个例子很好地说明了这一点。

例子一：徐××（4 岁 6 个月，男），孙××（4 岁 7 个月，女）

徐伸手去抢孙手里的小刀，孙不想给，说："我还没用呢！"（徐没有征得同伴的允许，就去抢玩具，结果遭到拒绝）

徐没有得到玩具，马上将身体侧过，脸冲着孙，将声音放低，语速放慢，温柔地对孙说："你给我用一下。"孙仍旧不理。（徐遭到拒绝后，调整了交往的方式，但口气中缺乏协商之意，同伴仍旧不理）

徐这时走过去问孙要刀，声音很低："你给我用一下这个，行吗？"孙没有什么反应，徐拿到了玩具。（徐两次被拒绝之后，选择了较为适宜的策略，用请求、商量的口吻实现了自己的目的。）

例子二：张××（4岁6个月，女），单×（4岁9个月，男），王××（4岁4个月，男）

张想拿单手里的玩具："给我这个行吗？"单抓着不想给，张马上说："一会儿再给你。"便从单手里拿了过来，单没有坚持。（张采用了协商的方法，希望与同伴轮流使用玩具，得到同伴的同意）

张又想问王要小瓶："对，给我一个这个，一会儿就给你。"伸手从王的手里拿了过来。（由于上一次使用的方法使张成功地拿到了玩具，所以这次张依然使用相同的方法取得玩具并取得了成功，这将进一步强化张今后使用这一策略进行交往）

单问张剪刀在哪里，张站起来翻着药箱说："就一个剪刀，这里面。"单听到后自己动手翻药箱，张赶紧走上前："那你用一会儿再给我好吗？"单接过剪刀，表示同意："我给他做手术。"（依然使用协商的办法希望与同伴轮流使用玩具，得到同伴的认可）

（三）同伴交往有助于儿童认知能力的发展

不同的孩子带有各自不同的生活经验和认知基础，他们在共同的活动中也会做出各不相同的具体表现。比如同样的玩具，也可能玩出不一样的花样，这种由不同个体组成的集体能够对儿童产生教育性的影响，虽然儿童很少受到自己小伙伴的"教导"，但是他们是通过观察"更有能力"的伙伴们的所作所为来学习的。因此，同伴交往为儿童提供了分享知识经验、相互模仿、学习的重要机会。

同伴交往也为儿童提供了大量的同伴交流、直接教导、协商和讨论的机会，儿童常在一起探索物体的多种用途或问题的多种解决方式。这些都非常有助于儿童扩展知识，丰富认知，发展自己思考和解决问题的能力。

（四）同伴交往有助于儿童自我概念和人格的发展

詹姆斯在关于人的自我的论述中，特别强调了社会关系的重要性。他相信，我们具有被我们自己所关注、被我们自己的同类所赞赏的本能倾向。当自己没有受到或没有受到太多他人的关注时，可能会对自己的价值产生疑问。我们"通过他人的眼睛看自己"，在社会互动中，人们获得了自己怎样被他人所知觉的信息，这种信息用以形成自我的基础。

儿童也是一样的，儿童通过与同伴的比较进行自我认知。同伴的行为和活动就像一面"镜子"，为儿童提供自我评价的参照，使儿童能够通过对照更好地认识自己，对自身的能力做出判断。

良好的同伴关系可以促进人格的健康发展，甚至在儿童处于不利的发展状况下，可以抵消不良环境对其发展的影响。对离群独居的猴子进行的研究表明：伙伴间的接触可以抵消亲子关系中对儿童的某些不利方面。研究发现，尽管幼猴被剥夺了受母猴照料的机会，但只要他们在“幼年”同其他的幼猴有充分接触和玩耍的机会，它们的发育就是正常的。安娜·弗洛伊德和唐(Anna Freud & Sophie Dan，1951)提供的著名报告也证实了这一点：在二战期间，有 6 个儿童的父母都被纳粹分子杀害，他们被关在集中营内，长到 3 岁(他们在集中营生活了近两年的时间，直至解放)。这期间他们很少得到成人的照顾，他们几乎是相互照顾着长大的，相互之间形成了深厚的、持久的依恋情感。他们在成长过程中没有一个人有缺陷或是精神病患者，成熟后均成为正常的、有用的社会成员。早期不良的同伴关系将导致儿童短期或长期的社会适应困难。来自灵长类动物的实验研究和人类的相关研究支持了这一假设。

儿童在早期同伴交往中获得的经验对塑造其个性、价值观及人生态度都有独特的、重要的影响。正是在儿童与他人的相互作用中，儿童根据自己与父母、兄弟姐妹、老师和同学的交往经验确定自我，从而促进人格的健康发展。

总之，同伴关系在儿童、青少年适应学校和社会过程中起着重要的作用。良好的同伴关系有利于儿童社会价值的获得、社会能力的培养、学业的顺利完成以及认知和人格的健康发展；而同伴关系不良则有可能导致学校适应困难，甚至会对成年以后的社会适应造成消极影响。

三、同伴关系与家庭关系的联系

家庭和同伴为儿童的社会化提供了两个主要的场所。同伴关系在儿童青少年发展中具有成人无法替代的独特作用。同伴关系和家庭关系是两个独立的系统，但两者是相互联系相互影响的。亲子关系在一定程度上预示和决定着日后的同伴关系，而同伴关系在一定程度上又反映了亲子关系的某些特点。

家庭关系与同伴关系相互联系的方式有许多种，其中有三种最为引人注目。

(1) 父母的社会化策略会影响到儿童在同伴关系中的地位。

(2) 父母对于儿童在同伴中如何交往有明确的指导。

(3) 作为孩子社会生活管理者的父母产生作用。

家庭关系对于同伴关系的影响主要有直接和间接两方面的作用。直接影响主要是父母在儿童与同伴交往中作为管理者的作用。父母是否对儿童与他人交往进行明确的引导，在一定程度上影响着儿童与同伴交往的质量。家庭关系对同伴关系的间接影响有多种方式。儿童在家庭中的抚养经历将间接地影响着儿童同伴关系的性质。一些研究发现,母婴关系的质量在某些程度上预示了儿童以后的同伴关系,这种质量可能是由儿童早期母亲对儿童的敏感程度所决定的。所以一定的母亲行为或个性特征与儿童日后形成的同伴关系性质之间存在一定的联系。

家长抚养技巧的其他方面与儿童处理同伴关系的能力之间也具有一定的联系。包括父母风格、父母对儿童行为的指导次数、父母是否积极地影响儿童以及他们在支持儿童游戏活动等方面表现出的能力等。

父母的人格也会间接影响到儿童的同伴关系。例如,有的母亲性格比较内向,沉默寡言,不喜欢和别人交往。母亲的这种人格特征会在一定程度上影响儿童的言谈举止。在这种母亲抚养下长大的儿童也容易形成不善于与人交往的行为特征,从而形成了儿童较低的同伴地位。

第二节 学前儿童同伴关系的发展

一、学前儿童同伴交往的发生与发展

(一) 发生

婴儿很早就能够对同伴的出现和行为做出反应。大约2个月时,婴儿能注视同伴;3~4个月时,婴儿能够相互触摸和观望,6个月时,他们能彼此微笑和发出"咿呀"的声音。6个月以前的婴儿的这些反应并不具有真正的社会性质。因为这时的婴儿可能把同伴当作物体或活的玩具(如抓对方的头发、鼻子),不能主动追寻或期待从另一个婴儿那里得到相应的社会反应。这时的行为往往是单向的,缺乏互惠性。直到出生6个月后,真正具有社会性的相互作用才开始出现。

(二) 发展

学前儿童间的同伴交往最初很简单,只是集中在玩具或物体上,而不是儿童本身(如儿童A拿了一个玩具给儿童B,儿童B只是用手触摸或抓过这个玩具而并不用眼睛看着对方,这个过程就结束了)。随着儿童的发展,在婴儿出生的头一年中出现了几种重要的社会性行为和技能:

(1) 有意地指向同伴,向同伴微笑、皱眉以及使用手势(Hay,1982)。

(2) 能够仔细观察同伴,这标志着婴儿对社会性交往有着明显的兴趣(Ecker-

man，1979）。

(3) 经常以相同的方式对游戏伙伴的行为做出反应（Mueller & Brenner，1977）。

出生后的第二年，随着身体运动能力和言语能力的发展，儿童的社会性交往变得越来越复杂，交往的回合也越来越长（Bronson，1981；Eckerman & Stein，1990；Ross & Conant，1992）。Ross(1982)的研究表明：学步儿（1～2 岁）的游戏中包括了大量的、模式化的社会性交往。比如眼神上的相互交流，指向他人的行为以及轮流行为的出现等。学步儿游戏最显著的特征就是儿童相互模仿对方的动作。这种相互模仿不仅意味着某个孩子对同伴感兴趣，愿意模仿同伴的行为，而且也意味着这个孩子知道他的同伴对他是有兴趣的（即知道被模仿）。这种相互模仿行为的数量在出生后的第二年快速增加，为今后出现包含假装的合作性交往提供了基础（Howes，1992）。

2 岁以后，儿童与同伴交往的最主要形式是游戏。最初他们交往的目的主要是为了获取玩具或寻求帮助，随着年龄的增长，幼儿交往的目的也越来越倾向于同伴本身，即他们为引起同伴的注意，或者为使同伴与自己合作、交流而发出交往的信号。儿童现在能够互相交流思想，分享有关活动的知识，参加集体性的假装游戏，能够与同伴商议规则以决定游戏的建构。这时的儿童还可以参加由几个儿童同时加入的集体游戏，而不只是两人游戏。儿童社会行为的总体水平有了显著的提高。

二、学前儿童同伴关系的测量、类型及表现

（一）同伴群体关系的测量

1. 观察法

观察法是对自然状态下儿童的同伴关系进行观察的方法。研究表明这种方法的确能发现大多数群体中同伴接纳性的差异，但这种方法比较费时，而且有时带有主观性，因此利用较少。

2. 社会测量技术

研究儿童的同伴交往类型，主要用“同伴现场提名法”，也就是通过同伴对儿童的提名情况，了解某一儿童在同伴社交中的地位。在儿童集体活动的现场，挑选一处既能使幼儿看到班上其他所有同伴，又不至于使儿童为别人所干扰、分心的地方，逐个向每一幼儿提问：“你最喜欢班上哪三个小朋友？”（正提名）和“你最不喜欢班上哪三个小朋友”（负提名），详细记录幼儿的提名情况。如果某一幼儿被提名为

"最喜欢的小朋友",就在正提名上记1分;相反,如果被提名为"最不喜欢的小朋友",则就在负提名上记1分。综合全班幼儿的回答,便可以得出每个幼儿的正、负提名总分。据此便可以判断某个幼儿被同伴接纳的程度,从而判断其同伴交往的类型。但是这种方法又存在一些局限性:在测量过程中,有些儿童忽然忘记了最喜欢谁,这样获得的结果也就不准确了;而且这种测量不能给出关于那些处于"最喜欢"和"最不喜欢"中间段的儿童信息。基于此,有研究者主张同伴评定法,即要求每个儿童根据具体化的量表对同伴群体内其他所有成员进行评定,如让儿童回答有关同班内每个同学的问题:"你在多大程度上喜欢和他(她)一起玩?"并且给出一个"喜欢—不喜欢"的评定量表。此法较可靠和有效,而且所获得的结果与从同伴交往实际情况和同伴偏好观察获得的数据有较高的相关性。

(二)同伴交往的类型

采用上述方法对幼儿的同伴社交类型进行研究,结果表明:幼儿的社交地位已经分化,主要有受欢迎型、被拒绝型、被忽视型、一般型和矛盾型。五种类型的基本特征如下:

1. 受欢迎型

受欢迎型幼儿喜欢与人交往,在交往中积极主动,且常常表现出友好、积极的交往行为,因而受到大多数同伴的接纳、喜爱,在同伴中享有较高的地位,具有较强的影响力。从同伴提名分上看,他们的正提名分很高而负提名分很低。

2. 被拒绝型

被拒绝型幼儿和受欢迎型幼儿一样,喜欢交往,在交往中活跃、主动,但常常采取不友好的交往方式,如强行加入其他小朋友的活动、抢夺玩具、大声叫喊、推搡小朋友等等,攻击性行为较多,友好行为较少,因而常常被多数幼儿所排斥、拒绝,在同伴中地位低,关系紧张。从同伴提名分上看,他们一般正提名分很低而负提名分很高。

3. 被忽视型

与前两类幼儿不同的是,这类幼儿不喜欢交往,他们常常独处或一人活动,在交往中表现得退缩或畏缩,他们既很少对同伴做出友好、合作的行为,也很少表现出不友好、侵犯性行为,因此既没有多少同伴主动喜欢他们,也没有多少同伴主动排斥他们,他们在同伴心目中似乎是不存在的,被大多数同伴所忽视和冷落。这类幼儿的正、负提名分都很低。

4. 一般型

这类幼儿在同伴交往中行为表现一般,既不特别主动、友好,也不特别不主动或不友好;同伴有的喜欢他们,有的不喜欢他们,他们既非为同伴特别喜爱、接纳,也非特别忽视、拒绝，因而在同伴心目中的地位一般。从提名分上看，这类幼儿的正、负提名都有一定的得分，两者都处于居中的水平。

5. 矛盾型的儿童

这类幼儿被某些同伴喜爱，同时又被其他一些同伴看作具有破坏性而不喜欢。

从发展的角度看，在 4～6 岁，随幼儿年龄增长，受欢迎幼儿人数呈增多趋势，而被拒绝幼儿、被忽视幼儿人数呈减少趋势。

在性别维度上，以上五种类型的分布也是很有意思的。在受欢迎幼儿中，女孩明显多于男孩；在被拒绝幼儿中，男孩显著地多于女孩；而在被忽视幼儿中，女孩多于男孩，但男孩也有一定的比例。不同同伴关系中幼儿的行为特征与判别如表 4-2 所示。

表 4-2　不同同伴关系中幼儿的行为特征与判别

受欢迎儿童	被拒绝儿童	被忽视儿童
积极、快乐的情绪	许多破坏行为	害羞
外表吸引人	好争论和反社会的	攻击少 对他人的攻击表现出退缩
有许多双向交往	极度活跃	反社会行为少
高水平的合作游戏	合作游戏少， 说话过多	不敢于自我表现
愿意分享	不愿意分享	许多单独活动
能坚持交往， 缺乏攻击性	许多单独活动	逃避双向交往， 花较多时间和群体在一起
被看作好领导	试图接近但被排斥	常被忽视

三、影响学前儿童同伴接纳的因素

研究者一般认为，儿童的行为特征和社会认知是影响同伴关系的主要因素。近年来，研究者也开始注意到儿童的情感层面和其他社会关系以及一些外在因素的影响作用。概括起来，主要有以下因素：

（一）早期亲子交往的经验

亲子关系对今后的同伴关系有预示和定型的作用，而近来的一些观点则认为两者是相互影响的。儿童在与父母的交往过程中不但实际练习社交方式，而且发现自己的行为可以引起父母的反应，由此可以获得一种最初的“自我肯定”的概念。

这种概念是儿童将来自信心和自尊感的基础,也是其同伴交往积极、健康发展的先决条件之一。再者,不少心理学研究发现,婴儿最初的同伴交往行为,几乎都来自于更早些时候与父母的交往。比如婴儿第一次对成人微笑和发声之后的2个月,在同伴交往中才开始出现相同的行为。

(二) 儿童自身的特征

儿童自身的特征一方面制约着同伴对他们的态度和接纳程度,另一方面也决定着他们自身在交往中的行为方式。首先,性别、长相、年龄等生理因素,影响着儿童被同伴选择和接纳的程度。其次,儿童的气质、情感、能力、性格等特征影响着他们对同伴的态度和交往中的行为特征,由此影响同伴对他们的反应和其在同伴中的关系类型。对儿童同伴交往关系影响最大的是其在交往中的答复、交往行为及交往技能。

(三) 活动材料和活动性质

活动材料,特别是玩具,是学前儿童同伴交往的一个不可忽视的影响因素,尤其是婴儿期到幼儿初期,儿童之间的交往大多围绕玩具而发生。玩具对儿童同伴交往的影响还体现在玩具的不同数量和特征能引起儿童之间不同的交往行为上。在没有玩具,或有少量小玩具的条件下,儿童之间经常发生争抢、攻击等消极的交往行为;而在有大玩具,如滑梯、攀登架、中型积木等的条件下,儿童之间倾向于发生轮流、分享、合作等积极、友好的交往行为。

活动性质对同伴交往的影响主要体现在:在自由游戏情境下,不同社交类型的幼儿表现出交往行为上的巨大差异,而在有一定任务的情境下,如在表演游戏或集体活动中,即使是不受同伴欢迎的儿童,也能与同伴进行一定的配合、协作,因为活动情境本身已规定了同伴间的合作关系,对其行为提出了许多制约。

(四) 教师

一个儿童在教师心目中的地位如何,会间接地影响到同伴对这个儿童的评价。米勒等人(Miller&Gentry,1980)回顾了几项相关研究发现,教师对一个儿童特征和价值的认可程度会通过一种复杂的方式影响着其他儿童对这个儿童的接纳性。社会心理学家认为,在同伴群体中的评价标准出现之前,教师是影响学生最强有力的人物。因此,作为教师,在教育工作中必须注意自己的言行对儿童的影响。

第三节　学前儿童友谊的发展

一、学前儿童择友的特点

根据研究，影响儿童择友的因素可划分为四类关系，每类关系中又有一些亚类型：

（1）直接接触关系。反映儿童在行动和社会认知上的共同性。其中包括四个亚范畴，如：直接表达两人的友好关系（“我跟他是好朋友”）、两人在一起活动（“我与他经常在一起玩”）、两人关系不错（“我们俩不吵不打”）、两人合得来（“我们彼此了解得很深”）。

（2）接受关系。反映同伴对自己的帮助。包括游戏、学习上的帮助和心理上的帮助（如“他帮助我分担忧愁”）。

（3）敬慕关系。反映儿童以同伴的行为特点和心理品质为择友的出发点。如“他什么都比我好”、“他上课发言积极”、“他很聪明”和“他很守纪律”。心理品质好表现为“他很自信”、“他很稳重”。

（4）其他关系。包括空间关系（“我与他同桌”）、传统关系（“我们两家一直很好”）、传递关系（“朋友的朋友”）等。

直接接触关系在儿童择友关系的起始阶段起着重要的作用，并一直延续到学龄晚期（高中阶段）。也就是说，年幼儿童倾向于依靠直接接触选择朋友，年长儿童择友的依据会有所增加。儿童在不同年龄阶段择友的标准是变化的。幼儿主要从直接接触关系来选择朋友（44％），同时也涉及对对方特征的敬慕关系。而小学儿童择友主要涉及三个类型，其中敬慕关系占45％，直接接触关系占30％，接受关系占22％。中学阶段的儿童主要以敬慕关系为择友标准，高度重视对方的行为特征和心理品质。此外，在一定程度上保留着直接接触关系的需要。

通过上述分析，我们发现儿童择友具有同质性和趋上性两大特点。

择友的同质性指儿童倾向于挑选与自己的经历、兴趣、性格、习惯和谐（俗称“合得来”）的人做朋友。同质性是追求心理协调的反映。心理协调是倾心交流的前提。人们常说，朋友是另一个自我，或说朋友是自我的镜子，其核心含义就是心理上的协调。对年长儿童来说，心理协调是至关重要的择友条件。当然，协调不等于一致。

择友的趋上性指儿童倾向于挑选品行得到社会赞赏的人为伴。趋上性是友谊对个体社会发展的推动作用的反映。

择友的同质性和趋上性是儿童择友的心理基础和社会动机的积极表现，也是友谊的心理功能得以实现的保证。儿童年龄越大，这两个特性也表现得越明显。值得注意的是学习行为对学龄儿童择友的同质性和趋上性具有关键的影响。学习活动是学龄儿童的主导活动，也是社会对他们的主要要求。因此，学龄儿童把学习的好坏当作衡量能力的标志和占有一定社会地位的手段。学习好的儿童容易得到教师的赞许、集体的承认和家长的嘉奖，因而也容易成为同学们敬慕的对象。注重学习成绩的择友状况以小学三至六年级为最风行，到了中学时期，这一现象有所下降。这是因为低年级儿童对学习的意义和成绩的实质缺乏足够的认识，而年长儿童能在更广阔的范围内认识朋友的特性，提出了比学习成绩更广泛的心理协调要求。一般说来，择友的同质性和趋上性在儿童发展过程中具有积极的心理意义。

二、学前儿童友谊的发展

友谊是一种特殊类型的同伴关系和依恋关系，它在儿童社会化过程中起着非常重要的作用。心理学家将友谊界定为：友谊是两个个体之间的一种相互作用的双向关系，而非简单的喜爱或依恋关系；友谊是一种较为持久的稳定性关系；友谊是以信任为基础，以亲密性支持为情感特征的关系。

友谊是建立在共同兴趣、共同利益的基础上持久的个体间的相互关系。友谊关系是以个体为指向的双向结构，反映的是个体与个体之间的情感联系。幼儿的友谊始于幼儿进入集体生活。3～5岁幼儿为“暂时性的游戏伙伴”关系；6～9岁儿童认为朋友是干一件事让你高兴的人；9～12岁的儿童意识到友谊是互惠的；12岁左右的儿童把友谊看作是“持久的共享”的关系，强调共同的兴趣和个性。一般来说4岁左右的幼儿开始比较多地关注朋友和友谊。在幼儿阶段，友谊关系还仅限于游戏中的相似或相近的特征；限于单方面的帮助，以朋友帮助和喜欢为特征。友谊在儿童社会化发展过程中具有重要意义，而没有朋友则会导致许多不良后果。没有朋友的儿童可能会有更多的情感问题，观点采择能力滞后，较少利他性，在一些社会技能上，如加入群体、合作游戏和处理冲突等方面有缺陷。

（一）友谊的发展阶段

美国著名儿童心理学家赛尔曼（Selman，1980）认为，儿童友谊概念的发展，与他们的观点采择能力的发展密切相关。他从社会认知发展的观点出发，采用临床访谈法把友谊发展划分为五个阶段：

阶段0：即时性游戏。以相似或相近为特征，处于3～7岁。

阶段1:单方面帮助。以朋友帮助和喜欢为特征,处于4～9岁。

阶段2:公平气氛的合作。以对相互之间关系的意识和相互适应为特征,但友谊关系仍局限于当时的游戏,处于6～12岁。

阶段3:亲密和相互分享关系。以对持续发展的意识和感情联系为特征,处于9～15岁。

阶段4:自主的相互依赖的友谊。以相互提供心理支持和精神力量,相互获得自我的身份为特征,处于12岁以后。

继赛尔曼提出的儿童友谊认知发展的五个阶段说之后,弗曼等人(Furman & Bierman,1984)考察了二、四、六年级儿童对友谊概念的认知,把友谊特征分为行为特征和意向性特征两个方面。他们发现,儿童对友谊的意向性特征的认知随年级升高逐渐进步,主要表现为对意向性的亲密性和意向性的支持性有显著的年级差异,而在相似性和团结性、喜爱等方面则无显著年级差异。学前期儿童把共同活动和游戏看作友谊关系的核心,主要以外在行为特征去界定朋友和友谊;学龄初期儿童认为互惠、平等、合作是友谊关系的基础,朋友的作用是提供行为规则,传授情绪调控技能,而青少年则把亲密性看作友谊关系的核心。

(二)友谊的意义

友谊作为一种特殊的同伴关系,不仅可以帮助儿童提高社会技能,而且可以向儿童提供社会支持,因此对儿童的社会性发展有重要意义。

1. 友谊可为儿童提供情感支持

(1) 可消除儿童的孤独感。友谊是一种充满深情的友好关系。在友谊中被一个人所爱与在同伴接纳中被许多人所喜欢的体验有着本质的不同。尤其是青少年,没有亲密的友谊比没有喜欢他们的群体更容易体验到孤独感,缺乏朋友往往导致儿童产生更多的孤独感。有研究者对美国8～11岁儿童进行研究,让他们对诸如"对我来讲,在学校交新朋友是容易的"和"在班上我没有可以与之交谈的人"之类的问题进行自我报告,发现10%的儿童报告感到孤独。这种孤独感造成儿童相当大的痛苦,尤其在青少年时期,这种孤独体验与抑郁和被遗弃感想联系,使儿童找不到社会归属感,导致自尊的下降。而有朋友则可以在某种程度上消除这些负面影响。

(2) 有朋友可以使儿童在陌生场合或受到潜在威胁的情况下感受到情感支持。有一个可以信赖的亲密朋友能够增强信任感、责任感和相互理解感,而且成为他人的知己可以有机会为他人提供帮助和支持。

2. 友谊可为儿童提供更多的玩耍、交往和娱乐的机会

儿童与朋友交往和玩耍多,共同获得的乐趣也多,这有利于儿童的心理健康。

福特等人曾做过这样一项实验:要求成对儿童一起看幽默卡通片,发现两人是朋友的儿童比不是朋友的儿童从观看卡通片中获得了更多的乐趣。

3. 友谊可为儿童提供社会支持

当儿童处于危险的境地时,他可能期望朋友比一般相识者更能提供帮助,朋友也会给其提供适当的引导和帮助,并且以同盟的身份站在儿童这一边,起到了社会支持的作用。

4. 友谊可为儿童提供获得基本的社会技能的机会

儿童与朋友的交往多,儿童有更多机会与朋友交流思想,表露自我,进行合作,提高自信。同时与朋友交往也为儿童提供了一个了解自己和他人的内在世界的机会,有利于培养儿童"去自我中心"的能力,提高其观点采择能力。

5. 友谊可提高儿童的自尊

朋友的陪伴通常比一般的伙伴更富有积极的情感色彩和社会性反应。肯定价值能促进自豪感、自尊感和自我接纳的发展。朋友之间相互了解,比一般同伴更能肯定对方人格的核心特质。有人研究了儿童友谊关系与自尊的关系,发现有朋友的儿童的自尊比没有朋友的儿童高。友谊在某种程度上促进了儿童自我价值感的形成。

总之,友谊在儿童社会性发展过程中具有重要意义,而没有朋友则会导致许多不良后果。如可能会有情感问题、观点采择能力滞后、较低的社会能力、适应性差等。我们成人一定要引导儿童发展健康积极的友谊关系,从而促进其社会性和个性健康发展。

第四节 学前儿童良好同伴关系的教育

培养儿童同伴交往能力,促进儿童同伴交往,符合当前社会改革的迫切需要,同时有利于儿童身心健康发展。良好的同伴关系具有保护和发展功能,有利于促进儿童的社会化。因此,为了更好地教育下一代,对儿童同伴交往中存在的问题,家长及教育工作者必须给予足够的重视,并采取相应的措施加以预防和解决;而增进同伴交往能力除了要让儿童有较多的交往机会外,还要帮助他们掌握一些交往方法。严格地说,交往是一种技能技巧,它需要借助适宜的练习来获得,许多儿童因为没有学会必要的交往技巧,产生了一系列心理困扰,如自卑、孤独、喜欢攻击他人等,他们往往在强烈的交往冲动和畏惧之间犹豫不决。

一、家长必须改变错误的教养态度与方法，努力为儿童创设良好的家庭人际环境

家长是儿童的第一任老师。儿童最初是通过与家长交往，学习初步的人际交往原则和方法的。在家庭教育中，家长既要关心儿童的身体健康，还要注意儿童的心理健康。家长应改变对儿童过分保护、溺爱的态度，给儿童提供与同龄人交往的机会，让儿童在与他人的交往中体验到快乐，学会分享与合作，并及时对儿童在交往中出现的问题给予指导和帮助。父母还应给儿童作示范，做榜样，父母之间、父母与儿童之间要建立和谐的关系。父母粗暴、冷漠的态度会使儿童产生许多心理问题及行为障碍。父母对于幼儿园教育应给予大力支持，尽可能做到家园教育一致。

二、幼儿园要为儿童创造良好的交往环境，创设与他人合作、分享的机会

幼儿园应通过环境的创设和利用，有效促进儿童同伴关系的发展。首先，必须提高教师的心理健康水平，教师之间和谐的人际关系对儿童的同伴交往会产生潜移默化的影响，因此，教师要注意自身群体人际关系的协调。其次，教师要为儿童营造一种温暖、关爱、尊重和信任的心理气氛和教育环境。创设儿童需要和能帮助别人的情景，培养儿童乐于助人的精神，使儿童感受到群体生活的优势。这样的群体容易使儿童获得积极的情绪体验，并表现出较强的交往动机与持续交往的兴趣。第三，要为儿童创设与他人合作的机会。研究表明，在游戏尤其是角色游戏中儿童易产生合作行为。儿童在角色游戏中能意识到自己必须承担一定角色的相应责任，这也保证了儿童参与的热情。第四，在日常生活中，教师要提供一定数量的有利于儿童开展社会性交往的玩具。儿童早期的同伴交往大多是围绕玩具发生的，儿童可以通过玩具表达对同伴的邀请，在使用玩具的过程中逐渐学会等待和与他人分享、合作等。

三、重视移情训练对儿童同伴交往具有促进作用

移情是一种特殊的观点采择能力，即我们时常提到的情绪感染与共鸣。让儿童学会与人和谐相处，很重要的一点是要让儿童学会观察、体验、理解别人的情绪情感。移情可以使主体内部产生某种情感共鸣，有利于儿童摆脱自我中心，促进儿

童建立良好的同伴关系。形成亲社会行为。实验表明,在接受一段时间的移情训练后,大多数儿童的同伴关系有了较大的改善,许多儿童由于能从对方的角度来考虑问题,避免了同伴间因小磕碰而产生的矛盾和纠纷。

四、开设课程和全面渗透相结合

开设课程就是要将儿童同伴交往方式和能力的培养纳入幼儿园课程的设计和实施中。这在《幼儿园教育指导纲要(试行)》中已有所体现。《纲要》中明确指出,要建立良好的师幼关系、同伴关系,让儿童在集体生活中感到温暖,心情愉快,形成安全感、信赖感。这有利于儿童的人际交往有效地开展。同时,在幼儿园一日生活中,教师也应科学合理地安排和组织儿童的生活,通过日常生活的指导,帮助儿童建立良好的同伴关系,学习一定的人际交往技能,为今后的社会适应打下基础。

本 章 小 结

同伴关系是影响儿童社会化的一个重要的家庭外部因素。同伴关系在儿童和青少年发展中具有成人无法替代的独特作用和价值。根据同伴关系之间的亲疏程度,研究者把同伴关系分为两种:一是同伴群体关系;二是友谊关系。同伴关系(Peer Relationships)是指年龄相同或相近的儿童之间的一种共同活动并相互协作的关系,或者主要指同龄人间或心理发展水平相当的个体间在交往过程中建立和发展起来的一种人际关系。在儿童成长过程中,儿童与他人之间形成两种不同性质的人际关系,分别为垂直关系和水平关系。这两种人际关系的性质不同,对儿童发展也具有不同的功能。儿童的同伴关系是通过他们之间的相互作用表现出来的。同伴关系遵循一定的规律,按照从简单到复杂、从低级到高级的发展趋势。同伴关系和家庭关系是两个独立的系统,但两者是相互联系、相互影响的。亲子关系在一定程度上预示和决定着日后的同伴关系,而同伴关系在一定程度上又反映了亲子关系的某些特点。在儿童成长过程中,不同儿童的同伴地位是不同的。测量儿童同伴地位的方法有观察法和社会测量法,后者因其具有的优点而成为常用的方法。根据社会测量法将儿童分为五种不同类型。影响儿童同伴接纳的因素有很多,尤以儿童自身特征为主,如社会行为特征、认知能力等。友谊关系是一种特殊类型的同伴关系。友谊关系对于儿童个体的身心发展具有许多独特功能。促进儿童同伴关系的发展对儿童的身心发展具有重要意义。

思 考 题

1. 试述儿童同伴关系的性质。
2. 试述儿童同伴关系的发展特点。
3. 试述儿童友谊的发展特点。
4. 试述良好同伴关系的教育措施。

第五章　师幼互动与学前儿童的发展与教育

第一节　师幼互动与幼儿发展

一、师幼互动的内涵

师幼交往是幼儿人际交往的重要部分。师幼交往是教师和幼儿之间的信息和情感的双向交流过程，是教师与幼儿之间的一种互动关系。互动是指两个不同主体间相互的行动、行为。师幼互动是指发生在幼儿园内部的，贯穿于幼儿一日生活中的幼儿园教师与幼儿之间的相互作用、相互影响的行为和过程。它具有以下特征：

(1) 师幼互动是在教师和幼儿之间发生的一种人际互动，其互动主体是教师和幼儿。教师和幼儿双方在互动中是同等重要、互为主体的。

(2) 师幼互动是一种交互作用和相互影响的过程。师幼互动不是教师对幼儿或幼儿对教师的单向、线性的影响，而是教师与幼儿间双向、交互的影响。

(3) 教师和幼儿间的这种交互作用和影响又不是一次性的或间断的，而是一个链状、循环的连续过程。教师和幼儿正是在这样一个连续的动态过程中不断交互作用和影响的。

师幼互动的具体情景可能是千变万化的，既可能发生在有组织的教学活动中，也可能发生在非正式的游戏、生活和交往活动中。其形式也可以是多种多样的，如与个别幼儿、小组幼儿和全体幼儿的交往，或是与幼儿共同游戏、指导教学、对幼儿表扬鼓励、要求示范等。内容也可能丰富多样，如对幼儿知识的传授、情感的交流、行为的指导和社交能力的培养等。因此，师幼互动从本质上讲，是一个发生在多情景中的，具有多种形式、多种内容的互动体系。除此之外，为了更好地把握师幼互动及其本质，需要明确其与师幼关系的关系。一般习惯上将师幼互动当作动态的关系状态和交往过程，而将师幼关系理解为师幼互动的结果和静态关系的体现。这实际上是狭义的师幼互动和师幼关系。广义的师幼关系是指在教育过程中教师和幼儿双方通过交往和相互影响而形成的双边、互动的关系系统，它不仅是师幼互动的结果，还包括师幼关系形成的过程、机制和影响因素等。而广义的师幼互动也不仅仅是师幼双方交往和相互作用的过程，还应包括相互作用的背景、内容、机制和结果等。因此，师幼互动和师幼关系在一定程度上是相互包容和共生的。所以，本书对师幼交往和师幼互动不做严格区分，为了表述方便，统一用师幼互动进行阐述。

二、师幼互动的重要价值与意义

（一）对幼儿心理发展的影响

1. 良好的师幼互动可增强幼儿的安全感、自信心及探索精神

菲尼等人(Feeney, Christensen & Moravcik, 1987)指出，师生交往对幼儿的安全感、自信心的发展以及对事物的积极探索都是必不可少的。研究者普遍认为，教师与幼儿之间的关系不是单纯的教育者与被教育者之间事务性的关系，而带有明显的情感性特征。在某种程度上，幼儿对教师的依恋与他们对父母的依恋一样，也是以感情为纽带的。利赞德思·萨吉和莱姆勃曼(1992)的研究进一步发现：幼儿依恋的对象是那些对他们的行为做出敏感反应并提供细心照顾的教师，也就是说，如果幼儿意识到教师能够密切关注他们，及时满足他们的需要，那么，幼儿便会对教师产生一种依恋性的情感，反之则不然。安斯莉和安德森在研究报告中(1984)指出，教师或其他养护者与幼儿之间的关系主要是一种教育者与被教育者的关系，但有时可以被视为如同儿童与父母之间那样的一种情感依恋型关系。芬尼·格丽斯坦森和马拉维克(1987)认为，在教师与幼儿的交互作用中，教师的诚实以及他们对幼儿的尊重与细心照顾对于儿童安全感、自信心的发展以及童年期对事物的积极探索都是必不可少的。根据美国心理学家埃里克森的理论，儿童出生后第四年到第六年是儿童形成健康的独立意识的关键时期。在这一时期，如果成人能创造良好和谐的精神环境，鼓励幼儿的自主性、独创性和想像力，就有助于培养幼儿的健康心理，促进其社会性的发展；反之，幼儿就会缺乏自信心，产生逆反心理，不愿与人交往。作为幼儿教师，在幼儿健康成长的过程中肩负着重要的任务。特别是当今社会，家家都是独生子女，娇惯、宠爱往往造成很多的“不健康幼儿”。

2. 良好的师幼互动促进幼儿的亲子关系与同伴关系

师幼关系可以通过影响幼儿的亲子关系和同伴关系对幼儿的发展产生重大影响。研究指出，儿童所经历的师生关系对其社会性发展具有重要影响(Alexander, Entwisle, 1988; Erickson, Pianta, 1988)。积极、适宜的师生交往对不安全的亲子依恋有一定的弥补和调整作用,并能促进亲子关系的发展。同伴关系是儿童社会性发展的另一重要指标,对幼儿的全面发展具有长期的、重要的影响。在同伴群体中受欢迎的幼儿会有安全感和归属感,也很少发生侵犯性行为;反之,被排斥的幼儿和被忽视的幼儿会产生孤独感、自卑感,表现出过多的退缩性行为和侵犯性行为。现在幼儿中独生子女占绝大多数,建立良好的同伴关系对其全面发展更具重要意义。研究表明,教师与幼儿之间是否形成亲密、安全的依恋关系,对于幼儿同伴交往的主动性、态度、能力、交往行为和过程以及同伴社交地位等,都有十分显著的影响。豪斯(1994)与其同事特别考察了师幼关系对幼儿同伴交往能力的影响。他们通过一项纵向研究得出结论:与教师有情感安全性关系的幼儿对同伴更为友好,更加爱交际,也更容易为同伴所接受,并且在与同伴交往时很少发生侵犯性行为,而过于依赖教师的幼儿则表现出更多的退缩性行为与侵犯性行为。此外,研究表明,师生互动的性质和特征对儿童在同伴交往中的主动性、能力等均有十分显著的影响。

3. 良好的师幼互动能促进幼儿自我概念、学业成绩的发展

在学习方面,积极的师生交往有助于儿童产生内在的学习动机,并形成良好的学习习惯,在认知发展、语言学习、概念与知识的掌握等方面更好(Pianta, Nimetz, Bennett, 1997)。一些研究者发现,师幼关系与幼儿自我概念的发展以及他们对自己的行为与学业成绩的期待密切相关。林奇和斯凯蒂(1992)认为,幼儿学习成绩的好坏并不取决于他们的社会经济地位,而取决于他们的社会性技能与自信。而社会性技能与自信则与师幼间的互动、幼儿对教师的情感以及教师对自身与幼儿关系的洞察力密切相关。

4. 良好的师幼互动有助于幼儿对新环境的适应

亚历山大、恩斯维尔(1988)、艾里克森和潘恩塔(1989)等人的研究相继证明:幼儿所经历的师幼关系对他们的发展具有重要影响。当幼儿进入幼儿园开始接受正规教育时,与教师建立积极的关系是他们适应新环境的一个很主要的方面,不同的师幼关系将直接影响幼儿的适应状况。这一结论又被潘恩塔、斯滕伯格和罗林斯以400名幼儿为被试所做的一项研究进一步证实,他们发现幼儿园中形成的师幼关系特征,甚至预先决定了幼儿在入小学后前三年的适应能力与行为。对幼儿而言,幼儿园是一个陌生的环境,是心理上的杀戮战场。因为孩子一生中最大的"分离焦虑"是在幼儿园产生的。幼儿情感的发展特点总是先感受到别人对自己的爱,才发展到爱自己、爱周围的人。教师对幼儿的爱是平等的、无私的,教师应给幼儿以亲切、易于接近和安全感,使幼儿尽快适应幼儿园环境,情绪积极愉快,乐于与教师接近、交流,更愿意接受教师的教导。如果教师不热爱幼儿,幼儿就无法适应幼儿园与家庭环境之间的巨大反差,就会怕上幼儿园,怕见老师,整天哭闹,与同伴交往困难等。因而,教师要充满热情地去关爱每一名幼儿,与幼儿建立起双向接纳、爱与关心的情感联系,这样才有助于幼儿适应幼儿园环境,并在幼儿园内心情愉快地学习、游戏,健康发展。

(二) 影响教师自身的发展

师幼互动不仅是促进儿童发展的重要因素,而且它对于教师的自主发展同样具有重要的作用。姜勇(2003)指出,师幼互动有助于促进教师教育发现能力的形成,促进教师教育主体观的产生,促进教育智慧的生成。对于教师而言,每次交往都是对教师个人的教育艺术和教育机智的考验和锻炼。师幼互动使得教师可以对自己以往的教育手段和教育方法进行反思,寻求更适合于幼儿的教育手段和教育方法,从而提高教育艺术。适当的冲突还有助于教师"个人权威"的增长,因为冲突使得教师关注到幼儿的需要,并寻求适当的方式化解冲突,这样会增强幼儿对教师的信任。

第二节 师幼互动的类型与特征

一、师幼互动的类型

师幼互动类型研究是很多学者关注的重要方面。研究者从不同的视角出发,采用不同的分类标准对师幼互动类型进行研究。

(一) 根据师幼之间的情感关系划分

斯若弗和他的同事在对 3～4 岁幼儿的师幼关系研究中发现,即便是受过较高层次专门训练的教师,在与同一班级的单个孩子结成师幼关系时也有一些鲜明的类型区别,具体表现为:① 温暖型;② 参与型;③ 支持型;④ 冲突型;⑤ 控制型。潘恩塔的研究从教师角度出发,以教师指向幼儿的情感与行为两个维度将师幼关系分为两种模式:积极的关系与有障碍的关系。在积极的师幼关系中教师对待幼儿比较热情、关爱,并跟孩子密切交流。在有障碍的师幼关系中,教师对幼儿很冷淡,经常与幼儿发生冲突。而博菲·古德遵循相同的研究视角,却将师幼关系分成了四种类型:亲近型、关心型、漠不关心型与拒绝型。豪斯·C 等研究者从幼儿角度出发,根据幼儿在互动中的情感表现与行为方式将师幼关系分为安全型、依赖型、积极调适型与消极调适型四种。透过这些研究我们不难发现,师幼关系虽然是所有入园幼儿共同经历的一种人际关系，但是，即使在同一个班级中，面对同一个教师，不同的幼儿在与老师的行为交往中所获得的行为与情感资源差别也是很大的。

（二）根据参与主体而划分

根据参与主体的不同，一个幼儿园班级中师幼互动行为可以划分为三种类别：教师与群体幼儿之间的互动、教师与小组幼儿之间的互动、教师与个体幼儿之间的互动。

（三）根据行为发生的场景划分

根据行为发生的场景不同，师幼互动行为又可以具体分为教学活动、游戏活动和生活活动中的师幼互动行为。

不同类别的师幼互动过程中，互动主体双方有自己的情景界定、角色认知、行为期待等。行为内隐因素往往各有不同，外显的行为特征也会因为互动的主体和内容不同而千差万别。但无论具体行为有怎样大的多样性、变化性，师幼互动行为中总有一些根本性、稳定性的因素存在，如互动的基本模式和互动双方行为中所伴随的情感特征。

（四）根据双方的角色定位划分

根据主体双方的角色定位，师幼互动行为有两种基本模式：倾斜模式，即以互动进程中教师俯视幼儿、幼儿仰视教师为根本特征的互动；平行模式，即以互动过程中教师与幼儿站在同一水平线上，彼此平视对方为基本特征的互动。

（五）根据双方的情感特征划分

互动中教师与幼儿的情感特征各有三种。教师方面：正向，即教师指向幼儿的行为中带有明显的和蔼、亲切、友好、喜爱的倾向；负向，即教师的行为中带有明显的对幼儿的不满、厌恶甚至愤恨、恼怒的倾向；中性，即教师指向幼儿的行为所伴随的情感相对平淡，介于正向和负向之间。幼儿方面：进取，即幼儿指向教师的行为带有明显的大胆、不惧怕教师的倾向；畏惧，即幼儿在和教师进行互动时，明显表现出胆怯、谨慎甚至惧怕的倾向；平和，即幼儿对教师怀有的情感介于进取和畏惧之间，自然而平静。

二、师幼互动内容的总体特征

师幼互动的特征是当前师幼互动研究的内容之一。艾斯利等人（Ainslie &

Anderson，1984）指出依恋性是幼儿园师生交往的重要特征，教师与幼儿间的交往活动有时甚至可以被视为如同儿童与父母之间那样的一种情感依恋型关系。在某种程度上，幼儿对教师的依恋与其对父母的依恋一样，也是以情感为纽带的。伊泽顿（Ijzendoon，1992）的研究支持了艾斯利的观点，并进一步指出幼儿依恋的对象是那些对他们的行为做出敏感反应并提供细心照顾的教师。庞丽娟、叶子（2000）在综合国内外已有研究的基础上提出师幼互动具有教育性、交互性和连续性、网络性、组织化和非正式化相结合、非一一对应性以及系统性和综合性等多种特点。同时，她们还指出了幼儿园师幼互动具有更为明显的初始性，师幼互动内容更为丰富和全面，具有非正式化和个别化等主要特征。

（一）从师幼互动过程的角度来分析师幼互动内容的特征

1. 师幼互动是一种非对称相倚性互动

美国社会心理学者琼斯与西鲍特曾根据互动双方各自的行为动机以及对彼此行为的期待，将人际互动分为四种，即假相倚、非对称性相倚、反应性相倚和彼此相倚。假相倚是指互动双方主要按自己的计划作出反应，很少对另一方的所作所为作出让步。非对称性相倚是指一方主要根据自己的计划作出反应，另一方则以对方的反应作为自己行为的根据。其中，根据自己的计划作出反应的一方对互动早有准备，他能引导和控制互动的发展方向及速度，另一方则是被动的、被引导的。反应性相倚是指互动双方并无既定计划或者在互动过程中丢弃了既定的计划，只按对方的言行作出反应，互动是随意的、偶然的，不存在明确的方向。彼此相倚是指互动双方既能根据自己的计划作出反应，又可以对另一方的行为采取行动，彼此都是互动的控制者。参考这一分类方式，我们发现现实中的师幼互动可以视为非对称相倚性互动，其理由有三：其一，在互动的发起方面，教师更多地表现为主动者，幼儿则多处于被动状态；其二，从互动的进程来看，无论互动的发起者是教师还是幼儿，教师更多扮演的是教育者角色，即对幼儿进行指导、管理、照顾，幼儿则多属于被教育者，即接受教师的指导、管理、照顾；其三，即便教师与幼儿不是处于教育者与受教育者的角色关系之中，其互动行为仅限于传递信息或分享某种情感体验，教师主要依据自己的计划作出反应并引导师幼互动的方向与速度，幼儿以教师的反应作为自己行为依据的特征。

2. 师幼互动是以传递固有知识技能、维护既有规则为主的互动

在师幼互动中，教师作为互动发展方向与速度的控制者，考虑得比较多的是如何将固有的知识、技能教给幼儿，而不是注意培养幼儿的创造性，引导、促进幼儿心智潜能的发展。这一点突出地表现在两个方面：其一，在教师发起的互动中，“指导活动”一项出现次数最多；其二，在实施具体指导时，教师评判是否应该提供指导的

一个重要标准是幼儿对知识、技能的掌握与教师预先制定的标准是否一致，较少考虑幼儿之间的个体差异，以及幼儿对教师所授知识技能的独特理解与创新，缺乏灵活性与变通性。

幼儿园中规则、要求繁多，为了让幼儿习得一些行为规范，同时为了便于教育与管理，教师会不停地给好动、易变的幼儿"上规矩"。研究表明，教师向幼儿发起的以约束纪律为主题的互动占教师发起的互动行为总量的三分之一。遵守规则在教师与幼儿的心目中都占有极为重要的地位。教师认为，幼儿没有好的常规行为表现，自己就没有做好工作，没有尽到责任；在幼儿看来，守纪律、听老师的话才是对的，反之则是错误的、不可原谅的。在幼儿主动发起的互动行为中，"告状"是出现次数最多的，其中绝大多数是向教师报告别的孩子不守规则、不按教师要求去做的行为。

3. 师幼互动以事务性为主，情感的交流很少

教师指向幼儿的行为中所附带的情感特征以负向和中性为主，对幼儿表示出积极赞许、喜爱的正向情感出现比例最少；幼儿指向教师的行为伴随的情感特征以畏惧和平和最为多见，积极进取型的情感特征出现比例最少。现实中教师与幼儿间的行为往来更多的是围绕一些事务性主题，单纯以交流情感为目的的互动极少。在教师一方，开启互动的目的主要是根据常规纠正或鼓励幼儿的某种行为，帮助幼儿参与或完成教学、游戏中的某一活动，对幼儿的餐饮、排泄、卫生、冷暖、安全等方面给予关心、照料。在教师发起的互动中，教师对幼儿表达情感的很少。在幼儿一方，引发互动行为的动机偏重于为在生活或游戏、学习活动中遇到的某一问题询问教师或是求得帮助；幼儿有时也因为想得到教师的关注与安慰，满足自身那种天然的对母性与成人的依恋需要而发起互动，但次数很少。

在分析师幼互动时，教师指向幼儿的情感特征分为正向、负向和中性三种。幼儿指向教师的情感特征也分成：进取、畏惧和平和三种。根据这一分类方式，通过对教师与幼儿的行为进行相关分析，结果发现双方行为中所表现出的情感特征之间具有极其显著的相关。当教师带着正向或中性情感发起互动时，幼儿反馈行为的情感特征以平和与进取为主；当教师的行为带有负向情感时，幼儿的情感则以畏惧为主，平和次之，进取极少。然而在教师发起的互动中，教师带有明显负向情感倾向的行为较多，这表明教师在互动中，不太关注互动会给幼儿的情感发展带来哪些有利或不利的影响。

4. 师幼互动是一种教师对幼儿实施高控制和高约束、幼儿对教师采取高服从和高依赖的人际互动

在对师幼互动事件进行定性分析时，我们把教师发起的互动行为与幼儿发起的互动行为各划分出九种主题，前者包括约束纪律、指导活动、照顾生活、抚慰情绪、提问、让幼儿帮助做事、共同游戏、表达情感、询问；后者包括寻求指导与帮助、告状、表述情况、请求、发表见解、寻求关注与安慰、询问、帮助教师做事、与教师共同游戏。通过频次统计发现，教师发起的互动行为中排在前五位的均是带强烈的控制与约束特征的主题：指导活动、约束纪律、照顾生活、提问、让幼儿帮助做事。这表明在幼儿园的一日生活中，教师是幼儿活动内容、活动方式、活动程序的绝对控制者；幼儿发起的互动行为中前五项主题行为依次为告状、表述情况、请求、寻求指导、寻求关注与安慰，这五种主题直接或间接地体现着幼儿对教师权威的依赖。互动中幼儿对教师权威的高服从是通过幼儿(作为互动行为的反馈者)所采取的行为取向表现出来的，在教师发起的互动行为中，幼儿对互动主要采取接受的态度，很少表现出拒绝倾向。我们发现，由于教师在幼儿心目中处于权威地位，即便幼儿对教师发起的行为怀有不满，但最终仍是以服从教师要求来结束互动，这种情况在以约束纪律为主题的互动中表现得最为突出。

由于上述特征的存在，幼儿的诸多社会心理需要，如对尊重、对新体验、对被赞扬与被认可的需要，无法得到适当的满足；幼儿自由活动的时间与空间受到过度的限制，主动性得不到发挥，不符合教师行为期待的创造性行为被束缚；偏离于幼儿和谐发展的心态与社会性行为，比如借助监督并报告同伴的违规行为来证明自己的正确与有价值、值得被教师喜欢和表扬等，不断滋长并被强化等。这些负功能的普遍存在使现实中的幼儿教育不仅在某些方面和促进幼儿和谐发展的教育目标与新《纲要》所描绘的我国幼儿教育的美好蓝图相去甚远，而且在一定程度上阻碍或误导儿童的发展。要想把《纲要》的精神落到实处，要想从根本上提升我国的幼儿园教育质量，要想让每个幼儿都能获得最适宜他们发展的帮助与促进，关键的一个步骤就是采取切实而有效的行动来改变现实的师幼互动中不利于幼儿发展的环节。

(二) 从师幼互动发起人角度来分析师幼互动内容特征

1. 教师施动特征分析

教师施动的方式因教师个体的不同而不同，教师的观念、资历、能力及认识水平会影响教师的施动方式。有的教师能冷静地观察幼儿的行动表现，然后做出判断，进行有针对性的指导，指导上注意启发，引导幼儿思考；而更多的教师是询问幼儿在做什么，看到他们在“动”就放心地走开，或一看到幼儿不动，就很热心地帮助幼儿摆弄起来。

教师施动的方式也因幼儿的不同而不同。幼儿自己能够玩出花样或能和同伴一起玩的，教师关注得多，经常询问幼儿在玩什么，怎样玩，表现出兴趣，有的甚至自娱自乐，忘记了自己教育者的身份，有的是为显示自己在参与幼儿活动；再者就是到能力差的幼儿那边询问想玩什么，并教他们玩；对调皮的多是指令，约束他们不乱跑；而乖乖的无声无息的幼儿经常无暇顾及。

教师施动时经常没有得到反馈，没有直接效果；幼儿主动来询问、求助的，老师作出反馈相对有效。此外，教师在区域活动中与幼儿产生互动的面非常窄，仅与班里的部分幼儿产生互动。

2. 幼儿施动特征分析

幼儿施动的内容最多的是展示作品和他们的操作结果，在这个过程中，教师一般能给予肯定，并提出进一步要求，而幼儿也感到满足并按教师的要求进一步完善作品，但教师的要求缺乏再探索性；教师也会出现应付式的反馈，如绘画的幼儿说“我画完了”，教师看也不看就说“放在那里”，甚至有的说“老师在思考问题，别来打扰”。

幼儿施动较多的还有求助，一般是需要增添材料和与同伴争抢同一种材料，教师一般会帮他们取材料，对于争吵的幼儿，教师会要求一方先让，或让他们一起玩，幼儿基本会按教师的意思进行。但有时教师也会让他们想办法解决，不过为数不多。

同伴之间互动的效果相对于教师与幼儿的互动好。他们在操作材料当中能够互相帮助，互相探讨，共同分享成功，如玩电子积木的，他们能够共同探讨电线的连接方法，探索电器的安装。

很多幼儿只专注于自己的操作材料，他们各自进行着不同层次的探索，不与教师或同伴产生任何的互动，他们从头到尾在摆弄材料，玩过一种，收拾起来再去玩另一种，不与任何人产生互动。

三、良好的师幼互动特征

有效的师幼互动是指教师给幼儿设置的环境、课程、生活、游戏等是幼儿感兴趣的，有意义的，有价值的，不是单纯的知识传递过程，是师幼之间有意识、积极的互动，对幼儿一生的生存、学习、发展起到直接的、积极的作用。用《儿童的一百种语言》一书中一句形象的比喻“接过孩子抛过来的球”来解释再恰当不过，教师与幼儿之间的交往就像抛接球，幼儿把球抛出去，教师把球接住，然后又要重抛还给幼儿或他人，这一过程就是教师与幼儿的互动过程。良好的师幼互动有利于稳定孩子的学习和生活秩序，有利于教师日常工作的开展，有利于促使幼儿良好个性的形成和发挥他们的主动性和创造性。很多学者从理论层面探讨了良好、理想的师幼互动所应具有的基本特征。

第一，非对象性。非对象性是指教师不是把儿童当作纯粹的客体来对待，而是将其视为有独立意愿、观点、情感需要的交往主体来看待。研究表明只有在非对象性的交往中，教师与儿童双方才能真正完整地认识、了解与理解对方。马丁·布伯指出人与人交往的两种形态，在“我—它”关系中，教师把儿童理解为认识、利用、改造的对象；而在“我—你”关系中，由于教师将儿童视为具有主体性的个体，而与之真诚、信任、宽容地理解与对话，因而师幼双方都是坦诚、敞亮、互不保留、开放的，这样教师才能真正走入儿童的内心世界去理解他们。

第二，开放性。开放性是指教师在师幼互动中要对儿童坦诚以待。研究指出，教师与儿童之间如果是“我—你”关系的话，那就说明教师可以无保留地倾诉给儿童（你）听，也可倾听儿童（你）对自己的诉说，教师对儿童是完全开放的。相反，如果教师与儿童之间是“我—它”关系的话，师生之间就是一种间接的、非面对面的关系。教师只是客观、冷静地观察和评述儿童（他），却不会把自身展示给儿童（他），即我对于他是封闭的。

第三，真诚性。师幼之间的交往是开放的，也必然意味着双方各自对对方是敞亮、真诚的。在这种真诚的交往活动中，“情感和情绪能自发地表现出来，它们并没有得到详尽的审查或者受到各种各样的胁迫；在这种关系中，深刻的体验——沮丧和欢欣——能被分享；在这种关系中，能冒险地采取新的行为方式，并且不断地加以提高。总而言之，在这种关系中，他能接近于被充分理解和充分接受的状态。”

第四，宽容性。积极的师幼互动应具有宽容性，它具体体现为：合理的交往是一种合作式的交往；参加交往的各方特别是教师放弃权威地位，采取相互平等的态度；在交往中不使民主流于形式，而真正做到民主；由于交往的参加者实际地位是不等的，因此必须相互取长补短和理智相处；逐步创造条件，使不带支配性的交往成为可能。同时，研究还指出，要实现良好、理想的师幼互动并非易事，“教师也会去试着了解儿童，但其目的不是为了与儿童建立和谐的民主交往关系，而是为控制儿童，儿童是一块特殊的橡皮泥，要捏成需要的形状还是需要一点策略的”。

下面节选了一位教师的观察与反思日记，它体现了良好的师幼互动的特征。让我们看到了教师和幼儿之间的互相关爱、互相学习、互相支持。

案例一：温暖型的师幼互动关系

1. 地点：午睡房　时间：12:25

午睡时间到了，我们两位老师正一个一个地帮孩子们脱衣服、盖被子。突然，传来一阵哭声，原来是这学期新来的辉辉小朋友哭了起来。我连忙走过去，一把抱起他，关切地问：“怎么啦？哭什么呀？”“我要妈妈。我要回家！”辉辉看到老师过来，哭得更响了，小肩膀不停地抖动着。我一边帮辉辉擦眼泪，一边拍着摇晃着他：“别哭，你现在睡在老师的臂弯里，多像睡在妈妈的身上，老师像妈妈一样喜欢你！

好，别哭了！老师抱着你摇小船吧！”辉辉的哭声明显低了下来，眼睛巴巴地盯着老师。我哼着：“摇呀摇，摇呀摇，我的宝宝要睡觉……”哭声渐渐停止了！

2. 地点：活动室 时间：来园时

早晨，到校。我匆匆搞完了班里的卫生，又忙着去准备上课用的教具。这时，我发现班上有名的小调皮——逸逸，一直跟在后面，明亮的小眼睛一直盯着我。我随便叫了他一声：“逸逸，快去跟小朋友一起玩。”便又忙乎起来。忙完了看看表，离上课还有一会，便转身把教具放好。一回头，逸逸还站在我的身后，我很奇怪，就蹲下去问他：“逸逸，你今天怎么不跟小朋友一起去玩呢？是不是哪儿不舒服？”

他笑着摇摇头：“老师，您忙完了吗？”

“嘿”我不解地回答道。

他笑着跑开了，我莫名其妙地看着他：这孩子，今天是怎么啦？

我看着他跑到桌子边，小心地搬来一张凳子，对我说：“老师，请坐！”我还是不解地看着他。

“老师，今天是您的节日——教师节呀，您已经干了好一会儿了，一定很累了吧。”说着他就伸出小手拉我坐下，那神情，分明是一个懂事的大孩子在关心着妈妈。

我用力拉住他的手，说了两声：“谢谢！谢谢！”然而眼眶分明已有些湿润……

在观察过程中，我深刻体会到教师给予孩子的拳拳爱心是一名幼儿教师最基本也是最重要的品质，对此，孩子们会以天真质朴的童心回报。

案例二：平等型的师幼互动关系

一提到老师和孩子，无形中人们会跳出这样一个概念：老师是权威，孩子是小绵羊，是绝对的服从者。但是，这种师幼关系是消极的，是不能促进孩子活泼、健康地成长的。所以，我们呼唤的是平等型的师幼关系，让老师蹲下来和孩子说话，用平视的眼光去看待孩子，让孩子在平等的环境中充分张扬自己的个性。

教学片段

今天的活动内容是认识国旗、国歌。由于在课前做了准备，活动室内的气氛渲染得很好，在活动的开始部分中，随着昂扬的国歌声，两名护旗手在磁性板的一边徐徐升起国旗，全班幼儿肃立，行注目礼。幼儿受到了很好的爱国主义教育。接下来讨论红旗的由来时，辰辰小朋友站起来问：“老师，我们中国的国旗是这样的，那其他的国家的国旗是怎样的？”我一下子被问倒了，虽然我了解一些外国的国旗，但手边却没有这样的资料。辰辰小朋友这么一问，其他小朋友的注意力一下子集中到这个问题上来。我马上表扬辰辰小朋友问题提得好，一方面示意配班的沈老师找这方面的资料，一方面请小朋友讲讲你看到过哪些外国的国旗？是在哪些地方看到的？这下，小朋友们发言可热烈了，纷纷各抒己见。小朋友们比较熟悉美国的国旗、英国的国旗，其他的国旗知之甚少。小朋友热烈地讨论后，沈老师资料也找好了。于是，我用实物投影仪把外国的国旗展示出来，小朋友们认真地观看着，和我一起讲述各国国旗所代表的意义，有不懂的我们又一起借助书籍来帮忙。这一次活动，使我真切感受到新世纪的教师必须要用一颗平等的心去看待孩子，让孩子在宽松、愉快的活动氛围中充分地、主动地与老师合作交往。而我们老师呢，也要放下架子，不懂的地方就和孩子一起学习，这样的教学活动才是有效和有益的。

案例三：参与型的师幼互动关系

孩子的学习过程就如他们的走路过程，假如老师一直抱着他不让他下地，那他是无论如何也学不会走路的。只有老师大胆地放下孩子，勇敢地引领着他，让他自己探索、实践，那他才会慢慢地学会走路。

连续几天下雨，我们幼儿园的门厅里有些积水。张蕴修一大早就喊着跑过来告诉老师她发现了许多蜗牛。早来的孩子也跑出去看了，小小的蜗牛正在门厅的一角上爬着呢！真可爱！“老师，我们把蜗牛放在我们教室的盒子里吧！”“对，老师，外面在下雨，这儿又有水，蜗牛要淋坏感冒的。”多么富有爱心的孩子呀！于是小朋友找来了盒子把它们带回了教室。“小蜗牛吃什么呀？喝什么呀？”孩子对蜗牛的食物担心起来，他们决定明天带些东西来喂养。第二天，有的带来了面包，有的带来了玉米，有的带来了香蕉……大家都要喂给蜗牛吃。看着孩子们带来的食物，我没有直接告诉孩子带得是否对。而让孩子去试一试。“老师，它们怎么不吃呀？是没牙齿吗？”“肯定是它们不喜欢这些东西。”孩子们发起了议论。我趁热打铁，说：“那你们动脑想想，它爱吃些什么呢？”“哦，可能是草吧，它们喜欢在草地上的。”“我在菜叶上也看见过，它们肯定喜欢吃菜叶。”看着孩子们争论不休的样子，我为孩子有着可贵的探究精神笑了！

幼儿对蜗牛的好奇心越来越大。午睡起床后，吴韵娇喊起来：“老师，盒子里的蜗牛不见了。”这下幼儿们可急了。有的说：“肯定是被人拿走了。”“我知道是张黄煜拿的，他一直在教室里。”“不是我，不是我，我没有！”张黄煜急得要哭了。我先稳定小朋友的情绪，然后说：“别急，可能是蜗牛贪玩出去了，我们去找找吧！”吴辰辉说：“你们看，这儿有一条白线，这是蜗牛留下的足迹。我知道蜗牛会画画的。”“好，那我们找找看。”我在一旁补充说明一下。顺着白线果真在卫生间的角落里找到了蜗牛，小朋友很高兴，看着孩子成功后的喜悦，我的心里比他们还要甜。

第三节 师幼互动的重要影响因素

一、儿童自身特征

影响师幼互动的第一个重要因素是幼儿自身所具有的特征，涉及幼儿的气质倾向、行为特征与幼儿早期的人际关系经历等多个方面。就幼儿气质倾向与行为特征层面来看，费恩、格利博蒂、博尼(1993)的研究结果表明，幼儿气质内向或是外向直接关系着他们和教师进行互动的情况。开朗、外向且行为积极的幼儿受到教师关注与反馈的机会最多，而比较内向、不爱表现的孩子得到的关注、反馈最少。博非·古德认为班级中与教师关系亲近的幼儿，多是积极追随教师的思路、成绩优异、能够控制自己行为、遵守班级规则的孩子；教师表示格外关心的是那些独立性差或必须经常对他们指出错误的孩子；行为被动、不愿意多接触教师的孩子则会导致教师对他们的漠不关心；过度活跃、经常出现纪律问题的幼儿多在师幼互动中处于被拒绝的消极状态。在所有早期的人际关系经历中，幼儿与父母之间形成的亲子关系状况是师幼关系的基础。艾里克森、潘恩塔(1989)指出，幼儿尤其是低龄的幼儿，指向教师的行为模式、对教师的信任程度与情感亲疏程度几乎就是既定的幼儿与父母互动的翻版。在进入幼儿园前，幼儿与父母之间的情感依恋情况，关系着他们与教师进行互动过程中所表现出的自我价值感与行为动机，并间接影响着幼儿的学习与环境适应能力。斯若弗(1989)认为除了亲子关系以外，幼儿在托儿所中与养护者之间形成的关系与互动经历也是师幼关系的一个潜在决定因素。汉弥尔顿与豪斯(1992)在对有入托经历幼儿的回溯性考察中证实，幼儿在幼儿园中的师幼关系特征与他们在托儿所中的师幼关系特征有很高的一致性。

二、教师自身特征

师幼互动还受教师自身的特征、师幼互动行为的外部特征与师幼互动行为所处环境因素的影响。卡根和史密斯(1988)通过研究得出结论：奉行以“儿童为中心”教育观念的教师比奉行“以教师为中心”教育观念的教师与单个幼儿或小组幼儿进行互动的时间更长、频次更多，对幼儿的行为更为敏感，反馈更为及时，他们与幼儿间形成的师幼关系也相对亲密。豪斯、怀特、菲利浦斯(1992)的研究表明：幼儿教师所受的教育水平也与他们对幼儿的态度有一定关联。教育水平高的教师，相对来说对孩子更细心、亲近一些,受教育水平低的教师则可能较为粗心,对孩子比较疏远。而郝忆(1996)的研究则认为受教育水平并不是显著影响师幼关系的因素,教师特征中对师幼关系状况有重大影响的是教师的反省能力,如果教师能时时考虑到幼儿园内发生的每件事情对于幼儿发展的意义,那么教师就会对幼儿采取积极的支持性行为,就会与幼儿形成和谐的师幼关系,反之则不然。

三、家庭因素

当今,我国的幼儿多是独生子女,备受父母、长辈宠爱,他们长期生活在父母无微不至的关爱与照顾的氛围之中,因此,在幼儿园的生活活动中,他们有严重的依赖心理和恋亲情结,这使他们在幼儿园生活活动中只会消极被动地向老师发起求助式、求慰式等互动,并期盼老师多向其发起帮助式、抚慰式、赞赏式互动,这必然影响积极有效师幼互动关系的形成。

四、环境及其他因素

国外学者主要从幼儿园班级的规模、教师和幼儿的比例、师幼互动频次与互动时间等方面展开研究。豪斯、菲利浦斯、怀特布克(1992)的研究表明:教师与幼儿人数的比率越低,班级规模越小,教师与幼儿间形成安全依赖的可能性越大。此外,教师的稳定性也是影响师幼关系的因素,豪斯和汉弥尔顿(1992)对 4 岁幼儿的研究发现,在 1～4 岁经常更换教师的班级中侵犯性强的幼儿比例高,师幼关系不和谐的比例也相对较高。

格林斯基、豪斯(1994)认为:高频率的积极的师幼互动本身就是师幼之间安全依恋关系的典型标志。一个幼儿与教师互动的时间总量影响着师幼互动的质量,并进而影响师幼关系的性质。克诺托斯、维尔考克斯、赫扎格(1996)对教师与幼儿的空间距离与他们发生互动行为的持续时间进行了探讨,结果表明:空间距离并不与师幼互动行为的发生存有必然性联系,即便教师与幼儿的间距不足 3 英尺,他们彼此互动行为持续的时间也只占班内教师与全体幼儿个别互动时间总量的 18%,这意味着影响师幼互动的因素不在于时空条件如何,而在于教师与幼儿的行为本身。

第四节　师幼互动的现状和有效师幼互动的构建

一、师幼互动中存在的问题

通过研究者的观察和分析，在幼儿园的日常生活中，幼儿园教育往往重结果、轻过程、流于形式，目前师幼互动主要存在以下几方面的问题。

(一) 教师的素质影响师幼互动的质量

教师的儿童观、教育观、学历层次与受教育水平以及教师对教育现象的反省与应变能力等都对师幼互动有重大影响。在互动性质、反馈、内容等方面表现出的一般特征，在很大程度上说明了教师素质、观念对师幼互动的影响，也是其他因素无法替代的。在活动中对幼儿抛过来的互动信号不能巧妙应答，缺乏教育机智；教师表现出对幼儿互动行为的轻易否定、低敏感性以及对幼儿话语权的漠视等，都表明教师素质以及观念的不良影响。研究表明，教师发起的互动行为中，总体以不带鲜明色彩的中性行为为主，抑制幼儿表现出的负面行为，对幼儿个性的发展产生消极影响，大大降低了师幼互动的质量。优秀的教师能对幼儿的互动行为保持高度关注，并给予积极回应，注重对幼儿的肯定，且适时参与到幼儿的活动中，有效牵引师幼互动良性循环过程。

例如，在一次晨间活动中，很多孩子都在自然角上议论着，他们发现丝瓜秧趴在地上不起来，不像小辣椒站得直直的，孩子们对此很奇怪，也提出了自己的见解，有的说是丝瓜太累了，有的说是丝瓜老了、驼背了。看到孩子们对此如此感兴趣，老师及时捕捉这一信息，在孩子们的兴趣点上提出了“为什么小辣椒站得直直的，而丝瓜秧趴在地上不起来了呢?”然后让孩子去观察它们的茎有什么不一样，我们用什么办法使丝瓜秧站起来。让孩子们从家里带来各种材料，并尝试用哪种材料最好，碰到了困难怎样去咨询有经验的老伯。在本次活动中，教师利用自然角投放的材料，将教学目标和内容转化为幼儿的内在需要，激发幼儿探究兴趣与强烈的学习动机。幼儿的探究应基于原有经验，又有一定挑战性。当幼儿的认知产生冲突时，教师要适时地引导。这说明了教师素质、观念对师幼互动的影响是其他因素无法替代的。

（二）班级人数太多，很难面向全体

在我国现有的教育条件下，幼儿多、幼儿园少，班额大大超编，一个老师带着四五十个幼儿开展活动，教师既要忙于完成教学内容，又要顾及良好的课堂教学秩序及安全，还要考虑到幼儿在活动中的反馈，往往应接不暇、顾此失彼，幼儿个体与教师的交流很少，很难做到面向全体，真正能进行师幼互动的次数和人数都不多。当老师提出一个问题时，一些能力强的幼儿抢先回答了，能力弱的其他幼儿失去思考和解答的机会，很难被老师关注，更谈不上有效的师幼互动了。

（三）师幼互动具有非对称性、幼儿主体地位缺失

在师幼互动中，教师与幼儿都是互动行为的主体，在互动行为的发起和行为的反馈方面都应具有主动权。但是在现实的教育活动中，师幼互动由教师主动发起的比例要高于幼儿主动发起，教师更多处于主动者地位，控制着互动行为的发起和互动过程，左右着幼儿的行为。而幼儿则多处于被动者的地位，听任教师对他们行为的支配。幼儿服从、依赖着教师，教师与幼儿的互动行为模式以两者之间彼此角色地位不在同一个水平面上的倾斜性的互动为主。这反映了幼儿在互动过程中的被动地位，也表明了师幼互动的非对称性。这种非对称性在教育活动中表现得尤为突出，教师对规则的过多关注，在很大程度上加重了师幼互动的非对称性，过多规则窒息了幼儿的主动性和自发的创造性，那种以高度控制、高度服从为主导行为特征的互动，在一定程度上剥夺了幼儿社会心理需要的满足。

（四）不同场景中的师幼互动具有不平衡性

在幼儿园日常生活各环节中，分成集体活动、游戏活动和生活活动。一些教师认为集体活动相对来说是“正规”的教育活动，更注重与幼儿在集体活动中的互动，集体活动中师幼之间回答、配合机会较多，故互动频次高。而在生活活动中，幼儿表现出不少问题或违规行为，如追打、玩水、吃饭说话、不睡觉等，教师往往为安全、常规教育等原因与幼儿发生互动，频次也较多。在游戏环节中，幼儿的自主性更强些，自由度也较多，表现出的互动较少，以与个体互动为主。

（五）师幼互动存在着较大差异性

1. 教师与幼儿互动对象的差异性

活泼开朗、行为积极的幼儿受到教师关注的机会较多，而比较内向、不爱表现的幼儿容易被教师忽视；教师对聪明、可爱、遵守班规、积极追随教师思路的孩子表现出亲近感，而对于过度活跃，经常出现违纪行为的幼儿常表现出不满，这些幼儿

在师幼互动中往往处于被拒绝的状态。

2. 教师与幼儿在互动方式和内容上的差异性

对不同年龄的幼儿,教师会采取不同的互动方式。如对小班幼儿,教师实施的正向情感行为多于大班幼儿。而对大班,实施负面行为要多于小班幼儿。年龄小的幼儿更容易获得教师带有亲切、友好、情感特征的互动行为,而对大班幼儿则要求更高。在小班有更多的以抚慰情绪为主的师幼互动,而大班则发起以发表见解为主的互动行为,寻求关注和安慰为主的互动行为少于小班幼儿。

二、积极构建有效的师幼互动

根据目前幼儿园师幼互动存在的问题,我们应该在平等、尊重和合作的基础上,建立师幼间互为主体的关系,注重学习过程,注重生成,注重互动,注重合作,使教师的教育机智和幼儿的主动建构相辅相成,协同发展,共同促进幼儿的发展,可以从以下几个方面入手。

(一)提高教师素质,正确认识教师角色

教师的儿童观、教育观、学历层次、对教育的敏感性等对师幼互动有重要的影响。教师只有对自己角色正确定位,才能在实际教学过程中更好地关注幼儿,所以教师要树立正确的人生观、教育观、儿童观,不断学习理论知识,并与实践相结合,转变教育观念,为实施有效的师幼互动打下基础。此外,师幼互动的非对称性决定了教师权威的客观必然性,我们不能忽略和否定教师的"权威",但我们更要正确认识和把握教师的权威及其限度,要摆好角色定位。教师要从领导者、组织者转变为幼儿的支持者、合作者和引领者,"蹲下来与幼儿说话",具体而言,在师幼互动中,教师担任了哪些角色呢?

1. 教师是良好师幼互动环境的创造者

幼儿园的环境由内部环境和外部环境组成。内部环境对良好师幼关系的形成极为重要。内部环境重在情感因素方面,宽松和谐的气氛是幼儿积极思维的良好环境。在《幼儿园指导纲要》中,有多处涉及自由宽松的环境与氛围的建立,如:"在活动中,教师的态度和管理方式应有助于幼儿形成安全、温馨的心理环境","建立良好的师幼、同伴关系,让幼儿在集体生活中感到温暖,心情愉快","发展幼儿语言的关键是创设一个使他们想说、敢说、喜欢说、有机会说,并能得到积极应答的环境……"。这里更多指向的是心理环境。宽松、安全、愉快的心理环境是师幼互动的前提,教师更要重视与幼儿之间的情感交流,根据不同情况采取相应的情感交流方式。如当幼儿获得成功时,给予他适时适当的肯定,当幼儿遇到困难时,给予耐心

的引导。多与幼儿积极、平等地交流与互动，多鼓励、赏识幼儿发起的互动行为，这些会让幼儿觉得老师很在意自己，有利于师幼之间情感交流。

师幼感情融洽，幼儿思维活跃，才能爆发出有效思维的火花。教师在教育过程中应始终保持饱满、振奋的情绪状态，充分运用语言、语调、表情，采用抑扬顿挫，妙趣横生的语言，配以亲切的微笑，激励的目光努力创造愉悦的学习环境。优秀的幼儿老师一般与幼儿的关系融洽，原因之一是教师本人有良好的敬业精神和良好的师德，热爱并尊重幼儿；原因之二是教师本人的业务教学水平，受到幼儿的敬佩，幼儿能理解该老师的指令、解释和要求。前苏联著名的教育家苏霍姆林斯基曾指出："热爱自己学科的老师，他的学生也充满着热爱知识、科学的感情。"教师向幼儿传授各种知识、技能及获取知识技能的方法和能力的同时，还应将自己对教学的深入探索、执着追求的精神、热忱和感受，随着教育内容一起带给幼儿，以拨动、引导、激起幼儿情感上的共鸣。进一步陶冶幼儿的性情，对幼儿的一生都具有深远影响。

因此，教师应不断提高自己的教学能力和科研能力，刻苦钻研业务，不断学习思考，拓宽知识面，使自己日臻完善；同时在教学中要善于用自己的热情激发幼儿的学习激情，调动幼儿的求知欲望，积极主动地引导、启发，从而使师幼间形成高度的默契与和谐，形成良好的活动气氛，促成师幼情感交融，优化教育活动的效果。此外，老师还应重视在活动外增加对幼儿的情感投入，特别对一些胆小的孩子，要让他们时刻体验到老师的关怀和鼓励，使幼儿获得情感支持。有些幼儿年龄较小，对成人的依恋很强，处处想得到老师母亲般的关心和照顾，如果老师能重视孩子的需求，必然有利于幼儿心理和行为的发展。

在物质环境方面，教师在空间环境布置上力求合理，平时可采用马蹄形和半圆形的空间设置，有利于师幼之间进行情感交流和身体上的接触。如果教师与幼儿之间隔着桌子、椅子等障碍物，将不利于幼儿与教师的互动。教师与幼儿之间空间缩短，更有利于教师眼神、体态与幼儿进行有效的沟通与交流，尤其是一些表演性活动，让幼儿体验交往的快乐。

针对当前幼儿园班级规模过大，教师在集体活动中很难关注到每个幼儿，很难与每个幼儿开展有效互动的现状，教师可结合教育活动的实际情况进行分组活动。幼儿人数少了，无关刺激就相对减少，教师可以充分关注到每一个幼儿，捕捉到每组幼儿的特点，及时调整教育方案，在反思和实践中提高活动质量。

2. 教师是良好师幼互动机会的提供者

教师可以在幼儿在园一日生活的不同场景和时机发起互动。教师可以利用生活活动的练习，帮助幼儿了解什么是文明的行为，帮助幼儿获得积极的情绪体验，从而使他对生活充满信心，为他们形成积极的人生态度奠定良好的基础。生活活动中有许多具体要求对幼儿来说比较抽象，许多孩子对正确的交往方式不明确，就可以设计一些针对性的活动，结合日常生活内容，帮助幼儿学会使用正确的交往姿态，正确的交往语言，养成良好的礼仪习惯，并逐步学会自我照顾。大班在帮助幼儿掌握与人说话正确方式时选择了诗歌“老师的眼睛”，让幼儿从喜欢看老师的眼睛到喜欢看同伴的眼睛，最后愿意看其他人的眼睛，从而渐渐养成看着别人的眼睛说话的习惯。但让幼儿看老师眼睛时，老师的眼神里要充满鼓励与欣赏的神情，给幼儿想看、敢看、喜欢看的积极愿望。中班幼儿与大班幼儿有差距，许多正确的交往方式形成仅靠老师的语言正面强化是不行的，还要与具体动作结合起来，在操作中掌握。例如，在学习递交物品的正确方法时，教师可以提供大头针、小剪刀、图钉、折纸、花束等，让幼儿两人一组、自由摆弄。在观察基础上，教师正面示范，再让幼儿相互操作、相互纠正。在不断练习中，幼儿自然、愉快地掌握了递交物品的方法。在这个过程中老师的正面示范是不可缺少的，可以给幼儿的行为提供良好的榜样。

在身体活动中，大部分动作是幼儿每天的生活中要大量用到的，教师提供给幼儿规范的动作要领，贯穿于幼儿日常生活各个环节，同时将身体韵律结合进去，让幼儿在身心畅快的气氛中感受活动本身带来的乐趣，让幼儿自然地、轻松地掌握不同动作要求，而不是简单地要求幼儿如何达到老师为他制定的目标。

在手工活动中，可以选择以激发幼儿兴趣为主要目的，切实可行并且幼儿经过操作可以达到的练习方式，帮助幼儿循序渐进地掌握。例如，中班在“倒”的活动中，教师为幼儿提供有准备的环境，包括赤豆、玉米，不同的容器，各种颜色的水，不同刻度的瓶子，每位幼儿一套操作工具。具体要求是将提供的赤豆、玉米倒入不同的容器，不洒在桌上；不同颜色水倒入玻璃瓶指定的刻度。整个活动都是幼儿自主操作，幼儿很有兴趣，孩子们将赤豆、玉米倒入不同的容器，形成音量不同的“音筒”；将不同颜色水倒入玻璃瓶内，组成音量不同的“琴瓶”，可以自由演奏。整个活动中，教师准备充分，活动中幼儿自主探索，不仅训练了幼儿动作的协调性，而且培养了幼儿的独立性、专注性，让幼儿体验到成功的快乐。例如，大班进行的“缝”的系列活动中，教师要提供充足的材料，帮助幼儿学会穿针引线和打结—按形状进行点线缝—缝纽扣—缝娃娃的小衣服，利用循序渐进的活动，锻炼幼儿小肌肉动作，培养了幼儿自制力、注意力的发展。当注意力分散时，教师就可以反复提醒，经过这些活动，许多孩子动作协调性就会更强，对活动的兴趣增加，也变得更自信了。

3. 教师是幼儿发展的支持者、帮助者、指导者和促进者

教师不是说教者，不应把工作重点只放在备课、准备教具的工作上。教师大部分时间需要放在观察、反思每个幼儿身上，从而洞悉幼儿活动及行为背后的意义。也就是说教师要成为幼儿学习活动的支持者、合作者、引导者，这样必须有充足的时间进行观察和反思个体心理、生理差异，并为个体设定针对性发展计划。也就是说，要求老师随时掌握班内每个幼儿领域目标的发展阶段，洞悉背后的原因，并设定相关发展计划。每个幼儿的身心发展特点都是各不相同的，我们不能用别人的长处比孩子的短处；也不要因为某方面的欠缺来全面否定其他方面的发展；更不能照搬其他幼儿成功的个案来对幼儿进行不适宜的盲目教育，要怀着等待的心态引导孩子以他自己的速度成长。一般而言，由幼儿发起的互动多是请求或征询、展示、汇报、寻求帮助和指导等，教师要引导幼儿发表个人见解，和教师共同游戏，表述客观现象，提问和主动替教师做事等。在幼儿园里，值日生是轮流的，教师除了指定每星期的值日生外，可以让孩子发表自己对值日生的认识，选出本周的值日生，没有轮到做值日生的幼儿要鼓励他主动帮助老师做力所能及的事。如地上有纸屑及时捡起送入垃圾桶；玩具乱了主动收拾其回原位；早晨来早了开门窗等。教师对幼儿发起的各种互动信号敏感，就能直接影响幼儿在互动中主体作用的进一步发挥。如听见幼儿叫老师，尽管老师有事或正在进行集体教育活动，也要热情地对待幼儿。而由教师发起的互动内容多是要求、指令或提醒、纪律约束、询问、生活照顾和指导帮助，教师也要注重安慰、抚慰、与幼儿共同游戏或交流、解决矛盾和让幼儿帮助做事。

教师只有对自己的角色进行如此定位，才可能在实际中更多地关注幼儿的实际情况和主体发展，关注幼儿的情感需要，而不是局限于约束纪律和简单地传授知识。同时，教师对幼儿的作用和影响只有通过幼儿主体的积极参与和反应才可能真正地对幼儿发展产生积极作用。

（二）宽容幼儿的过失

在活动中，由于受认知水平制约，幼儿往往有这样或那样的过失行为，对于幼儿的过失，教师要学会宽容与理解，紧张的氛围会抑制幼儿尝试和探究的欲望。例如，在一次给自然角小苗苗浇水时，不小心把水洒在地上，老师这时不是过去责怪他，而是让他想想为什么水会洒到外面，想想怎样才能不把水洒到地上。幼儿通过各种尝试最后找到了用小医院的针筒来解决这个问题，找到答案后，与其他幼儿交流自己的发现，体验成功的喜悦。如果幼儿把水洒在地上时，教师不是以宽容心对待孩子的过失，就不可能引发后面的探索和尝试。所以，教师不是将预先组织的知识简单地传递给幼儿，而应该成为幼儿有意义学习的帮助者、促进者和共同学习者。

（三）关注幼儿，适时引导

师幼双方特别是教师在师幼互动中保持关注是构建积极互动的必要条件，是师幼互动得以进行的前提和基础，也是幼儿产生被支持感和责任感的基本条件。

关注不仅指对幼儿日常生活的关注，也有对幼儿突发行为和反应的关注，但是仅有关注还不能保证师幼互动积极有效，还需在关注的基础上适时引导。在实践中，简单地认为互动就是解放孩子，对于幼儿在活动中的表现从不干预，让他们自由发展是不可取的，这样在活动后往往收效甚微。实际上幼儿的活动需要教师的指引，在师幼互动中，教师绝不是简单的管理者、指挥者和裁决者，而是良好师幼互动环境创造者，幼儿的支持者、帮助者、指导者和促进者。例如在区角活动时，孩子对表演区角的材料来源产生兴趣，想办一个服饰加工厂，教师及时捕捉幼儿所发出的信息，关注幼儿，与他们交流怎样置办加工厂。幼儿在教师的支持、参与、引导下，活动更为积极，不断生成新的主题。

（四）建立和谐、民主、平等、对话的师幼关系

教师和幼儿虽然角色不同，但在人格上是平等的。孩子来自不同的家庭，有不同的特点，有的聪明伶俐，有的调皮捣蛋，有的性格活泼，有的郁郁寡欢，教师应该认识到这些差异是正常的，并且重视和尊重幼儿的这种差异。无论幼儿的个性特点如何，教师都应该民主、平等地对待每个幼儿，关爱、亲近他们，给予幼儿表现自己的机会，发现幼儿的进步，欣赏幼儿的成功。在这种民主平等的师幼关系中，幼儿的潜能将得到最大限度的发挥，幼儿的思想和情感将得到最好的表达。一位教师曾经对大班幼儿进行这样的访谈："你最喜欢老师对你做什么?"和"你最不喜欢老师对你做什么?"其中有近三分之一的幼儿提到：不喜欢老师对自己的忽视。具体表现为：有活动总是请别人参加，不请自己。在师幼互动中，有的老师遇事总是请班上几个能干出众的幼儿，给其他幼儿造成不公正的印象：老师又请他(她)? 而这些幼儿在完成老师交给他们任务的同时，目的并不明确。因此，老师对他们的爱，给他们的机会变成了这些幼儿的一种特权，进一步加深了这种不公正。关爱是重要的，但偏爱是不可取的，教育的公正性就在于给每个孩子同等的教育机会，同等的发展机会。

小故事

四岁的晨晨和阳阳在同一个班上，由于他们俩是邻居，因此两个孩子的关系显得比别人更亲近些。晨晨的性格外向、活泼，一双大眼睛，虎头虎脑的，特别招人喜欢。而阳阳呢，虽然很聪明，但由于体弱，性格显得比较内向，平时也没有太多言语。有一天，阳阳回家问妈妈："妈妈，什么叫小可爱?"妈妈说："小可爱是说小孩子很讨人喜欢。"阳阳想了想说："妈妈，我是不是小可爱?"妈妈说："当然是了，小孩子都是很可爱的。"阳阳说："那为什么陆老师总叫晨晨小可爱，而只叫我的名字呢?"阳阳妈妈一时无语。看来老师一声亲切的称呼，已使孩子感受到自己在老师心目中的地位是有差别的。我们不要惊讶孩子的这种感受，因为他们的心是敏感的。

成人在实现自我价值时强调的是公平竞争的原则。孩子作为一个社会的人，一个具有独立人格的人，也享有获得老师公平的、公正的爱的权利。

在师幼互动过程中，教师作为幼儿行为建构的合作伙伴，应该平等、真诚地与幼儿交往，教师不再告诉幼儿怎么做，而始终以支持者、合作者出现在活动中，观察、了解幼儿，与他们交流合作，平等对话，及时捕捉信息，鼓励幼儿大胆质疑，并及时作出应答，接纳他们不同的观点与“过失”，倾听他们的声音。教师以伙伴、参与者的身份介入整个活动，通过“放”、“推”、“引”，帮助幼儿主动发现，自主建构。

对话就是创造，就是生成。哪里有真正的对话，哪里就有创造。师幼对话的过程是知识建构、能力发展、情感交流、思想碰撞、个性张扬和精神交往的过程。师幼双方均应拥有自己的话语权，教师必须尊重幼儿的话语权，倾听并尝试理解、接纳儿童的语言。在这一过程中，高质量的师幼互动得以形成，师幼共同发展得以实现。

总之，师幼互动过程是一个动态的过程，在此过程中，教师和幼儿相互作用，相互影响。教师要用宽松、开放的心态，真诚地与幼儿交往，适时地鼓励和支持幼儿，捕捉教育的契机，运用自己的机智、策略与幼儿进行有效互动。幼儿在学习过程中，也不是简单被动地接受信息，而是主动地建构意义，根据自己的经验，主动对外部信息进行选择、加工和处理，从而获得知识的意义，促进行为的建构。

本章小结

师幼互动是幼儿人际交往的重要部分。师幼互动是教师和幼儿之间的信息和情感的双向交流过程，是教师与幼儿之间的一种互动关系。师幼互动对幼儿和教师都具有重要意义和价值。采用不同的分类标准可以对师幼互动类型进行划分，根据情感关系，可以将师幼关系分为温暖型、参与型、支持型、冲突型和控制型这五种类型。师幼互动是一种非对称相倚性互动。有效的师幼互动是指教师给幼儿设置的环境、课程、生活、游戏等是幼儿感兴趣的，有意义的，有价值的，不是单纯的知识传递过程，是师幼之间有意识、积极的互动，对幼儿一生的生存、学习、发展起到直接的、积极的作用。良好的师幼互动特征包括交往的非对象性、开放性、真诚性和宽容性。影响师幼互动的因素很多，最为重要的是幼儿和教师自身的特征。当前，幼儿园师幼互动存在较多问题，我们应在师幼平等、尊重和合作的基础上，使教师的教育机智和幼儿的主动建构相辅相成，协同发展，共同促进良好师幼关系的发展。

思考题

1. 试述师幼互动的内涵与意义。
2. 试述师幼互动的类型。
3. 试述师幼互动内容的总体特征。
4. 试述良好的师幼互动特征。
5. 试述师幼关系的重要影响因素。
6. 试述师幼互动中存在的问题。
7. 如何构建有效的师幼互动？

第六章　学前儿童社会教育活动的设计与实施

学前儿童社会教育活动的设计与实施，有助于学前儿童社会领域教育目标的最终实现。根据《幼儿园教育指导纲要》关于社会领域教育目标、内容和要求，以及社会教育活动的指导要点，学前儿童社会教育活动主要包括自我认识系统、社会交往系统和社会规范系统等方面的内容。因此，幼儿园社会教育活动的设计与实施可以具体分为儿童自我教育活动、人际交往教育活动、社会环境和社会规范认知活动和多元文化教育活动。

第一节　学前儿童社会教育活动设计的原则和程序

学前儿童社会教育活动在实施前的设计是关系到活动能否取得成功的关键环节。教师在设计学前儿童社会教育活动时，必须考虑《纲要》对社会领域教育提出的要求和建议，考虑学前儿童自身的年龄特点和发展水平，这就需要遵循一定的原则和程序，这样才能保证学前儿童在活动中能够处于“积极主动”的主体地位，使其社会性获得真正的发展。

一、学前儿童社会教育活动设计的原则

学前儿童社会教育活动的设计，需要遵循以下五条原则：

（一）目标性原则

学前儿童社会教育活动设计的目标性原则有两方面的含义：其一是指社会教育活动的设计要符合《纲要》等文件对幼儿园社会领域教育提出的要求；其二是指幼儿园每次举行的社会领域教育活动必须有明确而具体的目标。活动所选取的教学内容、采用的方法、教学的组织方式以及活动评价标准等都是以目标为根据的。

因此，活动设计者首先要做到“心中有目标”，也就是说，要熟练掌握《纲要》中提出的社会领域的教育目标；其次要做到“处处体现目标”，也就是说，要树立强烈的目标意识，在组织活动时紧紧围绕目标来选择教育内容，确定教育方法，实施教育过程，并对教育活动进行评价。就具体的教育活动目标而言，目标的表述要具体、明确，目标的设计要具有较强的可操作性和可检测性。

（二）针对性原则

针对性原则主要是对学前儿童社会领域活动设计的内容而言的，也有两方面的含义：一是教育活动的设计要针对社会领域教育的内容；二是要针对学前儿童的实际情况。幼儿园社会领域教育的内容丰富，涉及面广，包括学前儿童自我教育、人际交往、社会环境与社会规范以及多元文化等各个方面。因此，教育在设计社会领域活动时，要针对具体的内容来设计。否则，社会领域教育目标就难以实现，同时也可能喧宾夺主，干扰其他领域教育目标的实现。比如，中班的社会认知活动——《有用的标志》，设计的重点是认识日常生活中常见的标志，了解他们的名称、用途或功能等，并且让学前儿童帮助班级和幼儿园设计一些有用的标记，如交通指示、物品摆放等。而对于标志的具体制作，则较为弱化。这样就突出了社会领域教育内容的特色，既加强了学前儿童对幼儿园的认知，也培养了学前儿童的主人意识。

学前儿童社会领域教育活动的设计还要针对学前儿童社会性发展的实际水平、年龄特点以及所处于的社会环境等。设计者在设计活动之前要充分考虑本班儿童的生活环境、地域特色、社会性发展现状以及个体差异等，有针对性地确定活动目标及活动内容，而不是照本宣科。例如，不管是城市还是农村，幼儿园都可以开展“多种多样的交通工具”这一活动，但是在选择教育内容时需要根据地域的差异而有所侧重。例如，农村的学前儿童对地铁、磁悬浮列车、动机组列车、城市观光游览车等可能一无所知，而城市的学前儿童对拖拉机、平板车甚至毛驴车等非常陌生。再如，同样是环境保护方面的教育内容，在小班，可以结合日常生活，引导学前儿童把垃圾扔入垃圾箱，养成好的习惯；而在大班需要组织学前儿童讨论“为什么要保护环境?”、“为什么要保持水域空气的清洁?”、“大海对鱼来说重要吗？如果大海很脏的话鱼会怎么样？对我们人类的生活又有什么影响?”等问题，引导学前儿童逐渐了解各种事物之间的联系，知道为什么要保护环境。

（三）活动性原则

所谓活动性原则，是指在设计社会领域教育活动时要注重“实践”，尽量鼓舞学前儿童动手操作，如引导学前儿童积极地与人交往、动手、体验、观察、思考、表现，主动发展社会性。活动是学前儿童心理发展的基础和源泉，这也就要求教师在开展社会教育活动时，要将学前儿童放在主体地位，将他们对现实的感知放在首位。要有目的、有顺序地将学前儿童引入社会生活，让学前儿童在现实的社会生活和社会情境中，感知、积累、探索，从而丰富社会认知、社会情感，发展社会行为。因此，教师在设计社会领域活动时要贯彻活动性原则，主要考虑这样三点：一是如何将真实的社会生活呈现在学前儿童面前；二是如何让学前儿童充分与社会生活接触，采用哪些方法引导学前儿童主动地观察、体验、思考、探索、发现；三是如何引导学前儿童在社会生活中练习社会行为。

（四）全体性原则

所谓全体性原则，是指活动的设计要面向班级全体学前儿童。不管是集体活动还是小组活动，都要努力使全体学前儿童在原有的社会性发展水平上得到提高。贯彻全体性原则，教师就要在活动设计的过程中充分了解孩子的个体差异，尊重孩子的个体差异，使每个孩子的社会性发展水平在原有基础上得到发展，实现真正的教育公平。教师在贯彻全体性原则时要避免走入一个误区，即“同步发展”或“共同发展”。也就是说，所有学前儿童都要得到发展，但并非强求每个孩子都达到同一发展水平。教师要将学前儿童自己的“大纲”转化为教学的大纲，尊重孩子的个体差异。

（五）整体性原则

学前儿童社会领域教育包括对学前儿童社会认知、社会情感、社会行为三个方面的教育。在设计活动时，要将这三者有机地结合起来并融入教育活动之中。这是整体性原则的第一层含义，即要促进学前儿童社会性的整体发展，包括社会认知、社会情感和社会行为三个方面。第二层含义是指教育资源和教育手段的整体性。这是因为，学前儿童的社会性发展不是一朝一夕之功，不是单靠某一次活动可以完成的。因此，在设计社会教育活动时，教师要充分考虑活动前后的延续性以及各种类型活动的渗透性，同时还要考虑合理利用家庭和社区的教育资源，增强学前儿童社会教育的合力。例如，要培养学前儿童懂礼貌、讲文明的好习惯，不仅要考虑幼儿园教育活动的环节安排，还要考虑在游戏活动中、日常生活中如何渗透等，同时不能忽略家长的教育力量。努力争取家长的支持和配合，可以取得事半功倍的效果。

二、学前儿童社会教育活动设计的程序

虽然不同类型的社会教育活动有不同的设计方法，不同的教师有不同的设计

思路，但社会领域教育活动有着共同的目标和指导原则，是有一定的规律可循的。学前儿童社会教育活动设计的程序通常包括以下一些步骤：

（一）确立活动目标

确定活动目标是社会教育活动设计中最重要的一环。目标设置得是否恰当，对整个活动设计有着决定性影响。应根据学前儿童的社会性发展水平来确定社会教育活动的具体目标，然后根据目标选择教学内容，进而选择合适的教学方法和形式。为了确保活动目标的导向作用，教师在确定活动目标时应当注意：首先着眼于学前儿童的社会性发展，以学前儿童的现有发展水平为立足点；其次，具体活动的目标应该与幼儿园社会领域教育的总目标、各年龄阶段目标相一致，即具体活动的目标由总目标逐级分解而来，目标由大到小，由概括到具体；再次，活动目标的内容应该包含学前儿童的社会认知、社会情感和社会行为三个方面。

（二）选择活动内容

活动内容是社会教育活动目标的具体化，是实现教育目标的手段。在幼儿园中，社会领域教育没有统一的教材，教育内容完全由教师选择。可将下列两个方面作为选择内容的依据：首先，根据活动的目标选择内容，比如为了激发学前儿童热爱家乡的情感可以将家乡的特产、家乡的美、家乡的变化等作为教学内容；其次，根据学前儿童社会性发展的已有水平以及存在的问题选择活动内容，同时注意内容的生活化，即选择的活动内容要符合儿童的生活经验，既要以已有经验为基础，又要成为新旧经验之间的桥梁。此外有一点值得注意：对于具体的社会教育活动而言，活动的目标与内容并没有明确的先后关系，两者是相互依存的。只要有明确的年龄阶段目标或学习目标，有时可以先有具体活动内容，然后再确定具体教育活动目标；有时可以先有具体活动目标，再寻找具体的活动内容。例如，《纲要》中社会领域教育目标明确规定，要培养学前儿童互助、合作与分享，而教师却在班级发现学前儿童在生活中以自我为中心，不会也没有想到要互相帮助。根据这一具体情况，教师就可以选择适当的活动内容，组织一些需要互相帮助的活动，如“盲人与跛脚人一起过马路”的游戏，让学前儿童体验互相帮助的快乐，了解合作互助的重要性。

（三）设计活动过程

在设计社会教育活动过程时需要考虑以下几个方面：

1. 精心设计活动环节

对社会教育活动的各个环节必须精心设计，比如通过何种方式将学前儿童引入活动中来；分为哪几个步骤开展活动，包括学习新内容、练习巩固等；采用什么方式结束活动等，都要安排得当。活动的流程要自然连贯，步骤要清晰明了，并为具体实施留有余地。

2. 运用不同的活动方式

活动方式既要适应不同类型社会教育活动的特点，又要引起儿童对学习内容的浓厚兴趣，从而使学前儿童积极主动地参与活动。这是社会教育活动效果的保证。学前儿童社会教育的活动方式主要根据教材内容的性质、学前儿童特点及社会性发展水平决定。如果活动内容涉及认知成分较多，就要多使用讲解、讨论、谈话、演示等方法；如果活动内容偏于社会情感体验，则要多使用角色扮演、参观、调查、访问等；如果活动内容偏重社会行为，则要多使用行为训练、行为评定、角色扮演、观察学习等方法。总之，在设计活动方式时，要最大限度地发挥这些方式的教育功效。

3. 设计有效的问题情境

问题情境是师幼有效互动的平台。教师提出的问题质量如何，直接影响到活动实施的效果。因此，问题情境的设计非常重要。问题的设计主要根据活动目标和学前儿童社会性发展水平而定，突出学习的重点和难点。如在大班社会教育活动《愚公移山》中，教师设计了以下问题情境：首先提出激发儿童学习动机和兴趣的问题——“因为高高的大山挡住了人们进出的通道，有人就想办法把大山搬走，大山可以被人移走吗?”其次提出过渡环节的问题——“我国古代的愚公是怎样带领家人移山的?”再次，提出检察学习效果的问题——“你认为愚公这样做合适吗？请说出你的理由。”“难道愚公除了挖山就没有更好的办法吗？如果换作是你，你将如何解决大山挡路的问题?”在活动中教师一定要充分肯定愚公不怕困难、持之以恒的精神，这是本作品所弘扬的主旋律。同时要创设儿童问题情境引发儿童思考，使直接经验与间接经验相互作用，使活动内容、教师、儿童和社会环境处于互动状态之中，在不断的思考中，真正建构儿童的世界观、人生观、价值观。一般来说教师提问时要注意层次性、导向性、议论性和评价性，激发儿童产生社会性认知冲突，启发儿童思维，调动儿童已有经验，从而实现社会教育的目标。

4. 对社会教育活动进行评价

对社会教育活动效果的评价，也应是活动设计的一个方面。通过评价可以使教师了解社会教育活动的目标、计划、内容、过程、方法以及环境材料等，是否适合儿童发展的水平，是否促进了学前儿童的社会性发展，是否实现了预定的目标，起到反馈、诊断和增效的作用。因此，教师在设计社会教育活动时，要将活动效果的评价标准和评价方式考虑进来，增强活动的科学性和有效性，例如，预先确定学前儿童应该达到什么样的目标，采用什么样的方法收集评价资料，由哪些人来评价，以及活动质量的评价的指标等。下面是某幼儿园大班民族文化教育活动《国旗》的教师自评：

本次活动是一次爱国主义教育主题活动，我采用班会课的形式对孩子们进行认识国旗的教育。这与平时的课堂教学有些不同。在活动过程中，教师讲解很多，因为孩子对很多知识感到陌生，虽然教师讲得较多，但孩子们表现得非常好，比往常还要安静地认真倾听，在播放课件《五星红旗》时，伴随着国歌那雄壮、感人的旋律，看到毛主席在天安门上升起第一面五星红旗的画面时，全班幼儿激动地欢呼雀跃，从孩子们情真意切的眼睛里我读到了他们的决心和信念——那就是一定要好好学习，将来报效我们伟大的祖国；从孩子们激动的红扑扑的脸上，我感受到他们对祖国的热爱。我明白了爱国主义情感不是靠灌输，而是靠教师创设环境，让儿童充分地体验、感受、内化。

（四）教育活动方案的拟定

为了实现学前儿童社会教育的目标，使社会教育活动更具有目的性和计划性，在确定活动目标、选好活动内容以及活动方式后，还需要拟定一份合理的社会教育活动方案。一般说来，社会教育活动方案包括以下一些内容：

1. 活动名称

活动名称要写清楚社会教育活动的类型，使用于何种年龄班，具体的内容是什么。

2. 活动目标

活动目标要写清楚本次活动要达到的目的，如要形成学前儿童怎样的认识、培养学前儿童怎样的情感、提高学前儿童哪些能力等。在目标的表达上，要做到明确而详细地说明目标内容；要用特定的术语描述学前儿童在活动前后的变化，即认知目标、情感目标和能力目标，以便于检测。

3. 活动准备

活动准备是指在活动之前，教师和学前儿童应做好的准备。一般包括两个方面：一是物质准备，如有的活动需要录音机、磁带、多媒体、flash课件，有的活动需要一定的场景布置，有的活动需要图片、挂图、实物等；二是经验准备，这是针对学前儿童而言的，如开展“生活中有用的标志”活动时，需要学前儿童在活动前对生活中的一些标志有较多的观察和记录。

4. 活动过程

活动过程一般按活动环节的先后顺序写出几个步骤即可。

（1）导入：写清楚导入的方式。

（2）如何引导学前儿童积极主动地参与、表现和表达。

(3) 结束：如何总结。

5. 活动延伸

活动延伸是指在活动结束后，教师准备通过哪些途径使幼儿在活动中获得的经验得以延续和巩固。如开展“有用的标志”活动后，让小朋友为班级、幼儿园设计一些路标、摆放物体的指示标志等。

6. 活动评价

前面五项是在活动开展前需要完成的，活动评价则是在活动开展后进行的。这主要是教师根据制定的评价目标对本次活动进行的评价和反思，分析成功之处和有待改进的地方。

第二节　学前儿童自我教育活动的设计与实施

《纲要》提出：“幼儿园要为每个幼儿提供表现自己长处和获得成功的机会，引导幼儿认识自己，增强其自尊心和自信心。”“认识自己”也即“自我认识”，就是认识自己的一切，包括认识自己的生理状况、心理特征以及自己与他人的关系等。只有在自我认识的基础上，才能让学前儿童进行自我的教育。开展学前儿童自我教育活动有助于儿童认识和接纳自己，增进自我价值感和自信心；有助于儿童学习认识、理解和恰当地表达自己的情绪情感，控制自己的行为；有助于儿童学会自由选择、自我决断，培养独立性和对自己行为负责的意识和能力。因此，学前儿童自我教育活动可以按照自我认识、自我体验和自我控制三种类型进行设计和实施。

一、自我认识教育活动的设计与实施

自我认识是主体我对客体我的认识与评价，主要包括个体的自我概念和自我评价。自我概念是指对自己身心特征的认识，而自我评价是在自我概念的基础上对自己作出的某种判断。

幼儿园要通过一系列活动让学前儿童认识自己的一切，包括认识自己的生理状况，如身高、体重、相貌等；自己的心理特征，如兴趣、爱好、能力、性格等；自己与他人的关系，如自己与老师和同伴的关系、自己在集体中的位置与作用等。学前儿童主要是在人际交往中获得自我概念的，因而社会交往的成功与否对儿童自我的重新建构具有深远的影响。只有在社会交往中，通过人际间信息、观念的交流，个体才能获得丰富可靠的信息，并将这些信息协调起来构成统一协调的自我概念。

为此，幼儿园可以设计丰富多彩的主题活动，促进学前儿童认识自我，逐步形成自我概念。比如围绕着生理自我的培养，可以设计主题活动“小小的我”（托班）、“长大的我”（小班）、“了不起的我”（中班）到“独一无二的我”（大班），以及“我长大了”、“特别的我”等主题活动，其目的是让学前儿童在成长的过程中逐步建立正确的自我概念。再如围绕着儿童心理自我的培养，可以设计主题活动“我的能力”、“才艺展示会”、“露一手”、“喜好大交流”、“特长大表演”、“爱心大放送”等主题活动，以促进儿童自我概念的形成。又如围绕儿童社会自我的培养，可以设计主题活动“我的老师”、“我的爸爸和妈妈”、“我的好朋友”等，使儿童通过交往，调节伙伴关系和师幼关系。

自我评价一般是通过社会比较而实现的。学前儿童随着年龄的增长，人际交往意识和能力也有了长足的进步，但往往会发生一些偏差。例如学前儿童一般有比较强烈的自我表现欲望，对自己优点的评价总是高于别人的评价，而对自己缺点的评价又总是低于别人的评价。如某天早晨，幼儿园某小班的孩子围坐在一起，老师要求孩子们各自谈谈自己最近的表现和进步。孩子们七嘴八舌，有的说：“以前我吃饭挑食，这也不吃，那也不吃，现在我什么都愿意吃了。”有的说：“以前晚上我一个人睡觉会哭，现在我一个人睡觉不怕了。”还有的说：“老师，以前我不会系鞋带，现在我学会系鞋带了。”老师再要求大家讲讲别人的进步，孩子们就沉默了，对同伴优点的评价显得比较“苛刻”。针对这种情况，老师设计了一个主题活动“优点大展览”，让小朋友都来找找同伴的优点。她把写有儿童姓名的标签卡放在盒子里，让小朋友轮流抽签，被抽到的站到前面来。全班幼儿要一一说出这个孩子的优点。然后，老师将每个小朋友说的优点记录在一个个心形纸片上，请被抽到名字的儿童把心形纸片贴到教室墙面上自己的照片周围。最后重新开始，重复前面的活动。主题活动结束后，教室的墙面上展示了每一个孩子的优点。这个活动使学前儿童在同伴对自己的评价过程中，既对自己的优缺点有一个比较客观的认识，形成正确的自我概念，又从同伴的优点大展览中发现自己的差距和今后努力的方向。更重要的是，他们学会了关注周围的同伴，客观地认识和评价他人。教师还将这一活动延伸到日常的学习和生活中去，使之成为经常性的评价活动。

二、自我体验教育活动的设计与实施

所谓自我体验，是自己对自己怀有的一种情绪体验。学前期自我情绪体验的内容是十分丰富的，主要有自信心、自尊心、责任感、成功感、自豪感、挫折感、羞耻心、内疚感等，它们都是儿童成长与今后成才不可或缺的社会性品质。幼儿园要精心设计和实施让儿童自我体验的活动，使其在丰富多彩的主题活动中感受到趣味性、愉快感、成就感等。比如：自我表现活动“认识钟表”、“我知道……”、“小博士”、“我能行”、“我的小手真灵巧”等，生活自理服务活动“我会自己洗……”系列主题、“谁的小手最能干”等，可以培养儿童的自信心、自尊心；为集体服务活动“今天我做值日生”、“整理玩具柜”、“修补图书”、“帮厨房阿姨拣菜”等，为他人服务活动“幼儿园的小导游”、“帮助弟弟妹妹”、“妈妈的小帮手”等，可以培养儿童的成就感、自豪感。教师还可以通过故事教学、戏剧表演、角色游戏等活动形式，使儿童体验挫折感、内疚感、羞耻感等情绪情感。教师必须根据本班儿童的自我发展现状，有针对性地设计活动，实施教育。

三、自我控制教育活动的设计与实施

自我控制是自己对自身言语和行动的控制和制约。自我控制表现为两个方面：一是发动作用，就是自己发动与支配自己的言语和行动，如坚持每天上学，坚持见面时和老师、同伴主动打招呼，坚持使用礼貌用语等，都是自我发动与支配的结果；二是制止作用，就是自己根据当时的情境，抑制自己的言语和行动，如不乱穿马路、不践踏草坪、不乱扔垃圾等，都是自我抑制的结果。

学前儿童自我控制能力主要由自制力、自觉性、坚持性、自我延迟满足四个方面组成。学前儿童的自我控制能力相对较差，正处于不断发展变化之中。教师要有意识地设计和实施自我控制教育活动，如游戏“一个小宝两个样”，通过分析小宝在家和在幼儿园不一样的礼貌表现，帮助儿童认识到自我控制的重要性和方法。又如通过观看儿童卡片《邋遢大王》，使儿童了解个人卫生需要长期坚持；通过观看儿童卡片《他摔跤了》，让儿童懂得保持幼儿园教室地面干净是大家共同的责任。一些儿童文学作品也反映了自我控制教育方面的主题内容，如“小熊过桥”（不怕困难）、“猴子学样”（想办法解决问题）等。总之，自我控制教育活动对促进学前儿童的社会化进程具有重要的意义。

活动一：认识自己（小班）

活动目的

1. 通过活动使幼儿从发现自己到认识自己，从而愉快地接受自己的性别。
2. 发展幼儿的口语表达能力，使幼儿能在集体面前大胆地讲话。
3. 发展幼儿的动手操作能力。

活动过程

一、木偶演示（发现自己）

1. 老师出示实物：木偶娃娃红红。
2. 讲述下列内容。星期天，红红早早起床后又吹起泡泡糖来。她一边走一边把泡泡糖吹得像小皮球那样大，神气极了。小鸟对她说："别吹了，走路要当心！"红红说："不理睬你！"小白兔看见了，对她说："别吹了，当心摔跤！"红红说："不要你管！"哎哟，不好了！红红的头撞到了树干上。正吹着的泡泡碰破了，红红感到头上火辣辣地疼。她连忙跑回家去照镜子。哎呀！头上撞了一个大大的包。红红又疼又急，对着镜子哇哇地哭了起来。"别哭！别哭！好孩子以后要好好爱护自己！"一阵亲切的声音传来。谁在讲话呢？噢，原来是镜子在说话。"自己是谁?"红红连忙问。"自己嘛，请你对着我照一照，就会看到了。"听了这话，红红真的对着镜子照了起来。

二、镜子游戏(认识自己)

1. 教室里放了许多有趣的东西(让幼儿寻找)。这些有趣的东西是什么？(镜子)你们拿着镜子照照看，镜子里有谁？叫什么名字？然后告诉老师，同时向老师介绍自己。

2. 请幼儿照大镜子，照清楚，然后说身上有什么？(讲出身体各部位名称)镜子里有几个你？老师在镜子里也找到了一个自己，因为没有人和我完全一样。我有自己的姓名，每个小朋友也都有自己的姓名，都有和别人不一样的地方。

3. 两个好朋友一起照镜子，互相讲述彼此不同的地方。老师小结：虽然每个人都有与众不同的地方，但大家也有共同的地方。(让幼儿说出共同点)

三、操作练习(接受自己的性别，区分男孩与女孩)

1. 交朋友

班上来了许多新朋友，你们想知道是谁吗？(老师出示准备好的男孩、女孩的贴绒教具。)他们很想和大家交朋友，但是他们需要知道你是女孩还是男孩。请幼儿分别讲出自己的性别，然后到前面找一个与自己性别相同的贴绒娃娃交朋友。

2. 找朋友

在众多的纸片朋友中，找出男孩贴在绿色纸上，找出女孩贴在红色纸上。(可让全班幼儿用两张大纸，亦可每人一张有选择地练习。)

评析和提示

本活动结合小班幼儿年龄特点，在游戏中促使其社会性得以发展。特点一是结构层次清晰，采用生动活泼的手段，有目的地层层展开。第一层通过木偶演示吸引幼儿，具体形象地带领幼儿进入自我发现的意境。第二层通过镜子游戏使幼儿在轻松、愉悦中认识自己，并了解自己与别人不同。第三层根据皮亚杰的知识建构，通过同化、顺应的理论，让幼儿在操作过程中了解、接受自己的性别。特点二是注重调动教与学双边的积极性。整个活动过程既有教师的引导，又有幼儿充分的感知、操作、参与。教师能及时了解幼儿思维发展现状以及个体发展水平，及时进行指导。特点三是运用听、玩、做多种途径，激发幼儿的情感，从而较好地将活动进行与促进幼儿发展融和在一起。

活动二:有表情的脸(中班)

活动目的

1. 帮助幼儿了解基本的情绪感觉——快乐、生气、悲伤(难过)、害怕,同时在活动中体验自己的内心感受。

2. 幼儿用语言将心中的感受表达出来。

活动准备

每个幼儿一个大纸袋,画着快乐、生气、悲伤和害怕表情脸谱的纸袋四个(用作例子),画面具的材料(画笔、色纸、毛笔、颜料等),钝头剪刀。

活动过程

一、认识表情

1. 给幼儿看所有的制作材料,但不拿出事先做好的面具。建议他们用纸袋做一种有表情(如快乐、生气或害怕等)的面具。做完后把眼睛部分剪掉,使他们戴上面具以后能看得见外面。如果幼儿不了解老师的意思,可以拿出事先做好的纸袋为例,但不要让他们模仿,鼓励他们自己创作。

2. 在做纸袋过程中,引导幼儿讨论各种不同的表情。

(1) 哭是怎样的? 做做看。人为什么哭?

(2) 笑是怎样的? 做做看。人为什么笑?

(3) 生气是怎样的? 做做看。人为什么生气?

老师总结:人的脸会变,高兴时会笑,难过时会哭,生气时会撅着嘴等。

二、体验不同的心理感受

1. 穿衣比赛:请五名幼儿比赛穿衣,其他幼儿为他们加油。

(1) 问比赛的幼儿:比赛时,心里感觉怎么样?(紧张)你怎么办?

(2) 问观赛幼儿:他们比赛时,你心里感觉怎样?(紧张、着急)

老师:当我们参加比赛时,想得第一名,很着急,这时候我们心里就会感到很紧张。

2. 听音乐抢椅子。

(1) 问输的幼儿:你输了,心里感觉怎么样?(难过)

(2) 问赢的幼儿:你赢了,心里感觉怎么样?(高兴)

老师:当我们胜利时,一定会很高兴,但不能骄傲;输的小朋友虽然很难过,可不能哭鼻子,争取下次胜利。

3. 分享活动:新玩具若干(数量少于幼儿人数),请一名幼儿分给大家。

(1) 问拿到玩具的幼儿:你拿到了玩具,心里感觉怎么样?(高兴)

(2) 问没有拿到玩具的幼儿:你没有拿到玩具,心里感觉怎么样?(不高兴、生气)你怎么办?

(3) 引导幼儿讨论:可以再拿些玩具来,或请别人和自己一起玩玩具。

老师:每个人都会有高兴的时候、生气的时候、着急的时候。当你高兴的时候,应该和大家分享;当有人不高兴时,我们应该去关心他,帮助他,使他也高兴起来。

三、感知外表和内心不同的感受

故事一:将悲伤的脸放在快乐的脸下面。告诉幼儿,这位老师回家后,不小心打破了他心爱的盘子。就在这个时候,邻居来敲门。当他开门的时候,这是他的表情(出示快乐的脸),但是你们认为他真正的感受是什么?经过一阵讨论之后,出示悲伤的脸。解释这位老师真的感到很伤心,因为他最喜爱的盘子被打破了。

故事二:将害怕的脸放在生气的脸下面。告诉幼儿,有一次这位老师在户外看小朋友玩。有一位小朋友爬到很高的滑梯上,并在上面跳来跳去。老师往上一看时,那个小朋友差点掉下来。老师跑到滑梯下面对他说:"现在马上下来!"出示生气的脸,说这就是当时老师看起来的样子。请幼儿谈谈老师真正的感受是什么。讨论后出示害怕的脸。解释老师真的很害怕,因为那个小朋友差点就要摔着了。

评析和提示

这个活动设计旨在把培养幼儿的情绪感觉作为主题。

婴儿期,孩子就有不同的情绪反应,如饿了哭叫,见到母亲就微笑等。孩子在早期获得的不同的情绪体验,对他们以后的生活和学习有着很重要的影响。一个经常得到正面情绪体验的幼儿,会充满自信活泼开朗,积极与外界接触,积极而愉快地面对生活,正确而勇敢地承受挫折等。相反,反面的情绪体验却会给孩子带来一定的消极影响。

为了让孩子获得积极肯定的情绪体验,本活动采用在发现中习得(第一部分,儿童在做面具的过程中发现表情的变化)、在体验中感受(第二部分,人人参与做游戏)、在情境中做出反应(第三部分,听故事后反馈)的方法,使儿童了解各种情绪的意义。

整个活动安排层层深入,一环紧扣一环。儿童在活动过程中全面地体验了情绪感觉,并融动手、动口、交往于一体,充分发挥了各种教育手段的交互作用。

活动三:学习评价自己和别人(大班)

活动目的

1. 让幼儿在实践中尝试比较恰当地评价自己和别人。

2. 发展幼儿的口语表达能力。

活动过程

一、游戏:照照镜子洗洗脸

活动开始,老师和小朋友都站在大镜子前面。要求幼儿模仿镜子里老师的动

作进行活动。(老师做洗脸的动作)

提问:刚才,我们在做游戏时,谁的动作做对了?谁的做错了?你是怎么发现的?

老师要求幼儿每人都先评价自己,再评价别人。

二、打击乐器活动

在活动室四周放置各类打击乐器:三角铁、沙球、小铃、小鼓……

请幼儿分散开来,随意持各种打击乐器去玩,但有一个要求,必须听录音打击乐器。集体练习数遍之后提问。

老师:刚才,我们一起听音乐打击乐器,打击得整齐吗?为什么?

引导幼儿先评价自己。(打错了,影响整体效果;打正确了,很好听)

再引导幼儿正确评价别人。

(1) 虽然××打错了,但他在原有的基础上提高了,他在进步。只要多练习就会进步更快。(鼓励进步者)

(2) ××小朋友打得好极了!进步真快!大家为他伸伸大拇指。(鼓励优秀者)

(3) ××小朋友打得比较好!假如能再认真一点,一定能打得更好。(指出不足者,帮助提高)

三、木偶剧:豆豆和毛毛

豆豆和毛毛是一对好朋友。有一次,为了搭积木,两人争吵起来。豆豆说:"毛毛不借圆形积木给我搭汽车轮子。"毛毛说:"我实在找不到,真的没有圆形积木。可他就不肯借长方形积木给我搭大桥,实在不够朋友。"

请幼儿分析:豆豆和毛毛谁对谁不对?

要求:在分析问题的过程中让幼儿学习正确评价自己与别人。

四、画画:我在进步

每人按老师要求画一张画——我在进步。(有模仿部分,有创作部分)讲一讲我比过去进步了。

评析与提示

整个教育过程均在儿童的游戏、活动中进行,教师很好地把握了幼儿评价的内容及要求。

游戏照照镜子洗洗脸,要求儿童重点学习评价自己;打击乐器活动要求儿童学习评价别人;木偶剧豆豆和毛毛旨在同时学习评价自己和别人;画画我在进步,体现儿童学习评价后掌握的情况。这使幼儿的思维始终处于活跃状态,适合大班儿童的年龄特点。

活动始终采用辨析、讨论的方法,调动了全体幼儿学习评价、尝试各种评价方法的积极性，这是此教育活动设计的独到之处。教师注重引导，教儿童思维的方法，为儿童搭建“舞台”，提供“舞台”，让孩子尽情地“表演”，从而最大限度地发挥了教育功能。

第三节 学前儿童社会环境与社会规范认知活动的设计与实施

社会认知的发展是学前儿童社会性发展的主要组成部分。它是依托于人的社会化进程，在社会化过程中摄取他人影响以摒弃自我中心的过程。认知发展具有社会属性。社会认知总是在具体环境中进行的，学前儿童对社会环境的认知对他们的认知结果有巨大的影响。巴克指出，对象周围的环境常常会引起人们对其一定社会行为的联想，从而影响我们的社会认知，学前儿童也不例外。如在图书馆、影剧院等公众场所，人们一定要保持安静，尽量不要大声喧哗，以免影响他人。儿童用这样的评判标准很容易判断出在公共汽车上用手机大声通话是不合适的社会行为。社会环境和社会规范认知两者之间是互为关联的，不能截然分开。对社会环境的认知，必然伴随对这个环境的社会规范的认知。由于学前儿童具体形象的思维特点，社会规范的认知更应该强调在社会环境中进行，并注重规范的直观性、情境性和易操作性。

一、学前儿童社会环境和社会规范认知的主要内容

学前儿童对社会环境和社会规范认知总的发展趋势是由近及远，由熟悉到陌生，由简单到复杂，由直接到间接，逐步地扩展和深化。

（一）学前儿童对社会环境的认知

学前儿童对社会环境的认知，主要包括对家庭、幼儿园、社会机构、家乡、自己的民族和国家以及世界其他一些国家的认知。

1. 对家庭的认知

儿童对家庭的认知是逐步发展的，从对父母及家庭成员的认知到对家用物品的认知，从基本的日常生活规范认知到家庭中社会规范认知。比如：知道家庭的主要成员、称谓、姓名、职业、出生年月或属相等，激发儿童对家庭的热爱和关心；知道家庭地址、电话号码、家庭中的主要设施，学会自我保护；知道家中常见的一些生活

用品和家用电器的名称、用途或功能，培养儿童的动手能力；知道热爱、尊重和关心父母及长辈，为他们做一些力所能及的家务劳动等。幼儿园应组织以家庭为认知内容的一些社会教育活动，从小培养儿童对家庭的责任感，使儿童了解对父母应尽的义务。

2. 对托儿所、幼儿园的认知

托儿所、幼儿园是学前儿童进入的第一个集体教育机构，也是需要他们充分认知的一个重要社会环境。这主要包括知道自己幼儿园、班级的名称及所在班级教师的姓名，知道园内其他教师和工作人员的姓名，他们所从事的主要工作，以及他们的劳动与自己的关系等；知道幼儿园园内外的主要环境、主要设施和相关的行为规范等等。

3. 对社会机构的认知

学前儿童的生活离不开一定的社会机构，如医院、邮局、商场、超市、餐厅、理发店、银行、消防站、动物园、公园、影剧院、博物馆等。儿童通常会在幼儿园角色游戏活动中再现这些机构的情景和情节。此外，儿童应认识飞机、火车、公共汽车、出租车、地铁、轮渡等公共交通工具，认识清洁车、洒水车、救护车、消防车、车站、机场等公用设施；参观工厂、农村、城市、学校等，知道他们的名称以及相关职业的名称，了解各种职业人群的主要工作以及与自己的关系等等。

4. 对家乡、国家与民族的认知

从小建立学前儿童对家乡、国家与民族的初步认知，激发儿童爱家乡、爱祖国的情感，培养儿童一定的民族荣誉感。这主要包括知道自己的家乡、民族、祖国的名称以及在地图上的大致方位；知道首都、国旗、国徽、国歌等；知道家乡以及祖国的风景名胜、著名建筑、风土人情、风俗习惯以及主要的生活方式等；了解国家和民族的重大节日，如春节、清明、端午节、中秋节、重阳节等；知道与自己关系密切的主要节日，如三八妇女节、五一劳动节、六一儿童节、国庆节、教师节、父亲节、母亲节等。

5. 对重大社会事件的认知

对重大社会事件的认知，是学前儿童了解社会、关心社会的一个重要途径。这主要包括了解社区、家乡和国家以及世界近期的一些重大活动，如2008年北京奥运会、所在社区的“爱鸟周”活动、家乡的环境治理和环境保护活动等；了解国家和世界上发生的一些战争、重大灾害等。

（二）学前儿童对社会规范的认知

社会规范认知的形成，是儿童社会认知发展的一个重要方面，也是儿童社会化的主要任务之一。儿童在不同的社会环境中会遇到各种各样的社会规范。他们要成为未来社会的合格成员就必须了解和理解这些社会规范。学前儿童对社会规范的认知主要来源于三个方面:一是父母老师的影响,如父母经常告诫儿童“不能往楼下乱扔垃圾”,“吃饭时不能用筷子在盘子里乱翻”,“乘车要有次序地上下车”等;二是同伴互动,如一个儿童抢夺别人的玩具,同伴就会批评教育他;三是法律和道德规定,如公民文明行为规范、法律规则、交通规则等。社会规范在这里是一个较为规范的概念。学前儿童对社会规范的认知主要包括基本道德规范、文明礼貌行为规范、公共场所行为规范、群体活动规范、人际交往规范等。基本道德规范认知包括对是与非、对与错的认知和判断。

文明礼貌行为规范的认知包括个体自身的素质修养、与人交往时的礼仪等,包括文明的言谈举止、使用礼貌用语、不随意打断别人的讲话、集中注意倾听他人讲话等。

公共场所行为规范认知,包括全社会都应该共同遵守的各种规则,主要包括公共卫生规则、公共交通规则、公共财产保护和爱惜规则等。

群体活动规范的认知,是个体对自身所处的某一社会群体活动规范的认知。学前儿童主要是对幼儿园集体活动规则的认知,这包括两个方面:一是对幼儿园日常活动规范认知,如排队公平等待规则、轮流规则、集体服务规则等;二是学习、娱乐、游戏等活动的规则。

人际交往规范的认知是在社会系统内对社会互动起结构性作用的行为规范,这主要是指人际交往中待人接物的一些礼仪与规则,如接待客人或到别人家做客的礼仪,以及不同的民族和国家的一些习俗规则等。

此外,还有一种类型的社会规范认知——谨慎规范。由于学前儿童年龄较小,缺乏社会生活经验,这种类型的社会规范认知不可缺少。所谓谨慎规范,是指那些经常遇到的、用以调节安全的行为规则,如“危险的地方不能去,危险的事儿不能干”,“不给陌生人开门”,“外出要切断一切的电源、水源和煤气”,“不要触摸电插座、开煤气、玩打火机”等。我们通过各种途径,让儿童充分认知这些防止消极后果的行为规则。

二、学前儿童社会环境和社会规范认知教育活动的基本要求

(一) 体现学前儿童在社会化过程中的主动性和主体性

学前儿童很早就表现出对社会环境和社会现象的好奇,并在此基础之上形成社会规范的认知。近年来,研究者发现,学前儿童对社会环境和社会规范的认知,不再是简单地接受成人的传递和要求,记住现行社会的行为规范,已经由社会规则

被动的接受者转变为主动者。他们在充分了解社会环境以及社会规范的基础上作出自己的判断、抉择，形成自己的见解。他们不是被动的个体，而是社会活动中积极的参与者。社会规范是通过主客体相互构建而形成的。站在个体的角度，这个建构过程就是个体对外部世界的体验过程，是个体用自己的身心去感受、关注、欣赏、评价外部世界进而形成经验的过程。它必然是个体自主进行的活动，其他人无法代替个体的主体地位。他具有主观能动性，不是对道德认识原封不动地认可和接受，而是自主地感悟和发现，是道德情感的内化。它必然会引起道德认知在一定程度上外显为儿童的自主行动。因此，社会认知教育活动要充分体现学前儿童的主体地位，营造宽松和谐的氛围，让学前儿童以主动的和创造性的方式参与社会认知教育活动，在主动建构中形成社会道德规范。

（二）鼓励学前儿童与环境、材料产生积极互动

社会认知发展理论强调幼儿在对环境适应过程中的主动性。美国的 HIGH/SCOPE 学前课程模式就认为，幼儿主要依靠动作、自主学习，直接作用于环境而获得经验。马图索夫(Matusov)认为，学校要给学生提供充分的活动和交往的环境，这对认知发展具有一定的促进作用。因此，我们在开展社会认知教育活动时，要鼓励儿童与环境、材料积极互动，精心选择和设计社会活动环境，发挥学前儿童社会认知的主动性。

（三）将游戏和体验作为社会环境和社会规范认知生成的途径

维果茨基认为，研究幼儿不能脱离儿童具体的生活环境。其“社会建构主义”思想认为，游戏是促进儿童社会性发展的手段。教师可以组织儿童开展角色游戏，以增近儿童对社会规范的认知。比如到娃娃家做客、文明乘车、带娃娃到医院看病就诊等，都可以丰富和强化儿童对文明礼貌行为规范和人际交往规范的认知。

目前，“体验”被学术界认为是社会规范与道德生成的一种重要生存方式和途径。体验就是让儿童去亲身经历，让儿童在实践的过程中动手动脑，使儿童在对社会环境和社会活动的直接体验中建构社会规范和道德价值观。

三、学前儿童社会环境和社会规范认知教育活动设计与实施的基本结构

任何一种社会领域教育活动，都有其自身的结构，但各种活动间的结构又有不同之处。社会环境与社会规范认知教育活动的目标、对象、方式的特殊性，在活动的设计与实施结构中都有所反映。一般来说，有以下几个环节：

（一）运用多种方式引出活动主题

所谓引出活动主题，是指教师在活动开始时，开门见山地告诉学前儿童本次活动究竟要做什么，如是参观某一社会环境，还是观看图片、影片，或者讲故事，来认识社会环境以及学校相关的社会规范。在引出活动主题时，教师要灵活地采用多种方式，如唱相关的儿歌，直接告知等方式，激起学前儿童对活动主题的好奇心和参与活动的积极性。

（二）引导学前儿童充分观察认知对象

此环节的主要目的是在教师的指导下，使学前儿童对新对象如社会环境和社会规范进行初步的认知。外出参观、实地观察等，都是学前儿童社会认知和社会学习的主要形式。因此，在社会环境和社会规范认知教育活动中，教师要充分发挥观察的重要作用，让儿童在自己细致的观察中认识新的认知对象。例如，在活动“参观超市”中，教师要带领儿童到超市进行实地观察，观察商店里有哪些工作人员，有哪些种类的商品，是怎样摆放的，顾客又是如何购物的，在购物时应遵守哪些社会规范。

（三）组织学前儿童自由表达、表现自己的认知体验

通过前面的活动，学前儿童对新的认知对象已有初步的认识和了解。这时，教师有必要提供一个供幼儿交流、讨论、对话的平台。以上述“参观超市”的活动为例，参观结束后，教师可以组织幼儿对话交流，“我在超市里看到了什么，它放在哪个货架上?”“我在超市里看到了顾客是如何买东西的?”此外，教师也可以让幼儿把自己在超市里看到的不文明现象画出来和说出来，供大家交流评价。这样的表达、表现，有助于加深儿童对新的认知对象的认识。

在学前儿童社会认知的过程中，对话是一种适宜的方式和途径。课堂教学不是教师的独白，而应当是智慧的对话。正如弗莱雷所言，‘没有了对话，就没有了交流，也就没有了真正的教育’。在对话中，我们不是相互对抗，而是共同合作。对话仿佛是一种流淌于人们之间的意义溪流，所有对话者都能够分享，并且能够在群体中萌生新的理解和共识。如在我国传统的故事《铁杵磨针》的教学活动中，在欣赏故事之前，教师出示一根大铁棒，问幼儿：“这根铁棒可以把它磨成一根缝衣针吗?”结果16名参加活动的大班幼儿中有6名儿童选择“可以”，6名选择“不可以”。两次选择之后，教师和儿童开展了交流与对话。“老奶奶这样磨针合不合适？有没有必要一辈子磨针？有没有其他更好的方法来代替？如果你是古代人，你会怎么做？如果你是现代人，你会怎么做?”结果大班儿童提出古代人的方法可以使用牛角、用

尖的草、用树枝、用动物的细骨头等来代替。中班的儿童想出现代人的方法是去商店、超市买，向别人借一根针，自己发明磨针机等。这样的社会教育活动魅力无穷，既保留故事中的传统美德，又敢于挑战传统故事中不合理的价值观，将过去那种"我说你听"、"我讲你听"的价值主宰式教学方式变为价值引导式教学方式，让儿童在对话、争论、思考和体验中心情愉悦地建构适应现代社会生活的社会认知和价值观。

（四）引导学前儿童正确认知社会环境和社会规范

在教育关系上，教师与儿童是平等的。按后现代教育理论的观点，教师是"平等中的首席"，应与儿童共同参与学习、思考、探究、体验。在这一环节中教师与学前儿童共同沉浸在对话、交流与游戏之中。教师应用符合时代要求的社会规范来引导儿童，用自己对社会环境的认识来影响儿童。当学前儿童对社会环境和社会规范的认知发生冲突时，教师应对儿童进行合理而积极的带动和引导。如对"在超市中不想购买的物品可不可以随手乱放?""图书馆里可不可以拨打和接听手机?"等问题，当儿童争论不休的时候，教师要对儿童合理引导，启发儿童思考，从而找到真正的答案。

活动名称　"五一"的鲜花香飘四方(小班)

活动目标

1. 通过谈话使幼儿了解有关"五一劳动节"的基本知识。
2. 通过师幼共同动手制作红花表达对父母、对社区工作人员的热爱，从而激发幼儿对所有劳动人民的热爱。
3. 培养幼儿同伴间的合作精神，体验师幼、幼幼互动带来的快乐。

活动准备

1. 事先联系附近社区工作人员。
2. 设计调查问卷。
3. 准备红色皱纹纸、铅画纸、双面胶、彩色水彩笔。

活动过程

1. 教师与幼儿谈谈说说"五一劳动节"。

教师：小朋友，你们知道五月一日是什么节吗?

"五一劳动节"是谁的节日?（所有劳动人民，如我们的爸爸妈妈、医生、教师、警察、营业员、工人、农民……）

2. 我们的小区。

那你们知道我们幼儿园在什么小区里呀?

"五一劳动节"快到了，你想怎样表达对爸爸妈妈、对社区叔叔阿姨的爱?

3. 集体制作红花。

教师讲解小红花的制作方法。将三张小的正方形皱纹纸反复来回折成长条，用红绳在中间系紧，然后一层层拨开成花瓣。

4. 师幼合作制作画卷：将空心字“爸爸妈妈节日快乐”、“叔叔阿姨假日快乐”用红花粘上，然后在空余的地方进行装饰。

5. 向社区工作人员送画卷并说一句祝福的话：“叔叔阿姨辛苦了，祝你们节日快乐！”

6. 将另一副画卷陈列在幼儿园门口，送给每一位家长，父母来园接孩子时，幼儿说一句：“爸爸（妈妈）辛苦了，祝您节日快乐！”

活动名称　参观食品店

活动目标

1. 对参观食品店产生兴趣，尊重营业员的工作，形成礼貌待人的品质。

2. 初步形成给食品分类的能力。

3. 了解食品店里的主要商品，知道食品可以分类，了解营业员的工作与我们生活的关系。

活动准备

1. 选择好参观地点。

2. 制定好参观路线。

活动过程

1. 通过谈话，引起幼儿对参观食品店的兴趣，并提出参观要求；参观食品店里卖什么东西，营业员是怎么卖东西的。

2. 带幼儿参观食品店。

(1) 引导幼儿参观食品店的食品，告诉幼儿每种食品的名称。

(2) 引导幼儿观察食品店除了卖糖果、糕点还卖什么，从而使幼儿知道食品店是卖吃的东西的地方，建立食品店的正确概念。

(3) 引导幼儿观察食品店里营业员和顾客的活动。请幼儿记住营业员和顾客之间的简单对话。

食品店里有什么人？他们在干什么？

营业员是怎样卖食品的？她们是怎么对待顾客的？

(4) 请幼儿仔细观察营业员是怎么放置食品的，使幼儿知道不同的食品要分开放置，建立初步的分类概念。

3. 幼儿在教师带领下进行购物活动，感受营业员对大家的热情服务。

4. 参观活动结束后，幼儿与营业员礼貌道别，组织幼儿回园。

5. 参观后让幼儿进行谈话活动。

(1) 请幼儿回忆食品店里卖什么。

(2) 没有食品店会怎样?

活动延伸

收集与食品有关的东西,各种包装袋,在活动区开展“食品商店”游戏。

活动评析

该活动选择的参观对象是与幼儿的生活紧密联系的食品店,是结合幼儿的生活经验开展的。参观的步骤清晰,任务明确。参观的形式多样,既观察静态的食品,也观察营业员与顾客之间的活动,还让幼儿实践,进行购物活动,这样既让幼儿进行了社会认知(食品店的食物、食品的摆放、营业员与顾客的活动),又发展了幼儿的社会行为(学会购物、学会与营业员打交道)。活动延伸则巩固了幼儿社会学习的成果,以便幼儿在实践中正确应用。

第四节　学前儿童人际交往教育活动的设计与实施

对于学前儿童来说,人际交往是指幼儿在生活、学习中与他人的接触与交往。著名心理分析家阿德勒说:“假使一个儿童未曾学会合作之道,他必然会走向孤独之途,并产生牢固的自卑情绪。”我国著名心理学家丁瓒教授指出:“人类的心灵适应,最重要的就是对人类关系的适应。”《纲要》也明确指出:“要培养幼儿乐意与人交往,学习互助、合作分享,教师要引导幼儿参加各种集体活动,体验与教师、同伴共同生活的乐趣,养成对他人、社会亲近合作的态度,学习初步的人际交往技能。”由此可见,学前阶段对幼儿进行人际交往教育,不仅有利于儿童学会与教师、同伴家长以及其他社会成员交往,而且对儿童长大后的人际交往也有着深远的影响。因此,幼儿园要为学前儿童提供人与人之间相互交往的机会和条件,促进幼儿人际交往能力的健康发展。

一、学前儿童人际交往教育活动的基本特质

人际交往教育活动是指教师通过创造一定的情境和条件,引导学前儿童学习某种人际能力的教育活动,其目的在于通过为学前儿童提供交往的机会,构建人际交往的平台,培养幼儿关心、理解、尊重和赞赏他人的人际交往态度。在活动中,教师要鼓励幼儿以积极主动的心态交往,并学习与掌握交往的技能,逐渐学会与人友好相处,以适应未来的社会生活。具体地说,幼儿园人际交往教育活动有如下

特征：

（一）突出“交往”的互动性

在开展幼儿园人际交往教育活动时，要注意突出“交往”，也就是说，活动的内容、方法和形式都要围绕人际交往展开。只有在真正的人际交往中，学前儿童才能切实体会到端正交往态度、掌握人际交往能力的重要性，体会到互助合作的重要性。

（二）交往对象的多元化

在人际交往教育活动中，幼儿可以与之互动、产生人际交往行为的对象有很多，可以带领幼儿走出去，让其与社会上各种人员交流互动，从而锻炼幼儿的人际交往能力和语言表达能力。

二、学前儿童人际交往教育活动的主要类型

由于学前儿童的交往主体是家长、教师、同伴和其他社会成员，因此，学前儿童人际交往主要分为以下四种另外类型：

（一）亲子交往

亲子交往主要是指子女与父母间的人际交往活动。在亲子交往活动中，教师可以在六一儿童节、三八妇女节、重阳节、母亲节、父亲节等一些节日中，将学前儿童的父母请到幼儿园，积极参与儿童的活动；也可以组织儿童和家长一起外出游玩，开展亲子运动会、亲子联谊会等活动，让幼儿与父母产生积极互动，促进亲子交往，促进亲子间的了解，密切亲子关系。

（二）同伴交往

同伴交往是指以同伴为交往对象的活动。交往双方处于同年龄水平，大多采用直接交往和平行交往的形式，但是在低年龄儿童交往中非语言交往、单向交往也时常出现。同伴交往能够体现幼儿的人际交往水平，如六一儿童节开展“大带小”的游园活动，就充分体现了儿童的交往水平。在同伴交往活动中，主要培养幼儿同伴之间的人际交往能力，引导幼儿参与同伴间的合作、分享、协商、互助等活动，逐步学会移情体验、换位思考，了解与接纳别人的想法。如在“怎样当哥哥姐姐”的活动中，大班儿童不仅要在生活上照顾好小班儿童，帮他们系鞋带、背包等，还要教弟弟妹妹如何观察、感知周围世界，更要随时随地纠正他们一些不正确的社会行为，

如乱扔垃圾等。

（三）师幼交往

教师是幼儿园中的主要交往对象之一。师幼交往活动一般都是以个体与个体、个体与群体、下行交往和语言交往为主要形式，有时也会有平行交往、上行交往、非语言交往和间接交往等类型。有研究表明，在幼儿园师幼交往中，由教师开启的师幼互动事件即下行交往占69％，而以学前儿童作为施动者、教师作为受动者的师幼互动事件即上行交往只占31％，前者相当于后者的两倍。可见在师幼交往中教师与学前儿童还未达成真正意义上的平等对话关系。幼儿园应加强师幼交往活动，培养学前儿童与教师交往的能力。与亲子交往活动有区别的是，师幼交往活动相对正式一些。

（四）与其他社会成员的交往

幼儿生活在社会中，除了家长、同伴、教师之外，还需要与社会上其他的成人交往，如亲戚、营业员、售票员等各种行业的工作人员。一般来说，幼儿参加外出参观访问等活动时，就有机会与不同职业的人员接触，可以锻炼其人际交往能力。重阳节时组织儿童去敬老院慰问爷爷奶奶，可以学习如何与长辈交往。教师也可以将从事各种职业的工作人员请到幼儿园中来，让幼儿与其发生互动，在此过程中指导幼儿用正确的方式与人进行交往。如请交通警察到幼儿园给儿童举行交通安全知识讲座，儿童积极发问，有效思考，既掌握了交通规则和交通安全的相关知识，又参与了与人交往的实践活动。

二、学前儿童人际交往教育活动设计与实施的基本结构

幼儿园人际交往教育活动的类型多种多样，但由于其拥有共同的特点，其设计和实施的基本结构如下：

（一）创设人际交往情境

兴趣是最好的老师。通过情境的创设，如朗诵诗歌、观看动画片、看图片、听故事、做游戏、猜谜语等，引发学前儿童参与的兴趣。通过教师创设的人际交往环境，让幼儿在轻松、友好、快乐的交往氛围中，积极与人交往。如大班社会活动“微笑”的设计者，就是通过观看小蜗牛微笑的卡片以及欣赏微笑的故事，将幼儿引入到人际交往活动中来。

(二) 学习人际交往技巧

人际交往教育活动的主要目标就是帮助学前儿童掌握一定的人际交往技巧。因此教师向幼儿介绍人际交往技巧是非常重要的一个环节。介绍人际交往技巧可以采用两种方法:一是直接呈现法,就是让幼儿直接接触人际交往技巧,如面带微笑,使用礼貌用语,并让幼儿感受到这种交往技巧能够给人带来快乐,从而使他们愿意使用交往技巧;二是间接呈现法,这是指教师通过呈现一些反面事例,让幼儿进行讨论,逐步引出人际交往技巧。例如,教师请幼儿观看一个短片:幼儿A想参与其他几个幼儿的游戏,但是他们不同意。于是,A开始捣乱。其结果不但没能和大家玩,还引起了争执和冲突。观片后,教师组织幼儿讨论:片中哪些孩子做得好?哪些孩子做得不好?最后,引发出人际交往技巧——与人协商的方法。

(三) 运用人际交往技巧

幼儿接触人际交往技巧后,教师要提供条件和机会,让幼儿学习使用。这是人际交往教育活动的核心环节,其主要目的在于帮助幼儿掌握所学的人际交往技巧在哪些场合可以使用,对什么人可以使用等。在这一环节中,教师可以采用角色扮演法,如设计一些需要运用技巧的交往情境,让幼儿分组或集体表演;可以采用讨论法,例如学习交往技巧后,组织幼儿讨论怎么使用、在哪些场合使用等。

活动一:我们都是好朋友

活动目标

1. 体验大家在一起的快乐。
2. 能用简短的语言描述出好朋友的特征。
3. 懂得怎样做个让大家喜欢的孩子。

活动准备

每人五张笑脸、幼儿照片和表格、绳子、花环。

活动过程

1. 全体幼儿一起玩游戏:和我抱抱

师:刚才玩游戏时快乐吗?被“抱抱”的感觉好不好?喜欢和好朋友抱抱吗?为什么?

观察分析:幼儿边唱歌边玩游戏,很喜欢和好朋友抱在一起,幼儿很快乐、开心。音乐有5段,他们都找到了许多好朋友。

2. 游戏:猜猜好朋友是谁?

不说出好朋友的名字,只要把好朋友的特点说出来,比如:他是男孩还是女孩,长什么样子、发型什么样,最喜欢做什么动作、最爱吃什么东西,要求把好朋友最明显的特征说出来让大家猜,看谁最快猜出你的好朋友是谁。

观察分析:幼儿感兴趣,积极性高,争着要说,个别幼儿能抓住特点说,如:张娴说她的好朋友是短头发,在脸的两边有长长的两条小辫。小朋友一下就猜出是林楚伊;瑞铭说他的好朋友有一个常用的动作,他喜欢谁就会用手去摸他的脸,小朋友立即就猜出是吴泠。但也有一些幼儿抓不住好朋友的特点说。

3. 评选"最受欢迎的小朋友"。

(1) 请每位幼儿到自己桌子上拿五张笑脸,你的好朋友是谁,你喜欢谁,就把一张笑脸贴在他的照片下,最后数一数,谁的笑脸最多,谁就是最受欢迎的小朋友。

观察分析:笑脸是幼儿在玩区域活动时画和剪的,他们早就好奇这笑脸有什么用,现在终于派上用场了,都很高兴。而且是贴在好朋友的照片下,孩子们都互相说着,我的好朋友是谁,我要把笑脸贴在谁的照片下。

但同时也出现了个别幼儿为了让自己选上把笑脸都贴给自己,教师发现后及时制止了他们的行为。

(2) 全体幼儿根据笑脸的多少,选出最受欢迎的小朋友。

观察分析:这一环节出现了意想不到的情况,有 4 名幼儿得票相同,同时当选。

(3) 投票给这四名小朋友的幼儿举手说一说:为什么将笑脸送给这几个小朋友?

观察分析:孩子们很积极地发言,告诉大家自己好朋友的优点,如:他帮助过我,他团结友爱,经常和我玩等。

(4) 请选出的最受欢迎的小朋友谈谈此刻的感想。

观察分析:选出的小朋友在谈感受时语言较贫乏,只会说"我心里很高兴,谢谢大家。"

4. 讨论:你要怎样做也能当上"最受欢迎的小朋友"?

5. 自选游戏:两人三足、扔黏黏球、拉瓶子。

要求:找一个好朋友和你一起做游戏。

活动反思

本选材符合本班幼儿情况,游戏简单、有趣,环节较新颖。活动气氛活跃,幼儿都很感兴趣,参与活动的积极性高。评选"最受欢迎的小朋友"时,较多幼儿能抓住突出的特点来说,但是语言的组织和表达不够好。最受欢迎的小朋友谈感受时语言贫乏,不知要说什么。

活动二:我的家人(中班)

活动目标

1. 增进幼儿对家庭成员的了解和亲爱之情。

2. 锻炼幼儿用连贯的语言介绍自己的家人并表达自己与家人之间的情感。

活动准备

1. 请家长为幼儿准备一张"全家福"照片。

2. 请幼儿平时在家注意观察,家里的人谁会什么,谁喜欢什么。

活动过程

教师自然地引出与家有关的话题。如问:"今天早上谁送你来幼儿园的？晚上谁来接你?"然后开始谈话,话题可以是:

(1)"我家都有谁?"请幼儿拿出"全家福"照片,向大家介绍自己的家人。

(2)"平时我们在家里干什么?"

(3)"家里谁最喜欢我,我最喜欢谁,为什么?"

(4)"家里人有什么爱好、特长?"(如果有的幼儿说不出来请他们回家后再仔细观察。)

(5)教师引导幼儿小结:我们和家人在一起很快乐,我们应该爱我们的家人。

活动延伸

可以组织幼儿在自愿的前提下,制作"我的家人"画册,然后讲给大家听。

活动评析

活动所选择的话题是与幼儿的生活紧密联系的,每个问题都简单易懂,开放性强,问题的程度由易到难。幼儿容易回答,且都有自己不同的见解,可以发表不同的意见。通过这个谈话活动,幼儿表达了对家人的认识,感受到与家人在一起的愉快情绪,逐步学会爱自己的家人。

第五节 学前儿童多元文化教育活动的设计与实施

随着世界经济一体化时代的到来,国家之间的交流互动越来越频繁,社会日益多元化。要使学前儿童在这样的环境中成为一个具有责任感的合法公民,能够成功而又幸福地生活,幼儿园必须为他们打下理解和接纳多元文化的基础。而建立这个基础的最佳途径,就是在幼儿园开展多元文化教育活动。国际21世纪教育委员会委员鲁道夫·斯塔文哈根提出:"真正多元化的教育应当既能满足全球和国家一体化的迫切需要,又能满足农村或城市具有自己文化的特定社区的特殊需要。"多元文化教育主要是对学前儿童进行世界文化启蒙教育,应以本国文化为主、外国文化为辅,培养儿童公正、公平的意识。

一、在环境布置中营造多元文化的氛围

多元文化教育需要“创造一个尊重与重视差异的学校氛围”。《全球幼儿教育大纲——21世纪国际幼儿教育研讨会文件》指出:“应为不同种族、性别、民族或有特殊需要的儿童提供多样的学习环境,这个环境应反映当地儿童及家庭的文化背景和传统。”因此,我们在布置和营造幼儿园环境时,应该把民族文化和世界文化融合起来,注意在环境中渗透对学前儿童的多元文化教育。例如:有的幼儿园在墙上既张贴中国地图,又张贴世界地图;有的幼儿园在装修幼儿园环境时,把中国版图直接刻在活动场地上,这样让孩子们在游戏和自由活动中随时随地学习;有的幼儿园在环境布置中充分体现家乡的文化特色,如设计茶艺、布艺、地方戏曲、民族歌舞等。

二、在日常生活中渗透多元文化

在学前儿童的日常生活中,处处都蕴藏着多元文化学习和教育的契机。不同的文化有不同的饮食结构和餐饮习惯。幼儿园在每天的餐饮活动时,可以让儿童品尝不同国家有代表性的食品,如日本料理、西餐、韩国烧烤等,直接感受其饮食传统所代表的各国文化;也可以让儿童尝试制作本国或外国食品,如学习包饺子、做汤圆、包粽子等;学习制作西餐,如水果色拉、蛋糕、汉堡等,初步了解并比较东西方不同的饮食文化和饮食习惯。这样,多元文化的教育内容有机地组合进幼儿园一日生活之中。

三、在节日庆祝活动中感受多元文化

各种重要的节日、纪念日都是宝贵的多元文化教育资源,幼儿园要适时地加以利用。要注意从儿童的兴趣、需要、能力、经验和文化背景出发,不仅围绕着本国的节日,如中国的春节、端午节、中秋节、重阳节等开展活动,而且要适时精心挑选和利用各国具有代表性的一些重大节日,如圣诞节、母亲节、感恩节等,开展主题庆祝活动,使儿童有机会接触各个国家地区和各民族不同的文化、不同的风土人情以及生活习惯,以形成学前儿童的多元文化意识,养成对多元文化的积极态度。

四、在学习和娱乐活动中体验多元文化

将多元文化与幼儿园课程紧密地结合在一起，渗透在不同领域的教育活动中。可以通过正规的社会教育活动、艺术活动、娱乐活动等形式，对儿童进行多元文化教育，帮助学前儿童了解人类不同文化的相似性和独特性，使儿童学会分享共同的文化，容纳和接受不同的文化。组织儿童在社会教育活动中了解我国各个民族和其他国家的文化，通过音乐活动、美术活动、戏剧表演活动、建筑活动等形式，通过故事、歌曲、图片、工艺品等资料收集，学会从不同的视角审视不同的特色以及他们之间的差异，利用不同的途径如歌曲、舞蹈、绘画、木偶表演、卡通片等，了解我国各民族、世界各国的文化传统。

五、在社会教育活动日中挖掘和利用多元文化资源

幼儿园要创设“社会教育活动日”，充分利用大自然和社会的有效资源对儿童进行多元文化教育。儿童的周围环境中储藏着丰富的多元文化教育资源，只要合理挖掘和利用，就能开阔儿童的视野，扩展儿童的信息量，拓宽儿童学习的空间，提高教育的效果。比如，可以组织儿童到博物馆、海洋馆、美术馆、歌剧院等社会场所参观、游览，让他们亲身体验东西方文化的异同。还可以在社会活动日中将各民族、各国的朋友请进幼儿园，与儿童一起联欢，共同进行分享和体验活动。要鼓励拥有不同文化背景的家长给儿童讲故事，和儿童一起唱歌、装饰、绘画、制作；鼓励去国外工作或旅行过的家长，给儿童讲述他们的所见所闻，共同观赏他们拍摄的具有异国风情的图像资料。

活动:认识少数民族

活动目标

1. 引导幼儿初步认识维吾尔族和蒙古族人的服饰，了解并尊重他们的生活习惯，知道他们是我国的少数民族。

2. 培养幼儿观察、辨认维吾尔族和蒙古族人的能力。

活动准备

1. 由四位教师分别扮演不同性别的维吾尔族、蒙古族人。

2. 教学挂图《少数民族》。

3. 一幅大的《中国地图》。

活动过程

1. 教师出示《中国地图》，启发幼儿谈话，导入课题。

请幼儿看地图，告诉幼儿我们祖国很大，人口很多，有很多民族，其中汉族人口最多，在我们国家还有一些民族，由于人口较少，所以一般称为少数民族。

2. 认识少数民族的特点

(1) 今天来了几位少数民族的客人，要热情招待。

(2) 两位维吾尔族人随音乐跳舞入场。

① 向客人询问，你们从哪里来，是哪个民族的？并在地图上指出家乡的位置。

② 引导观察客人的服饰，并请客人介绍自己（维吾尔族人都喜欢戴一顶小帽子，女的穿黑色小背心、长裙子，梳很多小辫子；男的穿对襟长袍。维吾尔族人喜欢唱歌、跳舞、弹冬不拉，还喜欢吃烤羊肉。）客人拿出哈密瓜、葡萄干等，向小朋友介绍新疆的特产，并请幼儿品尝。

(3) 两位蒙古族客人随音乐跳舞入场。

①、②同上（蒙古族人喜欢扎头巾，穿斜襟的衣服，穿皮靴。许多蒙古族人住在蒙古包里，在草原上牧马、牧羊，喜欢喝奶茶，拉马头琴，还喜欢摔跤、骑马。）

3. 请幼儿和客人自由交谈，可以向客人提出自己想知道的问题。最后，客人邀请小朋友到新疆和内蒙古去做客。

4. 出示教学挂图，请幼儿说出图上这些人是哪个民族的。

活动延伸

在班上布置“新疆”、“内蒙古”角，摆放他们的特产，还可以请小朋友画出这两个少数民族的小朋友。

活动评析

该活动的优点有：有充分的教具，师幼互动较好。需改进的地方：幼儿参与活动方式还可多样，例如：摸摸少数民族人的服饰，和他们一起唱歌跳舞，体验民族风情。

本章小结

学前儿童社会性教育活动的设计与实施，有助于学前儿童社会性领域教育目标的实现。为了实现教育目标，在设计活动时，应遵循五条原则：目标性原则、针对性原则、活动性原则、全体性原则、整体性原则。虽然不同类型的社会教育活动有不同的设计方法，但我们一定要掌握其一般的程序：确定活动目标、选择活动内容、设计活动内容、拟订活动方案。在此基础上，掌握各种类型社会教育活动的基本特征、主要类型、设计实施的基本结构等，最终能设计出高质量的社会教育活动方案，从而提高设计与实施儿童社会教育活动的能力。

思考题

1. 谈谈设计学前儿童社会性教育活动应遵循哪些原则。
2. 根据所学内容,设计一个增强学前儿童自我认识的活动。
3. 谈谈学前儿童人际交往教育活动的主要特征。

第七章　学前儿童问题行为的干预与矫正

近年来，儿童的问题行为发生率呈现急剧上升的趋势，引起了全社会的广泛关注。2004年，全国15个城市的儿童医学专家对我国学前儿童的问题行为进行调查。他们从学龄前(3～6岁)儿童常见的大量问题行为中，评出影响中国学前儿童身心健康发育的最常见的十大问题行为，指出气质是影响儿童行为发育的重要因素，并提供一系列有关的矫正方法。这项调查有助于家长、教师及早发现问题，真正做到防患于未然，从而提高儿童的素质，促进儿童的身心发展。本章主要讨论学前儿童问题行为的表现特征及其各种影响因素，并介绍一些干预技术的运用，例如强化法、惩罚法、模仿法、系统脱敏法、代币制等。

第一节　学前儿童问题行为的表现特征及其成因

一、学前儿童问题行为的涵义与分类

（一）问题行为的涵义

问题行为是相对于学前儿童的正常行为而言的，两者处于一个连续体的两端。大多数儿童都处于该连续体的中间位置，也就是说，大部分儿童都存在一定的问题行为，只是在程度上有所差异。那么儿童行为究竟具有什么特征，才称为问题行为呢？评估幼儿的行为是否正常的标准主要有以下几个方面：① 行为必须与年龄相符，也就是说，幼儿所表现的行为与大多数同龄儿童是一致或相似的；② 幼儿的行为必须与当地的社会文化相适应；③ 幼儿通过学习能掌握并使用所处社会的语言等，参与社会生活和人际交往；④ 在日常生活、学习中，能够逐步学会遵守纪律，懂得奖与罚的意义，并能遵守有关的法则；⑤ 能够正确处理同伴关系以及与同伴之间发生的冲突；⑥ 逐渐学会控制自己的情绪，其情绪表现与环境相一致。问题行为通常是指在严重程度和持续时间上都超过相应年龄所允许的正常范围的异常行

为，因此问题行为又被称为行为异常。也就是说，这些幼儿的行为通常和他们同等发展或成熟的儿童所遵守的标准相冲突，发生社会适应的困难，无法从事学习活动和接受正常教育。

有关研究表明，从总体上看，幼儿问题行为的发生率较低，不存在显著的性别差异，却表现出显著的年级差异，即小班幼儿的问题行为明显多于中班和大班幼儿。有问题行为的儿童占儿童总体的10%以上，他们在行为上所表现的偏异往往显示出心理和情绪的冲突。一般具有以下几个特征：首先，幼儿的社会适应有持久性困难。这是从某一特殊行为持续的时间来说的。如果幼儿的某种特殊行为（如胆小、易怒或做白日梦等）长期存在，就需要特别关注。其次，幼儿的社会行为不受普通方法的限制。这是从对该行为的教育实施方面来说的。如果教师在组织开展集体教育的过程中，发现应对某一幼儿的行为有难度，这种行为就可能是问题行为的表现。例如，在美术活动中，孩子们都在认真地画画，可是有一个孩子却不画画，还不断地抢别人的颜料画笔，或者在其他小朋友的作品中加上几笔等。那么，这个幼儿就表现出问题行为了。再次，对周围环境和社会不理会。这是针对幼儿易发生问题行为的情境来说的。例如在正常情形下有不适当的愤怒、无理由的猜疑、莫名其妙的紧张，不能和周围人群建立交往关系等，都表明幼儿的行为可能有一定的问题。

具体地说，幼儿的问题行为表现为三个方面：第一，行为不足。这是指人们所期望的行为在该幼儿身上很少发生或从不发生，例如幼儿很少讲话或者不愿与别人交往，不喜欢参与集体活动，智力可能比较迟滞，生活难以自理等。第二，行为过度。这是指某一类行为发生次数太多或持续时间过长，反应过于强烈。如在上课时经常思想不集中，小动作不断，随便走动；常常为一点小事就大喊大叫，吵闹不休；经常咬指甲等。另外，有些正常行为如果发生太多也会成为问题行为，如幼儿一天到晚反复洗手。第三，不适当行为。这是指人们所希望的行为在不适宜的情境中发生，但在适当的条件下却不发生。例如，幼儿在遇到老师、家里来客人时不愿意打招呼，但是在独处时却反复地说："你好！""请坐！""再见"。

（二）问题行为的分类

一般说来，对幼儿的问题行为进行分类，是从问题行为的内容着手的，主要可以分为四类：

1. 发育过程中的问题行为

这类问题行为是与幼儿的成熟度有关的。也就是说，在学前期某一段时间可能发生一些问题行为，但是在后来适当的教育训练下可以缓解、好转或消失。因此，这类问题行为一般都是暂时性的，主要有吮吸手指、咬指甲、依赖性、退缩、乱发脾气等。

2. 心理发育障碍性问题行为

这是指由于幼儿心理障碍而引发的问题行为，如多动症、言语障碍、进食障碍、学习困难等。这类问题行为一般需要经过特殊的教育训练和专业指导才能克服。

3. 心理性问题行为

这是指由心理问题造成的问题行为。比如：由矛盾心理引起的神经性行为，表现为强迫行为、歇斯底里行为、神经性厌食者；由不良情绪引发的问题行为，由过度敏感引起的神经质、多疑、过分依赖、敌对情绪等；性格方面的问题行为，有性格偏执、粗暴、胆怯、退缩等；学习方面的问题行为，表现为拒绝上幼儿园；活动过多的问题行为，有注意障碍、冲动、综合多动症等；习惯性方面的问题行为，有厌食、儿童遗尿症、吮吸手指、睡眠失调等。

4. 品德性问题行为

这是指由于接受不良教育而造成的问题性行为，如撒谎、说脏话、偷窃、不遵守规则、攻击性行为等。这类问题行为需要家长和老师长期的教育指导，才能得以改善。

二、学前儿童问题行为的影响因素

近年来，有关学前儿童问题行为影响因素的研究非常多。研究发现，幼儿发生问题行为的危险因素包括生物学、环境教育和家庭等诸多因素，是多种因素综合作用的结果，属于多病因模式。教师和家长要想科学有效地干预并逐步改善幼儿的问题行为，需要通过观察访问，逐步了解引起幼儿产生该行为的原因，把握问题行为的影响因素。了解幼儿问题行为的影响因素，不仅有助于干预矫正幼儿的问题行为，而且对于预防幼儿问题行为的产生有积极意义。

（一）生物因素

生物因素主要包括遗传、围产期损害、疾病感染、身体发育状况等，这是幼儿产生问题行为的先天条件。一般来说，对于这样的孩子，更需要成人因地制宜的运用适当的方法对幼儿的问题行为进行控制和改善。遗传与环境对幼儿的影响，一直是发展心理学界有争议的话题。虽然我们不是遗传决定论者，但是也不能完全排除遗传对幼儿问题行为产生的影响。李红娟等(2001)对我国太原市学龄前儿童问题行为发生的情况及影响因素的研究发现，母亲孕期以及围产期的情况，是学前儿童问题行为产生的重要因素之一。幼儿发展的成熟度也是影响其问题行为产生的因素之一。研究表明，年龄小的幼儿比年龄大的孩子的问题行为更多一些。另外，幼儿自身的气质特点也是其发生行为问题的原因之一。大量研究表明，难育型和启动缓慢型两种气质特点都易使儿童发生多种行为问题。有行为问题的孩子一般在集体中处于不受欢迎、受到拒绝或被忽略的地位。遭受拒绝的儿童最易产生攻击和破坏行为，而被忽略的儿童在各个方面的积极性都较低。

（二）家庭因素

家庭是影响幼儿产生问题行为的环境因素之一，是学前儿童最初成长、生活时间最长的场所。在家庭里，幼儿逐步学会最初的社会生活技能、道德规范和行为准则等。家长的教养方式、家庭的环境，包括物质环境、精神环境的创设都可能成为导致幼儿产生问题行为的原因。有关研究表明，学龄前出现问题行为要比青春期出现问题行为更易导致成年时的反社会行为，而且青春期及成年期的问题行为与学龄前问题行为密切相关。

1. 家庭教养方式

在家庭中，家长的教养方式是直接影响幼儿行为习惯养成、社会发展的因素之一。研究表明，父母的教养方式可能对儿童的行为产生的不良影响主要包括：父母教养技能的缺失、父母角色能力不足、父母不良的人格特征和行为模式以及双亲关系不良等。父母缺乏养育技能，表现在育儿方面缺乏自信，经常采用简单批评、粗暴体罚等方式，不能很好地教育孩子。此外，父母抑郁、酗酒等不良性格特质以及夫妻关系紧张，也会导致孩子问题行为的产生。例如父母高度抑郁对幼儿的控制就比较多，往往采用批评的方式对待孩子。凌辉(2004)研究发现，温暖、理解的父母与儿童品行问题、冲动、多动呈负相关；父母的情感支持行为可以减轻儿童的社交退缩、违纪、攻击性行为和强迫行为；而父母的拒绝、过度保护或溺爱则与儿童的行为问题呈正相关。

2. 家庭教育环境

前苏联教育家马卡连柯指出：“家庭是最重要的地方。在家庭里，人初次向社会生活迈进。”美国心理学家尤・布朗芬布伦纳也提出，家庭是人类发展生态学理论中的微观系统，该系统对孩子的影响最为深刻。家庭是幼儿最早的社会化环境，家庭中营造的精神环境氛围，与幼儿的行为发展有密切关系，对幼儿的发展有潜移默化的影响。由此可见，和谐的家庭气氛、良好的家庭道德观念是促进儿童社会行为发展的有利条件。除精神环境之外，家庭的物质环境对幼儿的行为发展也同样重要，这是因为，物质环境是幼儿得以成长的基石，能够满足幼儿生存的基本需要。当前一些地方居室住房条件差、幼儿活动空间小以及“电视保姆”等现象的存在，使得幼儿交往的伙伴减少，交流对象单一，这不仅不利于良好人际关系的建立，还限制了幼儿户外活动的自由，不可避免地给幼儿的身心和谐发展带来负面效应，影响幼儿的社会化发展。

3. 社会因素

社会环境包括儿童居住地区的社会风气和学习环境。良好的社会环境可以使儿童的行为向好的方面发展，有助于减少儿童行为问题的发生；反之，则会增加儿童行为问题，如品行障碍的发生。这里介绍的社会环境，不仅包括幼儿园环境以及其中的同伴关系和师生关系，同时还包括社会大环境即大众传媒的介入。幼儿园是幼儿除家庭之外接触较多的一个环境团体，为幼儿拓宽交往范围提供了一个平台。在这里，幼儿与家庭成员以外的教师、同伴打交道，有利于促进幼儿社会化的进程。但是，幼儿园也可能成为幼儿产生问题行为的温床。例如，幼儿在班级中不受欢迎，是导致他们产生问题行为的原因之一。有关研究表明，一般而言，受忽视的儿童攻击等问题行为较多。此外，幼儿还受社会上各种视觉媒体的影响。一项研究表明，幼儿时期看暴力电视与其学龄期攻击性行为呈正相关。

第二节　学前儿童问题行为的干预技术

作为一种超越社会应允范畴的特殊行为，儿童的问题行为将不同程度地影响到个体今后在社会交往等各方面的正常发展，严重的还可能引发违法犯罪。所以，必须选择恰当有效的干预措施，以促进儿童健康地成长。每种干预技术都有其长处与不足。作为教育工作者，如何认识各类干预技术的价值，如何在实践中正确运用各类干预技术，如何综合不同的干预技术解决问题行为，应当成为我们关注的重要问题。

一、强化法

强化法是行为矫正法中的常见方法之一，也是教师常用的一种干预技术。在解读本方法之前，我们来看下面两则案例：

案例1：多动的乐乐

乐乐已经上幼儿园大班了。他是个非常活泼好动的孩子，"好动"得简直难以让人置信，就像上了弹簧一样，一秒钟都停不下来。他走路上蹦下跳，左摇右摆，还故意撞人。上课对他来说，与下课没有任何区别，想干什么就干什么，心里根本没有集体活动规则。即使硬被老师按在椅子上，也无济于事。他总是要左拧右拧，打闹嬉戏。要求他集中注意力做一件事情，真是难上加难。在家更是不得了，回家时他像圈在笼子里的小猴子重返了大森林，上蹿下跳。用家人的话说，和他呆上一会儿就头疼。后来，经医生诊断发现：乐乐原来患了多动症。医生给乐乐开了一些药物，同时要求家长和教师配合进行教育治疗。医生告诉他们：药物治疗只是辅助，必须结合有效的行为干预技术。在对乐乐多动特征观察分析的基础上，他们一起为乐乐制定了行为改善计划，即：只要乐乐有点滴进步，比如能坐下来五分钟听老师讲话，老师和家长就马上奖励他，给他一个拥抱，允许他看最喜欢的动画片，请他做小组长等。渐渐地，乐乐比以前安静和懂事多了，也不再总是和小朋友吵闹了。

案例2：爱打人的强强

刚上幼儿园小班没几天的强强，就成了幼儿园里的"公众人物"——他总是欺负别的小朋友。今天他无故把同桌推倒在地上，明天揪隔壁桌女孩子的头发，第三天和几个男孩子打架……天天如此，没过一个月，老师就吃不消了。过来告状的家长走了一拨又一拨。无奈，老师只好把强强的妈妈请来。

妈妈说，强强无故打人的情况早就有了。他很小的时候，好像是出于好奇，喜欢拍其他孩子。强强的爸妈因为工作忙，很少关注他，也没在意。谁知，他慢慢地养成了习惯。妈妈多次说服教育，甚至体罚都不管用，强强好像就是管不住自己。现在，妈妈也不知如何是好。

得知这些情况后，老师和妈妈商量如何帮助强强改掉打人行为的办法。她们达成一致意见：每次，只要强强有打人的倾向或行为发生，就上去抓住他的手，不准他攻击别人。如果强强想要摆脱这种束缚，就必须放弃攻击行为。经过一个月的共同努力，大家发现强强的攻击性行为减少了。只要老师用语言提醒，他就可以控制自己想打人的冲动。

（一）强化法定义

在上述案例中教师和家长采用强化的方式来帮助儿童矫正问题行为。强化包括正强化和负强化。所谓正强化，是指当被强化人出现他人所期待的操作性行为（外显的、可视的行为）后，如果立即得到他需要的强化物，则被强化人再次发生同样操作性行为的可能性和次数会增加。案例1中，乐乐每次稍微安静一会儿，就得到他想要的一样东西。于是，为了获取后者，他努力地按照家长和老师的要求去做，这就是正强化。

负强化是指被强化人改正问题行为，出现他人所期待的操作行为后，取消使他感到厌恶的刺激。为了避免厌恶刺激，被强化人发生所期待行为的几率会增加。负强化的过程包括两个阶段：逃避和回避。厌恶刺激的出现，使得儿童想要避开它，但他只有发生了所期待的行为以后才可以逃避。经过多次反复以后，儿童会明白厌恶刺激和期待行为之间有因果关系。于是，为了不再经受那样不愉悦的体验，他会努力做出所期待的行为，以回避厌恶刺激的出现。在案例 2 中，强强的攻击性行为引发了身体自由受限制的厌恶刺激，这让他很不悦，为了回避它，强强开始减少或控制打人行为，这是负强化。

正强化和负强化是一对既有区别又紧密联系的干预方法。两者都是为了加强某种所期待的正常行为，但它们使用的方法不同，正强化是用愉快刺激的方式，负强化是用厌恶刺激的方式。两种方法在一定情况下可以相互补充，例如，当正强化中的刺激物对儿童无效时，可以采用厌恶刺激的方式。

（二）强化法的使用要点

1. 明确强化行为

不管是正强化还是负强化，教师要首先明确要强化的儿童行为是什么，并尽可能地将其具体化，使其可观察、可控制和可评价，这样才能更有效地实施强化。如果选择的强化行为过于宽泛和一般化，如“促进儿童的同伴交往”，则会使强化的针对性不强，也无法考证强化的效果。

2. 恰当选择强化刺激物

强化刺激物在强化过程中起着关键的作用，恰当的强化物可以有效地引发所期待的行为。正强化物的类型有很多，例如，能满足儿童生理需求的消费性强化物，如糖果、食品和饮料等；能满足儿童活动本能需求的活动性强化物，如外出游玩、看电视、做某个游戏等；能满足儿童对心爱物品享用需求的拥有性刺激物，如赠送玩具、画片等；能满足儿童社会交往需求的社会性刺激物，如拥抱、赞赏的眼神和表扬的语言等。教师要根据儿童的需要，选择他最喜爱的事物作刺激物。对儿童来说同一刺激物如果长时间反复使用，可能会失去吸引力，尤其是消费性强化物。此外，为了使儿童施发行为的动机由外部转向心理内部，解除儿童对外部刺激的依赖，刺激物的选择要注意随儿童的心理特征变换，小年龄儿童可能对物质性刺激更感兴趣，而大孩子则更喜欢满足社会性需求的刺激物。

负强化是能够使儿童产生消极情绪体验的事物，例如语言警告、自由受束缚、各种强烈的感觉刺激或心理惩罚。它首先应该是学校教育、社会道德以及儿童身心健康发展所允许范围内的事物，同时能使儿童产生一定的消极情绪体验，否则很难起到相应的效果，甚至产生负效应。例如，老师发现有一个孩子上课总是不停地讲话，就把它叫到孩子们面前站着。结果，这个孩子并没有觉得害羞，反而认为这是一件很得意的事情——老师终于注意到他了，效果就可想而知了。

这里要提请注意的是：正强化物的出现和负强化物的消失一定要及时。

3. 协助儿童明确强化物和强化行为的关系

教师在使用强化物时，一定要帮助儿童明确强化行为和强化物出现或消失之间的关系，这样可以更快地帮助他修正行为。比如有的儿童总是喜欢把别人的东西拿回家，在家长的教育下，他拿的次数少了，你就可以奖励他巧克力。但在吃之前，你要明确告诉他：他之所以有巧克力吃，是因为他今天没拿别人的东西，而不是其他。撤销厌恶刺激时也是如此。这样，孩子才能更明确行为的方向。

4. 避免强化法误用

运用强化法改善儿童的问题行为简单易行，只要运用恰当，效果会十分显著。但是，在日常生活中，人们往往对它错误理解或误用。以下两种误用是比较突出的：一种是有意或无意地正强化问题行为。儿童的许多问题行为在形成之初，可能是出于无意识或者好奇。如果成人不加以重视，不及时地进行教育，反而对它进行肯定的话，会令儿童的问题行为形成得更快更顽固。例如在成人没有教给儿童正确的社会交往方式之前，儿童会自发地使用自己的交往方式和别人相处，而这些方式往往不符合社会规则——抓人、打人、破坏玩具、抢东西等。儿童的这些行为，如果不能及时得到纠正，在儿童看来，就是对它们的肯定。甚至有些家长认为孩子这样很厉害，表扬他的行为，这样就使儿童更加频繁地搞破坏。另一种是期望行为未出现便撤销厌恶刺激。瑭瑭非常不喜欢上幼儿园，每天早上，她会想各种各样的方法来逃避：装病、哀求、撒娇、死缠烂打、赖床等。家人每天都要经历一场不亚于“战争”的过程，才能把她送进幼儿园。有时候奶奶觉得孩子很可怜，就跟瑭瑭妈说：“干脆别去了，你看她多不想去啊！”拗不过奶奶，妈妈一气就上班去了。奶奶就在家带着孩子自由玩。奶奶在孩子没有出现正确行为之前，就帮她消除了厌恶刺激，可以想像，以后让她去幼儿园会更加艰难。因为她已经知道：即使不做出正确的行为，也可以有愉快的体验。所以，在强化之前，一定要明确在所期待的行为出现之后再施加强化。

（三）区分强化与消退

强化不同于消退。消退是指当行为者出现不良行为以后，没有像以前一样随即出现他期待的强化物，则他发生相应不良行为的次数会降低。比如，儿童为了买喜欢的玩具（期待的强化物），往往会采用哭闹的形式（不良行为）。如果父母对他的行为置之不理，即强化物没有预期出现，多次反复以后，儿童就可能放弃这种不良行为。以后，当他遇到相同的情境时，如果不无理取闹，父母就奖励他一个亲吻，这是正强化；或者在他能控制自己的时候，父母不限制他看喜欢的动画片，这是负强化。

总体而言，强化法是一种易操作且行之有效的儿童问题行为干预技术，但它也有不足之处。例如强化行为只限于操作性行为，是借助外在力量来改变儿童的内部问题的，在改变行为上更注重量而不是质。因此，我们在使用时要明确它的使用范围和价值，不能盲目滥用，以免造成不良后果。

二、惩罚法

惩罚法是学前儿童社会教育中常用的一种方法。此方法不管对幼儿教师还是对家长来说，都是一种使用频率很高的方法。究其原因，人们似乎认为它是一种不需要专业学习就可以掌握的方法，而且具有立竿见影的效果。正因为如此，有相当一部分成人在使用中存在着很多问题。请看下面的案例：

寒冷的早上。老师在给孩子们讲故事。正讲得起劲的时候，体弱多病的兰兰和妈妈来了。“又迟到了”，老师心里嘀咕着。的确，因为身体原因，兰兰总是隔三差五地不来幼儿园，迟到更是家常便饭。为此，给带班的老师带来了许多不便，她对兰兰有些不满。这不，兰兰妈刚走，她就忍不住自言自语：“上学跟逛街一样，什么时候想来就来，真是烦！”然后，她对着兰兰说：“以后要是迟到了，就别来了！”兰兰的眼眶里盈满了泪水……

在案例中，这位老师没有意识到，她正在对无辜的兰兰实施惩罚——责备、嘲讽。语言的攻击也是一种惩罚。其实，很多教育工作者搞不清惩罚的方式，在如何使用方面也存在着问题。所以，我们这里有必要介绍一下惩罚法。

（一）惩罚法定义

惩罚是指当行为者出现不良行为后会承担不愉悦刺激，或者取消他正在享用的愉悦刺激，从而达到遏止不良行为出现的目的。例如，一个两岁半的幼儿，他不管走到哪里，不管在干什么，嘴里都要叼着自己的奶瓶，否则就抗拒从事任何活动。这是过度依恋特定事物的现象。为克服这一问题行为，成人可以在奶嘴上涂些辣椒，或者他要吃奶嘴的时候不允许他玩喜欢的玩具，让孩子意识到继续吃奶嘴的痛苦和要付出的代价，从而考虑放弃这一行为。这就是惩罚。显而易见，惩罚包括两个过程：给予不良刺激和剥削愉悦刺激。

惩罚不同于强化。就实际操作而言，在上面的例子中，如果儿童能够放下奶瓶一会儿，就奖励他一块糖，这是正强化；如果他不能忍受放弃心爱的玩具，丢下了奶瓶，成人就取消对他原来的约束，这是负强化。

综上所述，惩罚主要是为了减少或遏制不良行为再次出现，如果想要完全消除问题行为，或者建立新的行为，尚需借助多种方法才能实现。

（二）惩罚的方式

按照惩罚与儿童作用的方式，可以将惩罚大致分为三类：责备、剥夺和暂时隔离。那么，对待同一个问题行为，如何使用不同的惩罚方式？请看下面的案例：

胜胜是一个6岁的男孩。因为他出生的时候是早产,从小就成为全家重点呵护的对象。尽管如此,也没有弥补先天身体素质差带来的问题:感冒、消化不良、拉肚子、支气管哮喘等问题频繁地发生在他的身上。全家人都觉得歉疚。为了补偿,大家竭尽所能满足胜胜所有的要求,希望他能够开心。

过度的溺爱使胜胜养成了一些问题行为,比如任性,爱发脾气。不管是谁,只要稍不满意,胜胜就躺在地上打滚,哭得异常凄惨。有时候还摔东西、打人,真是让家人伤透了脑筋。

这天,胜胜因为爸爸没有给他买昂贵的飞机模型而大为不满。虽然为了补偿,爸爸给他买了一辆遥控小汽车,但胜胜还是不高兴。为了表示抗拒,吃饭的时候,胜胜假装不吃,或者挑三拣四,说要吃这个、吃那个,专挑饭桌上没有的要。

妈妈实在看不下去了,就警告他说:"胜胜,你的飞机已经很多了,你再这样无理取闹,就没有一个人喜欢你了。"胜胜更不乐意了,闹得更凶。爸爸很生气,就把下午买给他的小汽车没收了,说要送给表弟玩。

这下胜胜彻底愤怒了,他开始大哭大闹,谁说话都不听。无奈之下,爷爷把他抱起来,放在他自己的屋里,让他闹够了再说。

在这个例子中,不同的家长采取了不同的惩罚方式。首先,妈妈的警告起到了责备的作用,直接告诉孩子他的行为不对,希望他能够终止。接着,爸爸剥夺了他喜欢的玩具小汽车,再次期待他能够意识到自己的行为可能带来什么样的后果。当第二次干预失败以后,爷爷则直接把他暂时隔离,让他在发泄自己负面情绪的同时,能够认真反省一下自己的行为。

使用惩罚法干预儿童的问题行为,往往是以责备开头,提醒行为施发者。它可以是具体的语言、责备的眼神或严厉的面部表情,这对于管制较轻的问题行为有一定的效果。但大多数情况下,还要采取更为深刻的方式——剥夺正在拥有的享受,可以是具体的物品、活动或权利,这种方式对大年龄段孩子效果较好,因为它要求孩子尽快地控制自己的情绪,理性地思考自己的行为造成的后果,从而有效地控制行为。对于年幼的儿童,暂时的隔离可能是更好的方式。它阻断了外界刺激的干扰,留下一个发泄情绪和反思的空间给儿童,符合年幼儿童控制情绪能力弱的特点。

(三) 惩罚法的运用

1. 意见一致地贯彻执行

首先,成人应该将儿童问题行为具体化于不同的情境中,归类整理儿童问题行为的各种表现,为有针对性地干预做好准备。例如攻击性行为,儿童在什么时候、什么条件下会有攻击行为发生?有哪些具体表现?发生的强度和频率如何?对待这些问题行为，家庭和幼儿园要意见一致，认真地通过惩罚法来教育儿童，避免因不一致而影响教育效果。

2. 正确选择惩罚方式

就性质而言，惩罚给儿童带来的是一种负面刺激和不良反应。所以，我们要尽可能根据儿童的年龄和问题性质，选择轻微且有效的惩罚方式实施。例如，对年龄稍大的儿童，可先进行语言警告，严肃认真地向他讲道理，就事论事，如果发现抵触情绪比较明显时，再采用较严格的惩罚方式。通常情况下，惩罚法与强化、模仿等其他方式配合使用，才能收到最好的效果。

3. 避免可以诱发问题行为的情境

幼儿的自我控制能力差，在有诱发因素的情境中容易出现问题行为。因此，在干预儿童本身的同时，要为儿童创设一个有益于行为矫正的生存空间。例如，对于拿别人东西的孩子，要尽量避免他独处一室；对攻击性行为儿童，要尽量避免他和其他孩子有发生摩擦的机会。

4. 避免惩罚法误用

在幼儿教育实践中，惩罚法误用的情况比较常见。例如，把讽刺、责骂等同于语言警告，而儿童并不明确自己错在哪里，以及如何改正；把责备作为宣泄愤怒的渠道，责备无效时就妥协；滥用惩罚法。这些使用误区不仅没有起到应有的作用，很多时候还深深伤害了儿童的自尊，或激起他们的逆反心理。因此，一定要避免误用惩罚法。

5. 正确认识惩罚法的价值

正确使用惩罚法，可以从一定程度上减轻或遏止儿童的问题行为，而且往往显效很快。与此同时，我们应该认识到，惩罚法的使用毕竟伴随着儿童的消极情绪，经常使用可能会给儿童带来一定的伤害，而且可能引发儿童的效仿，造成更严重的后果。所以，在有其他方法可用的时候，要尽量避免采用惩罚法。本文未提及的体罚（也是惩罚的一种方式）不能使用。

三、模仿法

（一）模仿法定义

班杜拉社会学习理论告诉我们，儿童自出生以后，从未停止过他从生存其中的社会环境进行学习的步伐。家人、教师、家庭环境、家庭氛围、学校教育环境、人文环境，甚至社会大环境，都无时无刻不在渗透性地影响着儿童发展的方方面面。近些年，越来越多的实验研究向我们展示：即使是年幼的婴儿，也具有惊人的模仿能力。例如，出生几天的婴儿能模仿父亲的吐舌动作。这些研究给我们的教育干预提供了更广泛的思考空间。

模仿法正是建立在这一理论基础之上，强调儿童通过对模仿对象（又称楷模）行为的观察学习，达到增强正常行为、消除问题行为的目标。在模仿法中，最关键的要素是楷模对儿童的影响力，这取决于楷模与该儿童的关系、楷模的特征以及儿童的心理需求状态等诸多因素。一个恰当的楷模能够最大限度地调动儿童行为的内在动力，从而达到事半功倍的效果。请看下面的案例：

冉冉是一个4岁半的活泼小女孩。她聪明、好动、热情，喜欢探索新事物。在幼儿园，她是个招人喜欢的孩子。有一天，在娃娃家活动时，老师突然发现冉冉很害怕玩具娃娃——她一看见就立即跑开，即使老师在场引导，也不愿意看或者接近玩具娃娃。老师观察她一段时间后，发现冉冉对各类玩具娃娃都很害怕。这是一种比较持久、稳定的对待定事物的恐惧。

老师请来冉冉的妈妈了解情况。原来，冉冉在六个月大的时候见到一种声控玩具，当时受到了惊吓，以后拒绝看到相似的玩具。而家人对她的异常行为并未在意，反而逢人就说："我们冉冉不喜欢娃娃的。"这种特殊的情感经历，加上成人的语言暗示，最终导致了冉冉对玩具娃娃的恐惧。

经过讨论，老师和家长决定采用模仿法帮助冉冉消除恐惧。首先，他们在冉冉开心的时候，陪伴她一起观看儿童与娃娃快乐游戏的图片、片段或者现场活动。开始的时候，冉冉还是害怕，慢慢地她就敢看了，但还是不敢碰娃娃。然后，老师找来她最信任的人在她面前表演和娃娃一起游戏的愉快场面。多次以后，发现冉冉有了很大的进步。现在，她已经和正常孩子一样喜爱娃娃了。

（二）模仿法影响学前儿童行为的方式

模仿学习既可以增强儿童行为，也可以削弱或者消除儿童行为。其价值主要通过以下几种方式来实现：

首先，帮助儿童习得正确的行为方式。具有问题行为的儿童之所以改善起来困难，一个重要的原因是儿童不知道怎么做才能克服它。对于这个困难，模仿法有它的优越感。因为它提供了一个情况真实发生的他人经验，这个经验可以从一定程度上弥补甚至取代儿童无法亲自获得的个体经验。比如过度依赖家长的儿童，可能是因为他最依恋的人突然、短暂的离开让他不知所措，经历了感情上的挫折后，儿童再也不愿意有同样的体验。这种体验产生的根本原因在于儿童对成人缺乏信任。如果他看到其他儿童在面临同样的处境时的处理方式，并相信依恋对象在离开后总会回来的，他就会逐渐消除对依恋对象离开时的焦虑情绪。

其次，冻结问题行为，解冻正常行为。儿童会无所畏惧地侵略他人、任性；或者无力地受制于恐惧、焦虑，这是因为他不曾感受过搞破坏的后果，也不知道冲出情绪束缚后会有怎样的积极体验。模仿法绕过儿童的直接经验，以他人的间接经验将他所缺乏的知识直观呈现，同样可以起到相应的效果。可以设想，儿童看到一个当众撒泼的孩子并没有得到想要的玩具，而是被母亲训斥了一顿之后，他在想要获得自己想要的玩具或处于类似情景中时，一定会考虑避免采用这种方法。

最后，激发已掌握的良好行为。在这里，儿童在同一领域已同时养成了积极行为和不良行为，通过观察他人的积极行为，儿童进行同样行为的频率增加。例如分享，要求学前儿童与他人分享并非一件容易的事。虽然从道理上讲，儿童懂得要分享，但他并不一定有分享行为发生。我们经常可以看到，老师说："大家有了好东西应该怎么做?"孩子们会异口同声说："和小伙伴分享"，但遇到具体的情况就完全是两回事了。当然，儿童也会有分享的行为，如果他看到周围的人都在分享，他的分享行为就会发生得频繁。

（三）模仿学习的运用

1. 选择恰当的楷模

楷模的特性、模仿行为本身的性质，会影响儿童模仿行为的效果。一般来说，两类特征的楷模最容易激发儿童模仿的动力：一是儿童最崇敬的亲人、教师或英雄人物，二是和儿童各方面相仿的伙伴。不管是哪一类，都应该注意和儿童具体的生活紧密结合。模仿行为的内容同样如此，要能够结合实际进行创新。

2. 综合运用多种模仿方法

按照儿童与模仿行为的作用方式，可以把儿童的模仿分为视频模仿、现场模仿、参与模仿和想像模仿。视频模仿是指借助录像、电视和电影等资料呈现要模仿的行为，例如请恐惧海生动物的儿童观看动画版海底世界或真实的海下生物情况。现场模仿与前者的唯一区别就在于和楷模的真实距离，后者更真实、接近。参与模仿弥补了前两种方法缺乏真实体验的缺陷，在让儿童进行一定观察的基础上，邀请儿童参与到示范行为中来。想像模仿从简易、方便操作的角度出发，借助儿童本身的想像能力，模拟真实的楷模对象与行为，对模仿者本身的认知能力要求较高。四种方法各有特点，又互相补充，在实践中要综合运用。

3. 模仿要循序渐进

通常情况下，单一楷模行为往往具有特定的情境性，而儿童的问题行为具有跨越情境的一致性，我们很难去模拟这种现实生活的复杂性。这就决定了借助模仿去实现儿童问题行为的改变需要一个过程，即儿童要将特定情境下观察学习到的行为迁移到所有的情境，形成一种稳定的情绪情感认识。所以，成人千万不可操之过急，要根据儿童在模仿中的改进状态不断提供支持。

4. 为儿童创设一致的教育环境

既然外在观察和模仿,与儿童问题行为一致的反面"楷模"同样可以影响儿童,抵消正面示范的效果。所以,教师要和家长携起手来,创设一致的教育环境。例如,在幼儿园,教师要求儿童参与模仿同伴友好相处,但回到家中父母让儿童大量接触有攻击性行为的媒体资料,那么,家庭削弱或抵消幼儿园教育的现象就会发生。

四、系统脱敏法

(一) 系统脱敏法定义

系统脱敏法是有计划、有步骤地帮助问题行为者摆脱对特定事物的过度敏感,主要用于治疗儿童对常规事物的过分恐惧,如害怕常见的动物:猫、狗、老鼠、蛇;或自然现象:打雷、闪电、下雪;还有对特定人物角色的恐惧,如医生、小偷等。由于儿童对这些人和物的恐惧达到相对严重的程度,并伴有明显的情绪和生理反应,所以不再是简单的说服、教育可以解决的。在系统脱敏中,成人要为儿童创设一个自由舒适的环境。在这个安全的空间里,恐惧的事物会根据儿童的接受程度慢慢地、以不同的方式接近,直至儿童能够完全接受它。

(二) 系统脱敏法的使用

天天是个安静的4岁男孩子,性格比较内向,天生胆子小。他最害怕的就是去看医生。每次生病,妈妈一提到要去医院,天天就哭啊,闹啊,不肯去。好不容易被家人骗到了医院,他便紧张得不得了。尤其看到穿白大褂的医生时,他吓得脸色苍白,手心出冷汗,拼命地挣扎着要离开。

在幼儿园的教学中,带班老师发现了天天的这个问题。在职业角色课里,老师给小朋友介绍不同的职业。当讲到医生时,天天神情紧张,不愿意用眼睛看医生的图片,对老师讲解的内容也有意回避。

儿童恐惧这些常见的人和物,往往和特定的生活经验、周围环境以及自身的个性特征有关。所以,系统脱敏的第一步就是要查清是哪些因素导致儿童的反常恐惧。老师和家长在心理学专家的指导下,一同分析天天恐惧医生的原因。妈妈提到,天天小的时候身体不太好,经常要上医院去打针,而医生的态度比较严厉。每次打针,天天都哭得很凶。有时候打点滴,护士要在孩子的手上、脚上或头上扎好多针,才能找到血管。这些经历加重了天天对医生的恐惧。天天又很敏感、胆怯。在他不听话的时候,祖辈有时候会拿"医生打针"来吓唬他,这就更加让他意识到自己的确害怕医生。不仅他自己这样认为，家人也认同。性格上的弱点、亲人的暗示和特殊经历交互作用，终于导致了天天的恐惧。

找到原因以后，第二步是了解儿童的恐惧程度。教师可以结合家长的情况介绍，制定一个恐惧的等级表，评定一下儿童当前所处的位置，为选取具体的脱敏方法提供依据。

第三步是脱敏治疗。成人首先要安排一个安全、宽松的环境，同时教儿童一些自我放松的方法。对于年幼的儿童，由于他们的自我控制能力有限，教师可以借助游戏场景、生活活动和亲人陪伴等一些教育手段帮助儿童放松。

经过专家鉴定，天天对医生的恐惧处于中等偏高水平。所以，脱敏前的放松和过程控制就显得更重要。按照心理学专家的提示，教师安排了以下几个步骤：首先，请天天观看其他小朋友做的娃娃家游戏“我是一名小医生”，模拟化的医生环境和医生角色以及病人反应，使天天有了新的感知与认识。如果天天无明显的排斥，可接着安排天天观看与医生有关的动画片，如《猫大夫的故事》，让天天懂得医生并不可怕，他是为人们解除痛苦的。接下，进入真实图片的形象认知阶段。老师告诉孩子：医生是保护我们的健康和生命的，我们应该尊重医生。最后，可以把儿科医生请到班里来，和小朋友们一起做游戏，逐步消除天天的恐惧。

系统脱敏是一个循序渐进的过程。要注意控制事物接近儿童的程度必须是儿童可以承受的，否则会前功尽弃。

五、代币制

（一）代币制定义

苗苗是个比较内向的女孩，今年跟父母一起从外地迁到上海。新的社会环境让苗苗很不适应，本来就不爱讲话的她讲的更少了。为了激发她开口，带班老师和家长想了一个办法：只要她主动讲话，就奖励她一朵小红花。累计到一定数量，就可以获得不同的奖励：精美的故事书、观看《猫和老鼠》、去公园玩等。

今天的语言活动上，苗苗又主动开口跟小朋友交流，老师立即奖励她一朵小红花，苗苗很高兴。这时，一直等待老师关注的昊昊开始不满了，他对苗苗酸酸地说：“哼，有什么了不起！我妈妈可以做很多这样的小红花，明天我就带给你们看。”

他的话正好被老师听到。“昊昊，你怎么又上课捣乱，是不是看别人有小红花，就妒忌了？”老师板着脸责怪道。

“我才不要，我妈妈说小红花不值钱，都是骗小孩子的。”昊昊一脸的不屑。

"你……"老师气的不知道说什么好，苗苗则是一脸的惊讶。

如何理解和认识案例中教师的矫正措施呢？老师运用一种综合的问题行为矫正技术——代币制，来改善苗苗的不爱讲话。这里，老师借助了一个重要的介质——小红花，来代替儿童在作出期望行为以后可以获得的奖励。行为主义把这种介质称为"条件强化物"，即原来不具有强化作用的事物，一旦和强化刺激物结合起来，就具备了强化的作用。小红花原来只是一个普通的事物，对苗苗来说没有意义，但当她和成人约定用小红花换取自己想要的事物时，小红花就自动具备了约定蕴涵的价值。借助条件强化物，成人可以激发儿童改善问题行为的动力，这种矫正技术称为代币制，其中运用的条件强化物是代币。代币可以是不同的事物，实践中比较常见的有做记号、塑料卡片、各类图像、手工小作品等。

以代币代替直接的强化物，有很多优点。首先，代币的数量和儿童行为的改进直接相关，儿童可以清楚地看到自己的进步，会继续努力；其次，代币使用简便，不会因为外在因素，如成人的情绪发生改变，对儿童更具说服力；第三，代币可以代表许多强化物，可以避免单一刺激长期作用导致儿童厌烦，从而失去强化的功效；第四，要注意强化物在儿童期望行为发出以后尽快发放，以更加有效，这样就限制了强化物的选择范围，而代币不受此限制，只要是儿童合理、实际的需要，都可以作为代币的内容。

（二）代币的使用流程

1. 确定目标行为

同其他干预技术一样，实施代币制的第一步是明确成人所期望的行为在日常生活各个环节的具体目标是什么，例如，改变儿童的社会性退缩行为，预期发展目标的具体表现为在老师、同学面前不胆怯，能主动发表自己的观点，喜欢和小伙伴一起游戏等，而不是笼统地讲要合群或积极主动。第二步是评定儿童目前在这一行为上的具体状况如何，从现状到目标行为之间的差距有多大，具体进展的节奏和步伐多大合适等，一开始就要尽可能地具体化。有必要的话，也可以制定行为矫正的阶段目标，这样可以使干预更具有针对性。

2. 选择代币

代币是具有象征意义的事物，直接代表刺激物。因此，要根据儿童的年龄来调整它和真实刺激物之间的可获得距离。比如，两者之间的数量应该是系数关系，儿童可以通过代币计算自己可以获得的刺激物。应当注意，代币的获得和携带要方便，儿童不能自行复制。否则，就会像案例中出现的那样，当儿童得不到它时，就会想办法制造，降低了它对儿童的吸引力。

3. 确定逆向强化物

所谓逆向强化物，是指代币所代表的刺激物。儿童在取得了代币以后，第一个思考的问题就是“我可以用它来换什么好处?”逆向强化物应当是儿童最感兴趣、最需要的东西,同强化法中的正强化物类似。在这里,需要注意的是,提供的逆向强化物类别很多,一开始最好是很快就消耗完的事物,如消费性刺激物,这样可以不断激发儿童要改善行为的动力。随着儿童控制能力的提高,可提供一些比较昂贵、需要多个代币才能替换的事物,为儿童摆脱外在督促做准备。

4. 制定代币交换系统

要制定代币和逆向强化物之间的兑换,包括兑换比率、时间和地点。儿童某个具体的改进行为可获得几个代币,多少个代币可以兑换一个强化物,不同强化物之间的币值差应该是多少,都是本环节应该完成的任务。具体可以由成人依据儿童行为本身对预期行为的价值、儿童对刺激物的渴望程度来定,也可以跟儿童一起来制定。需要注意的是,代币要在行为发出后及时支付。

5. 严格执行

前期准备做好以后,就是严格执行代币制。一开始,可能会因为教师或儿童不熟练代币系统,出现操作混乱的局面,如教师手忙脚乱地给儿童发代币,没有得到的儿童会捣乱,强行问老师要;或者不明确代币和强化物之间的关系,随意选择刺激物,甚至可能出现儿童毁坏或私造代币的情况。对此,教师要有心理准备,必须严格按照原有的规定发放代币和兑换强化物,否则前功尽弃。

6. 逐步消除代币系统

使用代币的最终目标不是让儿童获得尽可能多的代币,而是使儿童慢慢地消除外在的动机,使正确行为成为一种自然自发的状态。所以,当儿童慢慢养成正确的行为习惯时,就可以把代币和刺激物之间的比值扩大,比如原来是3个代币换一次看动画片,现在是10个代币换一次周末动物园参观,直至代币消失。

本 章 小 结

问题行为是相对于学前儿童的正常行为而言的,它一般有四类:发育过程的问题行为、心理发展障碍性问题行为、心理性问题行为、品德性问题行为。一般而言,影响学前儿童问题行为的因素主要有:生物因素、家庭因素、社会因素。针对学前儿童问题行为,可以使用正强化法、惩罚法、消退法、模仿疗法、系统脱敏法和代币治疗法等技术进行干预和治疗。

思 考 题

1. 简述系统脱敏治疗法的定义及使用步骤。
2. 简述矫正学前儿童问题行为的方法,并举例说明。
3. 简述学前儿童问题行为的表现特征及其成因。

第八章　学前儿童社会教育评价

学前儿童社会教育评价是指评价者依据学前儿童社会教育目标以及与此相适应的学前儿童社会性发展目标，运用教育评价的原理和方法对学前儿童的社会性及社会教育进行分析判断。其主要包括对学前儿童社会性发展的评价和社会教育的评价两部分，前者有利于了解学前儿童社会性发展的状况，为开展学前儿童社会教育提供依据；后者则有利于了解当前实施的社会领域教育的科学性与学前儿童社会性发展水平的一致性程度，以探索有效的社会教育方法、途径和形式。

第一节　学前儿童社会性发展评价

学前期是学前儿童社会化发展的关键时期。在社会化过程中形成的社会性发展，不仅影响学前儿童的社会适应，而且对其全面发展具有至关重要的作用，对其一生的成长发展具有深远的影响。

一、学前儿童社会性发展评价的意义

学前儿童社会性发展评价是指评价者参照心理、教育等多方面的资料，根据学前儿童社会性发展目标，运用观察、调查、访谈、情境测量等方法对学前儿童社会性各方面内容指标的发展情况进行价值判断并作出解释的过程。因此，把学前儿童社会性发展水平的评价作为学前儿童心理发展状况评价的组成部分，对学前儿童社会教育以至于全面发展有着重要的意义。具体来说，表现在以下几个方面：

（一）有助于探索学前儿童社会性发展的个体差异

评价的首要功能就是了解现状。学前儿童社会性发展评价运用多种形式和方法，对其社会性发展水平进行客观地评价，首先可以帮助教师和家长系统地观察学前儿童社会性的发展，全面了解学前儿童群体的社会性发展水平，以及具体的学前

儿童个体的社会性发展的特点，其次为教师拟定具体的班级社会教育目标提供依据；更重要的是，教师和家长可以根据学前儿童的社会性发展水平和具体特点选择合适的社会教育方法和形式，以提高学前儿童社会领域教育的质量，促进学前儿童社会性水平的发展。

（二）有助于改善幼儿园和家庭的社会教育水平

诊断、反馈和改善是评价的三大主要功能。通过对学前儿童社会性发展评价结果的分析，教师和家长能够比较清楚地了解学前儿童社会性发展的优势以及有待改进之处，从而确定具体的社会教育目标，选择适当的教育内容。幼儿园和家庭双管齐下，使得学前儿童社会教育行之有效。也就是说，学前儿童社会性评价可以为家长和教师提供学前儿童的社会性发展的有关信息，为提高幼儿园和家庭的社会教育质量提供依据，使之更具有针对性，从而使学前儿童社会性的健康发展更有保障。

（三）为实现学前儿童社会教育目标提供保证

评价以行动时的目的为出发点，同时评价本身也是人们行动的向导。对学前儿童社会性发展进行评价，可以使家庭和幼儿园开展的社会领域教育始终以学前儿童社会教育目标为行动指南，而不致走入歧途。

（四）为选择最佳的社会教育方案和模式提供依据

为了选择对学前儿童社会性发展最为有效的教育方案或模式，教育者通常采取纵向比较的方法，即通过比较实施几种不同的学前儿童社会教育方案之前与之后，进行学前儿童社会性水平的评估，分析其结果，从而发现哪一种教育方案使得学前儿童社会性水平进步程度最大。于是，在样本比较大的情况下，可以将此社会教育方案作为适合本地学前儿童的最佳社会教育方案进行推广。

二、学前儿童社会性发展的评价指标

学前儿童社会性发展评价指标的制定，应当以学前儿童社会性发展的内容为出发点。根据杨丽珠(2001)、白爱宝(1999)、刘俐敏(2004)等对学前儿童社会性发展内容的梳理，学前儿童社会性发展一般包括以下四个方面：

（一）社会认知

社会认知包括两方面内容：其一，对社会经验的认知过程本身的认知，包括观察、记忆、注意、推理、想像等过程，其二，经过认知过程获得的社会性知识经验，包括对自己、周围的人和事，以及自己与他们和他们之间各种关系的认识，对不同社会行为、社会角色的理解，对处理、调整各种关系的行为规范的理解和掌握。

（二）社会性情感

社会性情感是人们对社会生活中客观事物的态度体验，是社会认知的产物和功能，同时对认知活动的组织有动机作用，具有积极社会性情感的人，在生活、事业中能及时调控自己的情绪，不断自我激励，不断锻造自己真善美相融合的人格。在学前阶段，学前儿童的社会性情感主要包括学前儿童对集体和对周围关心自己的人爱的情感表现，以及控制、表达和交流情绪情感的欲望和能力等。

（三）个性表现

个性是人类个体的性格与气质的综合表现，它与社会性发展水平互相影响、互相限制或互相促进。因此，对学前儿童包括自尊心、自信心、成就感、表现欲、坚持性、自制力等在内的各种个性特点的评价，也是评价其社会性发展水平的重要指标。

（四）社会交往能力

社会交往能力是个体社会认知、社会性情感和个性特征的综合外在表现，主要指在与人交往和参与社会活动时所表现出来的行为技能，如分享、谦让、合作、助人等。在评价学前儿童的社会交往能力时，可从学前儿童交往愿望与动机的强烈程度，进入交往和持续交往的方法策略的丰富程度以及与周围伙伴的关系质量与交往效果等几个方面着手。

综上所述，对学前儿童社会性发展的评价应当从社会认知、社会性情感、个性表现和社会交往能力着眼。然而，在具体拟定评价指标的过程中，评价者还要考虑学前儿童社会性发展与培养的总目标以及年龄阶段的目标，为不同年龄阶段学前儿童制定不同的评价指标。要遵循学前儿童社会性发展评价的公平性原则，获得真正有价值的学前儿童社会性发展资料，发挥学前儿童社会性发展评价对学前儿童社会教育的诊断、导向、改善功能。现以“社会交往行为”为例，拟定学前儿童社会交往行为的评价指标，如表 8-1 所示。

表 8-1 “学前儿童社会交往行为”评价指标表

内容	等级标准		
	一	二	三
与教师交往	对教师的主动交往能作出积极反应	有时能主动与教师交往	常主动发起与教师的交往
与同伴交往	对同伴的主动交往能作出积极反应	有时能主动与小朋友交往	常主动发起与小朋友的交往
与客人交往	见到客人不害怕、不回避	对客人的主动交往有积极反应	能主动与客人交往
解决冲突	与同伴发生冲突时经教师帮助能和解	能用适宜的方式自己解决与小朋友的冲突	能帮助解决其他小朋友之间的冲突

资料来源：白爱宝. 幼儿发展评价手册[M]. 北京：教育科学出版社，1999：69-70。

三、学前儿童社会性发展评价的原则

学前儿童社会性发展评价的原则是指人们对学前儿童社会性发展评价规律的认识，是实施学前儿童社会性发展评价的行动准则。具体说来，有以下几条：

（一）目的性原则

目的是评价的向导，引导和制约着学前儿童社会性发展评价的实施。评价者的目的，决定着评价体系的使用、评价方法的选择、评价结果的处理和解释，决定着学前儿童社会性发展评价工作的实际效益。因此，只有教师、家长等评价者明确地形成正确的评价目的，对学前儿童社会性发展的评价才是有意义的，才能真正促进学前儿童的社会性发展，并为开展学前儿童社会教育服务。学前儿童社会性发展评价的唯一目的，就是了解学前儿童社会性发展特点以及个体差异，为制定和调整学前儿童社会教育方案提供依据，使幼儿园、家庭的学前儿童社会性教育更符合学前儿童社会性发展的需要，最终有效地促进学前儿童在社会性方面获得稳定健康的发展。对目的性原则的强调，其用意在于否定“为评价而评价”和一些为其他目的而评价的现象，如为了完成上级任务，盲目模仿他人研究等。

（二）全面性原则

全面性原则是指评价者需要从多种渠道收集有关信息，对学前儿童社会性发展水平进行全面地价值判断。既不能只重视对社会性发展的个别方面进行评价，也不能只用一种方法收集信息，以保证评价工作的科学性。遵循全面性原则，首先必须拟定全面的评价指标体系，能够涵盖学前儿童社会性发展的主要内容，反映学前儿童社会性发展的目标要求，而不能有所偏颇或遗漏。同时，对所获资料分析处理时，需对所有指标一视同仁。其次，在收集学前儿童社会性发展的有关信息时，应该综合使用各种方法，在不同场合通过不同途径全面收集所需资料。也就是说，教师在评价学前儿童的社会性发展水平时，不仅要了解学前儿童在幼儿园的表现，包括集体活动、区角游戏以及户外活动等，而且要了解学前儿童在家、在其他公共场合的社会性表现，以作出科学、准确的价值判断。

（三）客观性原则

客观性原则是指在进行学前儿童社会性发展评价时，需要采取实事求是的科学态度。依据客观标准评价学前儿童，是保证评价结果真实、有效的前提。客观性原则是由学前儿童社会性发展评价本身的特点所决定的。学前儿童社会性发展的评价结果是为因人施教和改善幼儿园和家庭的社会领域服务的，因而评价提供的信息必须真实可靠，促使教育工作更具针对性、更符合学前儿童社会性发展的需要。遵循客观性原则，要求评价者选择经过科学编制并在实践中被反复验证的评价指标体系，采用客观全面的方法、统一的标准对学前儿童进行价值判断。

（四）定量评价与定性评价相结合的原则

定量评价是综合各种信息进行量化统计的过程，但它有一个致命的缺陷，就是统计得出结果并对某一内容进行评价，却往往失去了教育的机会。定性评价则是用非量化手段获得学前儿童社会性发展的各种信息，或者针对被评价的某项具体内容制定评价标准。一般是凭借对学前儿童的自然观察、访谈、问卷等方法积累大量信息，根据学前儿童的表现，由教师对学前儿童的社会性发展作出价值判断。这种评价随机性强，其缺点是所作的评价比较粗略。因此，评价者必须将两种评价方法结合起来使用，才能保证对学前儿童社会性发展水平作出科学、准确、客观、全面的评价。

（五）静态评价和动态评价相结合的原则

静态评价是按照评价标准，对学前儿童已经达到的社会性发展水平进行判断，考察学前儿童在某一时间或阶段内发展的现实状况，便于横向比较，利于检查操作，但无法对学前儿童的进步情况和未来的可能发展进行综合分析。动态评价则是指对学前儿童发展、变化状态的分析和判断，主要考察学前儿童当前的发展较过去的进步情况以及今后的发展潜力和趋势，便于纵向比较，但难以发现学前儿童的现实发展状况与评价标准之间的差距。由此可见，两种评价方式各有优点，又各有不足，单独使用其中任何一种都无法帮助教师全面了解学前儿童社会性发展的真实信息，也无法实现通过评价促进学前儿童社会性发展的目的。因此，教师应当将动态评价与静态评价结合起来使用，做到扬长避短。也就是说，对学前儿童社会性发展进行评价时，不仅要依据评价标准对学前儿童社会性发展的各个方面进行判断，还需要认真地分析学前儿童在每一发展方面相对于以前的进步。

四、学前儿童社会性发展评价的方法

学前儿童社会性发展评价的方法是指收集评价信息的方法，主要有自然观察、谈话、问卷调查、情景测定、社会测量等几种方法。教师对每种方法都要熟练掌握，因为在实际评价工作中需要综合使用，以全面系统地获得有关学前儿童社会性发展的真实信息，从而作出正确的价值判断。

（一）自然观察法

1. 自然观察法的含义及其分类

自然观察法是指评价者在日常生活的自然状态下，有目的、有计划地对学前儿童的外显行为进行直接观察、记录，从而获得学前儿童社会性发展信息的方法。自然观察法适用于学前儿童发展的各个领域，尤其在学前儿童社会性发展评价中具有重要的价值。根据观察的取样标准，可分为以下三种类型：

(1) 时间取样观察法

时间取样观察法是评价者先将欲观察的行为分类列表，而后记录在特定时间内（如 5 分钟、10 分钟、15 分钟）行为出现的次数或时间长短的一种评价方法。其主要目的是观察行为是否出现。虽然这种方法无法顾及行为的前因后果，但观察到的行为容易量化，便于进行统计分析，且便于大样本地收集学前儿童的评价信息。时间取样观察法是学前儿童教育和心理研究中较为常见的方法，可运用到对学前儿童社会性发展很多方面的评价中。时间取样观察法中，最为重要的是观察工具的编制，这关系到观察结果的效率。如希望了解学前儿童参与角色游戏时的互动程度，可以设计表格进行时间取样观察，如表 8-2 所示。

表 8-2　学前儿童在角色游戏活动中互动情况观察表

学前儿童姓名:__________　观察时间:__________　观察者:__________

时间	角色游戏活动的互动情况		
	组内交流	跨组交流	与教师交流

在角色游戏活动中,教师对学前儿童正在参与的角色游戏活动进行持续观察,对其互动行为类型和持续时间进行判断并记录,然后记录在观察表中。通过连续几天的观察,并对记录表进行分析,就会发现每个学前儿童参与角色游戏活动时的互动情况。

(2) 事件取样观察法

事件取样观察法是以活动作为选择标准,对特定的行为或事件进行观察记录的方法。她主要关注行为如何发生、如何变化、结果如何等问题,侧重对事件进行定性的描述,从而保留了事件发生的背景,可用于研究比较广泛的行为事件。事件取样观察所得到的学前儿童社会性发展的信息比较全面。这是一种有效的方法。运用此种方法时,教师应预先设计好观察表,如表 8-3 所示。

表 8-3　学前儿童攻击性行为观察表

日期:__________　观察者:__________

学前儿童姓名	性别	发展背景	指向对象	动作	语言	结果	备注

(3) 行为核查观察法

行为核查观察法是将要观察的项目和行为预先列出表格,然后核查行为是否发生或出现并予以记录的方法。这种方法比较简单,而且针对性强。学前儿童社会性行为是学前儿童社会性发展状况的一个主要方面,因此在学前儿童社会性发展评价工作中经常使用行为核查观察法。幼儿园教师评价学前儿童社会性发展时，可以将所选择的评价指标体系分解为若干个行为核查表，分阶段对不同的发展方面进行观察。例如对学前儿童人际交往能力进行观察，可设计成以下行为核查表，如表 8-4 所示。

表 8-4 学前儿童人际交往能力核查表

学前儿童姓名：			
行为表现	能	不能	日期
1. 能采纳别人提出的好建议			
2. 某种请求遭拒绝时不哭泣也不赌气			
3. 来园或离园时主动向老师家长问好			
4. 与小朋友比赛时，输了不要赖			
5. 与别人分享自己的玩具			
6. 做错事主动道歉			
7. 建构作品被别人不小心碰倒时，愿意听取别人的道歉			
……………………			

2. 自然观察法的优缺点以及注意事项

由于自然观察法不需要对学前儿童的行为进行人为干预和控制，以教师和学前儿童在日常生活中最真实、最典型、最一般的行为作为观察对象，在学前儿童社会性发展的评价中得到广泛的应用。具体来说，自然观察法有这样几个优点：其一，直观。观察者在自然状态条件下，直接观察教育现象的发生、发展过程、客观对象及其环境，与被观察者的联系直接、自然，可获得更为直接、具体和生动的感性认识。其二，可靠。这是自然观察法区别于其他评价方法的亮点，它可以得到调查访谈等方法无法得到的可靠信息，这是由学前儿童语言发展水平相对较低所决定的。其三，广泛。这是指自然观察法可以收集学前儿童社会性发展内容的大部分信息，适用于广泛的研究范围。它不需要观察器具，方便易行，可在多种情景和场合中进行评价。但是，自然观察法也有其自身的局限性，即费时、不可重复，无法解决“为什么”问题。

因此，为了充分发挥自然观察法在评价学前儿童社会性发展的优点，并尽量将其不足降到最低点，我们在运用自然观察法收集学前儿童社会性发展的有关信息时，需要注意几个问题：第一，自然观察的记录要能充分体现观察的内容指标，而且分类明确，界定清楚。记录时需要填写的内容应该尽量简化，最好能用符号代替。第二，观察过程中要克服主观偏见，以严格谨慎的批判态度对待观察过程以及观察结果。要始终让被观察者处于自然状态，避免产生被观察者效应，即被观察者意识到自己被观察因而改变自己的行为或态度。第三，观察记录力求做到快、细、全，尽可能全面、迅速、准确地将所要研究的问题的有关内容记录下来，以便日后进行分析研究。第四，从伦理上考虑，观察所获的学前儿童社会性发展的有关资料应妥为保管，如需公开发表，则应隐去其真实姓名。

（二）谈话法

1. 谈话法含义

谈话法是指评价者通过与学前儿童面对面的交谈搜集评价信息的方法。运用此种谈话方法时，评价者需要对谈话内容进行记录，然后对谈话记录进行分析。谈话法常用于搜集学前儿童有关发展动机、态度、自我认识等方面的信息，如教师为了了解学前儿童性别角色的发展水平，就可以在交谈时提问："你是男孩还是女孩呀？""长大以后和爸爸一样还是和妈妈一样呢？"通过谈话，教师还能了解到学前儿童的性别角色意识的发展状况。

2. 谈话法的优势与不足以及注意事项

谈话法可以弥补自然观察法的不足，比较快捷地了解学前儿童社会性发展中某些难以用行为表现出来的问题。这是谈话法在学前儿童社会性发展评价中明显的优点。在运用谈话法时，评价者若对学前儿童的回答有疑问，或者想作进一步了解，可以继续发问，以获得全面具体的解释。同时，谈话法的运用也给了学前儿童表达自己的机会，以帮助研究者对学前儿童社会性的各方面发展有更深入的了解。由于谈话法是一对一的交谈，因此，这种方法只适用于小样本的访谈，同时谈话法记录学前儿童的言语表达，所以其可评价的对象也较为局限。

评价者运用谈话法进行学前儿童社会性发展评价时，需要注意以下问题：第一，谈话内容应围绕谈话目的展开。在运用谈话法时，教师预先应该根据谈话目的拟定谈话大纲。第二，谈话的时机要适当。与学前儿童的谈话须在自然状态下进行，如在学前儿童的游戏活动、自由活动时，评价者一边与学前儿童游戏一边谈话，以免学前儿童出现紧张情绪，从而影响谈话结果的真实性。第三，对评价者的自身素质要求较高。与学前儿童谈话时，要使用儿童语言，提问简单易懂，语气亲切自然。在谈话过程中需保持耐心，当学前儿童不能作出正确回答时，应循循善诱，慢慢等待，以免谈话中断，无法获得所需要的信息。第四，谈话结束后，要妥善保管记录、录音等，并进行整理以作分析处理。

（三）问卷调查法

1. 问卷调查法的含义

问卷调查法是由评价者根据评价目的和内容，选择或自编问卷向调查对象发放，以广泛搜集学前儿童社会性发展信息的一种方法。学前儿童社会性发展评价中，问卷调查法多适用于向家长了解学前儿童在家庭环境中的社会性行为表现。学前儿童在不同的环境中，其行为表现是不同的。为了全面了解学前儿童的社会性发展状况，教师还需要了解学前儿童在家庭中的行为表现。如调查学前儿童的自尊心，可以围绕评定的标准拟定话题或问卷，从了解学前儿童的人那儿获得有关资料。问卷设计如下：

学前儿童自尊心状况调查问卷

A. 他(她)经常向父母报告在幼儿园受到老师表扬吗？

很少　　有时　　经常

B. 他(她)经常给父母看自己做出来的东西吗？

很少　　有时　　经常

C. 他(她)受到表扬(夸奖)时表现出高兴吗？

很少　　有时　　经常

D. 在别人面前挨批评时他(她)会觉得难堪吗？

很少　　有时　　经常

E. 不是他(她)做的错事，如果被大人批评(责怪)时(会)申辩吗？

很少　　有时　　经常

2. 问卷调查法的优缺点以及注意事项

问卷调查法的优点是可以在短时间内收集大量的评价信息，但由于家长对调查目的以及问卷本身的误解，会使其结果的真实可靠性值得商榷。因此，运用家长问卷调查法收集学前儿童社会性发展信息时，需要注意这样的问题：第一，做好家长工作。在发放问卷之前，需要让家长了解问卷调查的真正意图，建立对教师的信任，消除其顾虑，以获得真实有效的资料。第二，问卷语言通俗易懂，便于家长正确理解；同时，问卷的内容需涵盖所需了解的全部信息，回答方式尽量简便，目的在于一方面不占用家长太多时间，另一方面方便日后的整理和分析。

（四）情境测验法

1. 情境测验法的含义

情境测验法是由评价者根据评价目的，预先设计好一定的情境诱发学前儿童表现出社会性行为并进行价值判断的方法。因为情境测验法是由评价者自己设计的，可以针对评价的需要、评价对象的实践情况、时间、地点、场地、材料等条件进行设计，可能得到更多较为实用的真实信息，所以情境测验法对学前儿童个体的社会性发展评价有着更大的实用意义。为了评价学前儿童能否与同伴分享，教师可以创设如下情境：

在活动室里，给每个孩子发放5个五角星，告诉他们：可用这些五角星到储藏室的玩具柜上，换取自己所喜欢的玩具(有的玩具只要用1个五角星换，有的玩具则要2个或3～5个五角星换)。接着，对孩子说：中(2)班的小朋友因为没有五角星，所以，他们得不到任何玩具。要是你愿意的话，你就往储藏室里的小碟子上放进五角星(碟中已有数个五角星。这样，学前儿童会以为教师不知道自己放未放)；然后，教师分别让每个学前儿童去换玩具。当学前儿童从储藏室回来以后，教师进去数一数碟子上的五角星数量，就知道某个学前儿童放了没有，放了几个。

2. 情境测验法的优缺点以及注意事项

情境测验法的优点在于可以控制观察条件，结合学前儿童的日常生活设计问题情境，引发学前儿童自然的社会性行为，比较省时省力。它适合评价学前儿童在日常生活中不经常表现的社会性特征，如自制力等。然而，由于测验情境由人为设计，难以控制测验环境及其他因素的影响，因而测验的信度和效度容易受到影响。因此，结合其他方法共同使用，才能获得学前儿童社会性发展的真实信息。

运用情境测验法评价学前儿童的社会性发展情况，需要注意这样几点：第一，预先拟好测验方案，包括测验目的、内容、形式、步骤、记录表格、评分线索及标准；第二，测验的情境不仅要能反映儿童某一方面社会性的发展，还应该尽量与学前儿童的日常生活保持相似，以确保所获资料的信度和效度；第三，测验中认真做好记录，以方便日后整理分析。

(五) 社会测量法

1. 社会测量法的含义及其类型

社会测量法是由美国心理学家莫雷诺(Moreno，1930)提出的一种测定团体人际关系的理论和方法，我们将其引入学前儿童社会性发展评价之中。

通过同伴的判断，可以发现哪些孩子被同伴接受，哪些孩子被同伴排斥，哪些孩子处于无争议的同伴社交地位，由此了解儿童的社会行为。但是，有人批评社会测量法会干扰儿童自然状态下的同伴关系。然而，用这种方法获得的信息，可以有效地预测儿童以后的社会情感适应。因此，评价者需要将社会测量法和自然观察法、教师评定结合起来评价学前儿童社会性的发展特点。社会测量法有很多种，用得最多的是同伴提名法、配对比较法和行为评定表。

(1) 同伴提名法

莫雷诺发明的同伴提名法(1934)要求儿童根据研究者提供的某种标准选择符合这种标准的同伴。例如，儿童说出他最喜欢和最不喜欢与谁一起玩或一起学习。通常，每种类型要提出三个同伴的名字。学前儿童必须同时进行正提名和负提名。

正向选择得分越高，表明同伴接纳度越高。负向得分越高，同伴拒斥度越高。麦肯德里斯和玛谢尔(1975)设计了一种同伴提名法，可用于不识字的儿童，即单独给每个孩子看全班的照片，问他：① 谁是你最好的朋友？② 你最喜欢和谁玩？③ 你最喜欢和谁一起学习？每次提名的时候，儿童只要指指他提名的同伴的照片就可以了。

(2) 配对比较法

配对比较法是向学前儿童提出某种标准，并将同伴团体成员配对呈现在被试面前(可以是名字也可以是照片)，让被试对每一对同伴作出比较和选择。例如，现在你想找一个小朋友和你一起玩"小舞台"的游戏，你会在这两位中选谁呢？通过配对比较，可以计算出某一儿童被同伴接受或拒绝的次数分数。

(3) 行为评定表

同伴提名法只能反映儿童的社交地位，而行为评定表则可以提供具体的行为信息。这些具体的行为与同伴接纳、同伴拒绝有关，使用行为评定表测量儿童的社会技能时，给每个孩子一份名单，上面有全班孩子的名字。然后，让他们在每个具体的问题上，用李克特量表对每个同学进行评价(不识字的儿童用三点量表，分别用笑脸、中性表情和皱眉代表不同的评价)。问题一般包括"你在多大程度上喜欢和这个人玩(或一起做事)?"或"你最喜欢和谁挨着坐?"问题各不相同，测量的也是不同的行为(例如，这个人喜欢帮助别人吗或这个人经常找人打架吗)。

与同伴提名法相比，行为评定表的优点是：每个孩子都能得到所有同伴的评价。例如，海莫和阿谢尔(1977)发现，尽管很多孩子不能得到同伴的正提名，但他们在行为评价上得到很高的分数。这说明这些孩子尽管没有最好的朋友，但一般来讲，他们比较受大家喜爱。此外，评定量表法还避免了受群体大小的影响，再测信度也很高。

2. 社会测量法的优缺点

社会测量法能在较短时间内得到较多的学前儿童同伴关系、同伴交往情况的信息。每个学前儿童既是评价主体，又是评价客体。由于学前儿童之间接触较多，相互观察、了解的机会多，因而他们评价的信息比较真实可靠，另外，由于学前儿童直接对同伴进行评价，可以避免由于成人观点影响而造成的主观偏见。

同样地，社会测量法也有其自身的局限性，即其信度和效度有时较低，尽管通过社会测量法，我们可以准确地了解孩子对同伴群体的社会影响，但不能了解儿童与同伴交往的具体技能和行为，难以查明人际吸引或拒斥的原因。此外，由于学前儿童的评价易受偶然事件的干扰，因此社会测量法具有情境性，还需要教师评价和同伴观察法的支持。尽管社会测量法有这些缺点，但它可以发现社会能力低的儿童，并能以更直接的方式发现儿童社会行为的变化，在学前教育领域仍然受到欢迎和支持。

儿童情绪与社会行为发展水平测试参考标准如表 8-5、表 8-6、表 8-7 所示。幼儿社会性发展评价量表如表 8-8 所示。

表 8-5 1～12 个月儿童情绪与社会行为发展水平测试参考标准

月龄	情绪与社会行为		
	项目	测评方法	通过标准
1 个月	与父母眼对眼注视	宝宝清醒时，与父亲或母亲对视	对视超过 3 秒以上
	逗引会微笑	宝宝俯卧，用语言、表情逗他，但不要用手触及他	有微笑等愉快反应
2 个月	笑出声音	用玩具或语言逗引宝宝，但是要接触其身体	能发出“咯咯”笑声
	“天真快乐反应”	宝宝仰卧，家长站在宝宝面前，不要逗引宝宝，观察他的表现	见人能自动微笑、发声或挥手蹬脚、表现出快乐的神情
3 个月	认妈妈高兴	宝宝见到母亲时，观察其是否有特殊表现，如发出声音、急切地看或挥动手脚表示愉快	能表现出对母亲的偏爱
4 个月	见食物(母亲乳房)有兴奋模样	观察宝宝见母亲乳房或奶瓶时的表情	见食物两眼盯着看有兴奋表情
	见母亲伸手要抱	观察见母亲时的反应	伸手要求抱
	辨认生、熟人(见生人盯看、躲避、哭等)	观察见生人的反应	见生人盯看、躲避、哭等
5 个月	望镜中人笑	抱宝宝到穿衣镜前，逗引他观看镜中的人像	对镜中人笑
6 个月	开始认生	观察宝宝对生人的反应	有明显的害怕、焦虑、哭闹等反应
	捕捉并拍打镜中人	置宝宝与大镜子前	对镜中人有捕捉、拍打、亲吻的表现
	夺走玩具发脾气	直接夺走宝宝手中正在玩的玩具	喊叫，表示不高兴或哭闹
	区别严厉与亲切的语言	观察宝宝对严厉或亲切的语言的理解程度	对亲切的语言表示愉快，对严厉的语言表示不安或哭泣

续表

月龄	情绪与社会行为		
	项目	测评方法	通过标准
7个月	见父母、熟人要求抱	观察宝宝见到父母或其他经常照料他的人时的反应	主动要求抱
8个月	会推掉自己不要的东西	在宝宝面前出示两物，故意将其不要的东西给他，观察反应	会用手推掉自己不要的东西
	注意观察大人的行为	大人在宝宝面前做事时，观察其是否注意观看	会注视大人的行动
9个月	听到表扬，会重复动作	宝宝模仿大人动作时，及时用言语、表情喝彩	听到表扬，重复刚做的动作
10个月	懂得命令	吩咐宝宝做三件事，如“把××拿来”、“坐下”、“把××给妈妈”等，不要做手势	能懂得并服从大人的指令，做相应的事
	理解“不”	宝宝拿一玩具时，大人说“不要拿，不要动”，但不做手势	宝宝立刻停止拿玩具的动作
11个月	随音乐或歌谣做动作（如点头、拍手、踏脚、摇身等）	放音乐或念儿歌，鼓励宝宝随节奏做点头、拍手、踏脚、摇身等动作	能随着音乐或儿歌的节奏做简单的动作
12个月	要东西知道给	向宝宝要其手中的玩具或食物	理解语言，知道大人要的东西并且给出
	用点头、摇头表示同意或不同意	观察宝宝表示同意或不同意时的动作	会用点头表示同意，用摇头表示不同意

此表选自韩跃辉主编《1岁方案》，中国人口出版社，2002年版。

表8-6 13—24个月儿童情绪与社会行为发展水平测试参考标准

月龄	情绪与社会行为		
	项目	测评方法	通过标准
13个月	听到叫自己的名字会走过来	家长在宝宝背后叫他的名字	听到叫自己的名字知道自己走过来，不会走的孩子会扶住家具想法走到大人身边

续表

月龄	情绪与社会行为		
	项目	测评方法	通过标准
14个月	完成指令“拣起玩具”	在宝宝的玩具掉在地上时，大人要他把玩具“拣起来”	能完成大人的指令
15个月	有同情心	观察别的小朋友哭了，宝宝是否也表示难过	能受他人痛苦的感染，表现出痛苦的表情或跟着哭
16个月	对环境积极探索	在宝宝情绪好时，让他一个人在家里自由活动（大人在一旁观察，注意安全）	主动在室内到处翻东西、观察物品
17个月	会替大人拿东西	吩咐宝宝去拿三样东西，如小汽车、球、小板凳	会按大人吩咐正确拿来三种东西
18个月	会护自己的玩具	宝宝玩玩具时，有小朋友来拿，观察他的反应	别人参与玩他的玩具时，不给
19个月	有意模仿大人做家务	大人扫地、擦桌子时，给宝宝一只小扫帚、一块干净抹布，鼓励他与大人干同样的事	宝宝有意模仿大人，不一定像
20个月	能等待食物或玩具	观察宝宝坐在椅子上，在给他取东西前告诉他：“等着，妈妈去拿××，一会就回来。”	可以安静3～5分钟，有期待表情
21个月	开口表达个人需要	观察宝宝能否用语言表示自己的需要	会说出三种以上自己的需要，如“上街、吃饭、喝水、玩球”等，仅用手势表示，不算通过
22个月	亲人不在场能独自玩一会，不闹	宝宝独自玩玩具，大人离去	亲人离开10分钟左右，不闹
23个月	喜欢听小故事	给宝宝讲一个小故事	能集中注意听3～5分钟
24个月	能控制情绪	观察宝宝在一种不愉快的情景中，经劝说能否不哭	在不高兴时，能控制感情不哭闹

此表选自韩跃辉的《2岁方案》，中国人口出版社，2002年版。

表 8-7 25～36 个月儿童情绪与社会行为发展水平测试参考标准

月龄	情绪与社会行为		
	项目	测评方法	通过标准
25 个月	找到自己的家	将宝宝带到离家约 50～60 米处，鼓励宝宝将你带回家	能正确找到家。3 试 2 成即可
26 个月	会使用声音表示喜怒	在适当场合，观察、倾听宝宝的情绪反应	在适当场合会用声音表示喜、怒等情绪
27 个月	懂得批评，避免大人批评	在适当场合，如宝宝要打人时用语言、手势、眼神批评宝宝	懂得批评(不继续这种行为)、知道避免批评(不做禁止过的行为)，有简单是非观念
28 个月	能和小朋友一起游戏	观察和小朋友游戏时的表现	游戏时愉快、合作
29 个月	帮助成人干一点事如分糖果、扫地、洗玩具等	当你做家务时，观察宝宝是否知道帮忙做点事，如扫地、洗玩具等	能帮忙干一点需要配合的家务活
30 个月	学会等待	观察宝宝在适当的场合，如排队买东西或玩耍需要等待时的表现	知道要排队，并耐心等待
32 个月	购物当助手	带宝宝到商店购物时，让他帮助购物取物，并介绍该物品的名称和用途，回家后让宝宝复述	喜欢帮助大人购物，能说出所购的两三种物品的用途
33 个月	能帮大人做家务，如收衣服	大人收拾晾干的衣服时，请宝宝帮忙，将每个人的衣服分别放在衣柜中一定位置，适当的时候让他取出自己的衣服	乐意帮助大人收拾衣服，能记住自己放衣服的地方
34 个月	做客有礼貌，懂得行为要有分寸	带宝宝去做客时，事先要求宝宝要有礼貌，如进门问人好，送给客人的礼物不能争着打开，客人给食品或玩具时，要表示感谢，不乱动客人家的东西等	懂得做客时要有礼貌，行为有分寸，能基本按照大人的要求做

续表

月龄	情绪与社会行为		
	项目	测评方法	通过标准
35 个月	做完整自我介绍	鼓励宝宝以一问一答的形式向别人做完整的自我介绍，可问姓名、性别、父母姓名、工作单位、家庭住址（市区、胡同或小区、楼号、单元、门牌号等）	能正确回答问题
36 个月	帮成人做些力所能及的家务活	在适当的场合，如妈妈正忙着做家务时，观察宝宝是否主动帮着干些力所能及的家务活，如择菜、扫垃圾等	主动并乐意帮助大人干一些家务活

此表选自韩跃辉主编的《3 岁方案》，中国人口出版社，2002 年版。

表 8-8 幼儿社会性发展评价量表①

项目	内容	等级标准		
		一	二	三
自我系统	自我认识	知道自己的姓名、性别、年龄	知道自己的爱好	知道自己的优缺点
	自信心	完成简单事情或任务时有信心	完成稍有难度的任务时有信心	完成没有做过或有较大难度的任务时有信心
	独立性	在教师鼓励和要求下能独立做事	自己能做的事情不请求帮助	喜欢独立做事情和独立思考问题
	坚持性	能有始有终做完一件简单的事	能坚持一段时间完成稍有难度的任务	经常能在较长时间内主动克服困难，实现活动目的
	好胜心	在感兴趣的活动中努力做好	在竞赛情景及与他人同时进行的活动中，努力争取好成绩	做任何事都努力争取好结果

① 本量表在等级划分上的三个等级标准对应幼儿园小、中、大班三个参考年龄。本量表只考察幼儿在各项指标上达到的标准的情况，没有深究幼儿低于或高于标准的精确程度，只对幼儿达到标准的情况进行“是”或“否”的判断。本分量表既适合教师使用，又适合家长使用。教师在使用本分量表时，可以根据本园、本班教育计划和幼儿的实际情况进行选择和修改。

续表

项目	内容	等级标准		
		一	二	三
情绪情感	表达与控制情绪情感	情绪一般较稳定，经劝说能控制消极情绪	一般情绪状态较好，能用较平和的方式表达情绪；一般能自己调节与控制消极情绪	一般情绪状态良好，能用恰当的方式对待不同情景，做出适宜的情绪反应
	爱周围人	热爱、尊敬父母	亲近班里的老师和小朋友	关心父母、老师和小朋友，喜欢帮助他们做力所能及的事
	爱集体	喜欢幼儿园，愿意参加集体活动	在教师引导下，能关心班里的事，为集体做好事	能主动关心班里的事，为集体做好事，维护集体荣誉
文明礼貌	礼貌	在成人的提醒下能使用礼貌用语	能主动使用礼貌用语	能在不同情景下主动使用礼貌用语，举止文明
	诚实	不说谎话，不随便拿别人东西	做错事能承认，拾到物品主动交还	做错事能承认，并努力改正，不背着成人做被禁止的事
	合作	能与小朋友一起游戏	喜欢与小朋友合作游戏和做事	能成功地与小朋友合作游戏和做事
	遵守规则	经提醒能遵守规则	能自觉遵守规则	能自觉遵守并维护规则
交往行为	与教师交往	对教师的主动交往能做出积极反应	有时能主动与教师交往	常主动发起与教师的交往
	与小朋友交往	对小朋友的主动交往能做出积极反应	有时能主动与小朋友交往	经常主动发起与小朋友的交往
	与客人交往	见到客人不害怕、不回避	对客人的主动交往有积极反应	能主动与客人交往
	解决冲突	与小朋友发生冲突时，经教师帮助能和解	能用适宜的方式自己解决与小朋友的冲突	能帮助解决其他小朋友之间的冲突

此量表选自《幼儿发展评价手册》(白爱宝编著，教育科学出版社，1999 年版)。

第二节　学前儿童社会教育活动评价

学前儿童社会教育活动是幼儿园对学前儿童进行社会教育的主要途径。学前儿童社会教育活动的质量好坏，是学前儿童社会性发展目标能否实现的关键。因此，我们需要依据一定的标准对当前的社会教育活动进行评价。评价的结果有助于教师诊断自己开展的社会教育活动的优势以及需要改进的地方；同时通过评价结果的互相探讨，也有助于促进教师专业发展，提高社会教育能力。目前来说，学前儿童社会教育活动评价一般采用自评与他评相结合的形式。自评是指教师在活动后总结活动开展过程中的优点，并反思活动进展过程中存在的问题以及改进方法；他评则是由上级和其他教师对教师的一次社会教育活动进行判断的过程。这种评价方法通过教师之间的相互探讨，有助于教师自身的专业发展，提升其学前儿童社会教育的能力。

一、学前儿童社会教育活动评价的原则

学前儿童社会教育活动评价的原则是指人们对学前儿童社会活动评价规律的认识，或者说是学前儿童社会教育活动评价的客观规律在人们头脑中的反映。它是指导实施学前儿童社会教育活动的行动准则。具体说来，需要遵循以下几个原则：

（一）针对性原则

针对性原则是指对学前儿童社会教育活动评价时，要讲究“务实”，即针对活动的特点进行评价，也就是说，要能理清教育活动设计的优点和不足以及具体的改进建议，避免言而无物。对学前儿童社会教育活动的效果不能要求立竿见影，而要考虑其内隐性和后续性。

（二）过程性原则

过程性原则有两方面的含义：其一是指对学前儿童社会教育活动的评价是一个动态持续的过程；其二是指根据学前儿童社会教育活动的特点，评价时应侧重对社会教育活动过程的评价，即活动过程对目标的还原和学前儿童的活动过程。

（三）全面性原则

全面性原则主要是指评价学前儿童社会教育活动的内容要全面，不能以点带面、以偏概全。评价时要考虑到活动设计的目标、活动内容、活动过程、活动效果等，各方面因素统一于教师和学前儿童的互动活动之中。评价者不仅要评教师的表现，还要将学前儿童活动纳入学前儿童社会教育活动的评价中来。

二、学前儿童社会教育活动评价的主要内容

不管是自评还是评价别人的活动，我们都有必要明确“评什么”的问题，即学前儿童社会教育活动评价的主要内容。一般说来，实施学前儿童社会教育活动的评价，须从以下几个方面考虑。

（一）评价活动的目标

学前儿童社会教育活动的目标涉及学前儿童的社会认知、社会情感和社会行为习惯三个方面。对活动目标的评价主要包括：活动目标是否完整、是否分解到位、是否以学前儿童社会性发展水平等因素为依据、是否落实在活动内容和活动过程中、是否适当地确定了本次活动的重难点、是否明确有层次、是否易于操作和是否可以检验。

如大班自我评价教育活动“我长大了”，将活动目标设计为：① 了解自己不断成长的经历；② 引发学前儿童对自身发展变化的兴趣；③ 初步认识自己的长处和不足，增强自我意识。本活动的目标分解得比较具体可行，对自我评价教育的目标具体化为两个方面：自身成长经历以及发展变化。在此基础上进行自我评价，即认识自己的长处和不足。同时，我们也可以发现，本活动中，以培养大班学前儿童对自己优缺点的认识作为重点。

（二）评价活动的内容

在学前儿童社会教育活动的内容方面，评价者应当主要考虑：教师所选择的教育内容是否符合学前儿童社会性教育的需要，是否符合学前儿童社会性发展的实际情况；对学前儿童来说，教育内容是否为学前儿童必需的，是否符合学前儿童的认知水平，学前儿童是否愿意接受。

例如，大班民族文化教育活动“认识国旗”中，最初将观察国旗、讲解五星红旗诞生过程、介绍开国大典等内容都作为活动的内容。从内容的选择来看，作为激发学前儿童爱国主义活动的手段，无可厚非。但是，从内容的设计上看，五星红旗诞

生过程、开国大典等内容，如果完全以讲解的方式呈现时，对于大班的孩子来说，似乎并不能够理解，反而没有什么意义。因此，舍弃这部分的内容，教育内容会更符合学前儿童的认知水平。

（三）评价活动的准备

活动准备包括物质准备、经验准备和思想准备三个方面。因此，评价者主要评价开展活动前教师对于教学用具准备的充分程度和适用程度、学前儿童有关本次活动的经验丰富程度以及参与到本次活动的精神状态准备程度。

例如，小班人际交往教育活动"小记者"中，教师提前做的准备有：① 与社区取得联系，共同做好准备工作；② 学前儿童人手一只自制的小记者话筒和采访记录本；③ 一段采访的情景表演。活动前准备得充分与否是社会教育活动能否顺利进行的关键。而本次活动中，可以说教师准备得非常充分，包括物质的准备，如记者话筒、记录本；还有学前儿童经验的准备，如观看关于采访的情景表演；同时也与社区取得联系和支持，做好必要的安全保障工作，保障活动顺利进行。

（四）评价活动的过程

活动的过程最能体现活动质量、教师的教育能力，是学前儿童社会教育活动评价的最重要内容。评价者在评价具体的社会教育活动前，必须亲临现场观察记录。在评价时需要考虑：教育过程是否面向全体学前儿童，是否尊重学前儿童的个体差异，学前儿童的主体地位是否得到体现，是否有机会自主观察、体验、表达和操作，学前儿童参与活动的积极性程度怎样；教师是否尊重和充分考虑了学前儿童的意愿，是否得到儿童的信任和依恋，运用的教育方法是否生动多样、灵活巧妙。

（五）评价活动的效果

活动的效果是一次社会教育活动优劣的关键之处。评价者应当主要考虑：该活动是否完成了活动目标，学前儿童是否有愉快的情感体验，是否具有与目标相一致的社会性行为变化等。如中班自我控制教育活动"做个好赢家"的效果如下：学前儿童具有了做个好赢家的意识，能够很好地控制自己的笑声和兴奋，与同伴友好相处。而且在后来的游戏中，都能够以恰当的方式表达自己的情绪。可见，本次活动基本完成了活动预期的目标。此外，儿童在活动过程中都能够积极主动地参与，体会到合作的愉快、帮助他人的快乐，从而养成与人相处的良好品质，提高自我控制的能力。

本章小结

本章从学前儿童社会性发展的评价和社会教育的评价两方面来介绍学前儿童社会评价。学前儿童社会性发展评价是指评价者参照心理、教育等多方面的资料，根据学前儿童社会性发展目标，运用观察、调查、访谈、情境测量等方法对学前儿童社会性各方面内容指标的发展情况进行价值判断并作出解释的过程。它是评价学前儿童心理发展状况的重要组成部分。学前儿童社会性发展的评价指标包括社会认知、社会情感、个性表现和社会交往能力等四个方面。对学前儿童社会性发展评价必须遵循目的性、全面性、客观性、定量和定性评价相结合、静态和动态评价相结合的原则。对学前儿童社会性发展评价的方法主要有自然观察法、谈话法、问卷调查法、情境测验法和社会测量法。学前儿童社会教育活动是幼儿园对学前儿童进行社会教育的主要途径。学前儿童社会教育活动评价一般采用自评与他评相结合的形式。对学前儿童社会教育活动的评价内容涉及活动的目标、内容、准备、过程、效果。评价时需遵循针对性、过程性、全面性原则。

思考题

1. 试述评价学前儿童社会性发展的原则。
2. 试述学前儿童社会性发展的评价方法及其注意事项。
3. 简答学前儿童社会性发展的评价指标。
4. 结合观看录像、见习活动等，写一篇学前儿童社会教育活动的评析意见。

第九章　学前幼儿职业意识教育

第一节　职业意识概述

一、职业的定义

（一）职业

在社会的发展过程中，随着社会劳动分工的不断分化，职业日益发展、细化和变迁，人的一生与各种职业息息相关。职业的概念也在不断发展，对此中外学者有着许多的表述，综合众多表述，可以看出职业的概念包含以下几方面的内容：

第一，与人类的需求和职业结构相关，强调社会分工；

第二，与职业的内在属性相关，强调利用专门的知识和技能；

第三，与社会论理相关，强调创造物质财富和精神财富，获得合理报酬；

第四，与个人生活相关，强调物质生活来源，并设计满足精神生活。

因此，职业是指参与社会分工，利用专门的知识和技能，为社会创造物质财富和精神财富，获取合理报酬，作为物质生活来源，并满足精神需求的工作。

在日常生活中，人们容易把职业和工作等同起来，与职业相关的词汇还有“职位”、“工作”和“职业生涯”，这几个概念之间有着密切的联系，但在理论上仍然有着本质的区别，我们可以大致将它们定义如下：

职位：是组织结构中与完成具体任务相关的部分，它和参与工作的个人相对应，有多少参与工作的个人，就有多少个职位。

工作：是由一系列相似的职位所组成的一个特定的专业领域，与具体的劳动相关联。

职业：是在不同的专业领域中一系列相似的服务。

职业生涯：是一个发展中的概念。在 20 世纪 70 年代，职业生涯专指个人生活中和工作相关的各个方面。随后，又有很多新的意义被纳入到“职业生涯”的概念中，甚至包含了生活中个人、集体以及经济生活的方方面面。可以说职业生涯就是个人在人生中所经历的一系列职位和角色，它们和个人的职业发展过程相联系，是个人接受培训教育以及职业发展所形成的结果。在国外，职业生涯规划这一理念已渗透到了幼儿园幼儿的成长教育中，认为越早规划越少走弯路。

（二）职业分类

根据我国不同部门公布的标准分类，主要有两种类型：

(1) 第一种：根据国家统计局、国家标准总局、国务院人口普查办公室 1982 年 3 月公布，供第三次全国人口普查使用的《职业分类标准》。该《标准》依据在业人口所从事的工作性质的同一性进行分类，将全国范围内的职业划分为大类、中类、小类三层，即 8 大类、64 中类、301 小类。其 8 个大类的排列顺序是：第一，各类专业、技术人员；第二，国家机关、党群组织、企事业单位的负责人；第三，办事人员和有关人员；第四，商业工作人员；第五，服务性工作人员，第六，农林牧渔劳动者；第七，生产工作、运输工作和部分体力劳动者；第八，不便分类的其他劳动者。在八个大类中，第一、二大类主要是脑力劳动者，第三大类包括部分脑力劳动者和部分体力劳动者，第四、五、六、七大类主要是体力劳动者，第八类是不便分类的其他劳动者。

(2) 第二种：国家发展计划委员会、国家经济委员会、国家统计局、国家标准局批准，于 1984 年发布，并于 1985 年实施的《国民经济行业分类和代码》。这项标准主要按企业、事业单位、机关团体和个体从业人员所从事的生产或其他社会经济活动的性质的同一性分类，即按其所属行业分类，将国民经济行业划分为门类、大类、中类、小类四级。门类共 13 个：① 农、林、牧、渔、水利业；② 工业；③ 地质普查和勘探业；④ 建筑业；⑤ 交通运输业、邮电通信业；⑥ 商业、公共饮食业、物资供应和仓储业；⑦ 房地产管理、公用事业、居民服务和咨询服务业；⑧ 卫生、体育和社会福利事业；⑨ 教育、文化艺术和广播电视业；⑩ 科学研究和综合技术服务业；⑪ 金融、保险业；⑫ 国家机关、党政机关和社会团体；⑬ 其他行业。

两种分类方法符合我国国情，简明扼要，具有实用性，也符合我国的职业现状。

根据不同标准的职业，可有不同的分类方法。如：从行业上划分，可分为一、二、三产业；从工作特点上划分，可分为务实(使用机器、工具和设备的工种)、社会服务、文教、科研、艺术及创造、计算及数学(钱财管理、资料统计)、自然界职业、管理、一般服务性职业等十多种类型的职业。每一种分类方法，对其职业的特定性都有明确的解释，这对我们更好地掌握某一职业的特点，去选择适合自身的职业有指导作用。

（三）职业意识

职业意识是指社会的职业活动在人们头脑中的反映，是人们对职业的认识、情感和意向的总和。

职业认识：它包括人们对职业的一般了解、职业的价值取向、对本职业现状的了解、对未来职业的期望、对自我的认识等内容。

职业情感：它决定一个人追求职业的理想以及对某种职业的态度。

职业意向：对职业的选择，是自我意识在职业选择领域的表现。

二、学前幼儿职业意识的发展

职业发展理论的先驱弗兰克帕森斯认为，职业发展是个体的"职业自我概念"不断分化与综合的过程。职业发展在个人生活中是一个连续的、长期的发展过程。职业选择不是个人生活中面临择业时的单一事件，而是一个过程，人的职业态度和要求也不是面临就业时才有的，学前幼儿就开始孕育职业选择的萌芽。因此，从幼儿时期开始进行职业教育，可以在幼小的心灵中留下不可磨灭的印象，对幼儿一生的职业发展都有重要意义。

（一）学前幼儿的职业认识

个体的职业意识是一个发展的过程，每个人职业意识的形成不是一蹴而就的，职业意识的形成往往是从对职业的认识开始，家庭是培养幼儿职业态度以及创造能力的重要场所，家长的教养方式和社会经济地位能影响幼儿职业价值观的形成。学前幼儿对职业的认识是随着幼儿自我意识的启蒙以及对社会的认识而逐步发展的，学前幼儿对职业的认识首先来源于对周围成人的了解，尤其是对家里亲人"每天上班做什么"产生的兴趣，也开始对父母职业角色感兴趣，家长也乐于告诉幼儿自己是做什么工作的，幼儿也开始识辨成人职业中的一些有代表性的职业行为。同时学前幼儿也从电视、游戏以及其他活动中开始了对职业的认识，可以说学前幼儿的职业意识也是幼儿社会化发展的一部分，但这一时期对职业的想像成分比较多，容易随着客观环境的刺激而变化。

（二）学前幼儿的职业角色意识和模仿

学前幼儿正处于有着旺盛好奇心的年龄阶段，渴望了解社会，同时对成人的职业行为有着强烈的兴趣。随着学前幼儿对各种职业的了解，掌握了一些职业角色行为，他们开始模仿各种职业行为的典型动作。学前幼儿经常在游戏中扮演和模仿各种角色，如护士阿姨打针，老师上课的言行等在生活中接触到的职业行为，也有一些是他们想像中的职业行为。因此，在学前教育中，可以充分利用游戏中的角色扮演来对幼儿进行职业意识启蒙教育，在游戏中影响学前幼儿社会行为的形成。当幼儿在家里一本正经地扮演警察抓坏蛋，假装医生给人看病，或者扬言自己能开着飞机上天，你千万不要忽视他们的表演，他们在用自己的方式体验职业的乐趣。在幼儿眼中，大人所从事的各种职业是那么新奇、崇高、令人向往。

（三）学前幼儿的职业情感

学前幼儿正处于对家长和教师“崇拜”的年龄阶段，对某些职业的情感主要来自于周围成人的影响，他们往往对家长所从事的工作抱有积极的态度和情感。同时，学前幼儿青睐一些社会中代表“正义”或涉及社会公共事业的职业行为，如解放军、警察、司机、教师。在国外，职业生涯规划从幼儿园就开始了，让学前幼儿了解不同的职业，而在一些企业里也常设立“职业日”，对职工幼儿开放家长的工作环境，让幼儿跟着父母上班，了解父母的工作过程和工作情境。

三、对学前幼儿实施职业意识教育应注意的问题

（一）对学前幼儿实施的职业意识教育是人生教育而不是谋生教育

对未来劳动者而言，他们不仅需要提高知识、技能水平，更重的是要学会应变，具备生存和发展的能力。职业教育必须把谋生关怀与人生关怀结合起来，尤其要注重对幼儿的人生关怀，使他们具有健康的人格，逆境图强的心理品质，具有积极向上、直面人生的生活勇气。

（二）对学前幼儿实施职业意识教育应是启蒙教育而非职业定向教育

职业启蒙教育主要帮助幼儿了解什么是职业及职业的特点，启发幼儿对职业领域的好奇心，增强幼儿对职业的了解，培养正确的职业观念和态度以及初步的职业意识和自我意识。同时让幼儿了解自己的个性特点、兴趣特长，增强自信。

（三）对学前幼儿实施职业意识教育应注重幼儿的心理特征

实施职业教育应从幼儿心理特点出发，给幼儿提供具体的、可感知的材料，如图片、幻灯、身边的人和事等，多创造他们亲身体验的机会，激发幼儿的学习动机及培养他们了解职业的兴趣。

第二节　幼儿职业教育发展

一、美国的生计教育

（一）生计教育的定义

生计教育，即职业前途教育，就是集普通教育和职业教育于一身，使每个学生从幼儿园开始，在接受传统的普通教育的同时建立起职业价值观念，获得谋生能力，而不仅仅是学会某一种实用技术。这是由美国教育总署署长马兰于1971年提出的一种教育构想，美国教育总署对生计教育所下的定义是："生计教育是一种综合性的教育计划，其重点是人的全部生计，即从幼儿园到成年，按照生计认知（Career Awareness）、生计探索（Career Exploration）、生计定向（Career Orientation）、生计准备（Career Preparation）、生计熟练（Career Proficiency）等步骤，逐一实施，使学生获得谋生技能，并建立个人的生活形态。"

生计教育的目的是加强学校与社会的联系，使教育更好地适应社会和个人发展的需要，使每个学生成为"自我认知、自我实现和自觉有用的，能够过上富饶、创造、有生产价值的人生"。总体而言，生计教育的对象包括幼儿、青少年、成年人和老年人，涉及社会生产生活的各个部门，生计教育的模式之一就是以学校为基础的模式，又称综合生计的教育模式，主要是从幼儿园到高中这段时期中，由学校组织对学生进行多种样的生计教育，教学分为三个阶段：职业了解阶段，职业探索阶段，职业抉择阶段。

（二）生计教育提出的基本前提

生计教育就是一种综合性的教育计划，重点在人的全部生涯，从幼儿园到成年，使学生获得谋生的技能，并形成个人生活方式。

(1) 虽然各级学校都开设了职业科目，但并不是每一个学生都选修这些职业科目，前苏联第一颗人造卫星发射成功后，美国天才教育和尖子教育流行一时，也削弱了人们对职业教育的重视。据统计，1970～1971年，美国就有250万学生在学校没有接受职业教育准备，根本没有获得充分的就业能力，就投入了就业市场，再度引起教育必须有计划地配合经济生产和社会发展的呼声。

(2) 由于工业和技术的进步，美国正朝着一种新的社会秩序发展，美国人已不再是为了一个终身的职业接受职业训练。随着社会的组织性和技术性程度的不断提高，一个人如果要找到或再次找到一份职业，他一生中就要学会许多新的技能。因此，原来只注重某一或某几次职业技能训练的职业教育已不能适应美国工业经济的新的发展，美国教育制度的彻底改革势在必行，以便人们学会接受新的工作态度和新的工作技能。

到1974年，生计教育已在全美广泛展开，专项投资达6100万美元。它的主要措施是对不同年龄阶段的学生实施相应的职业前途教育。

（三）生计教育在各学龄阶段的实施

在幼儿园，教师帮助幼儿形成他们将成为“有生产能力的工人”的意识，了解一些职业角色和工作的社会角色，使个体对生计的意识初步觉醒。

小学1～6年级属于“职业了解阶段”。美国把2万种不同职业归纳为15个职业系列，从小学开始，让幼儿通过活动树立起关于各种职业的价值观念，培养幼儿的职业意识和自我意识，扩大他们对不同职业的了解。

7～10年级是“职业探索阶段”。学校通过对农业、商业、通讯、建筑、家政、文艺、医药、旅游、制造业、船海、销售与分配私人服务等门类的一般职业训练，引导学生按自己的兴趣爱好和特点尝试着选择职业，其中7～8年级是以校内学习为主，9～10年级以社会实践为主。

11～12年级属“职业选择阶段”。学校集中安排学生学习自己所选的一门职业课程，同时也学习语文、文艺、社会科学和自然科学等基础课程，但对于准备不同去向的学生来说其学习重点略有不同。准备就业的学生以职业课程学习为主，准备继续短期进修后再就业的学生则把学术性课程与职业课程结合起来学习，准备进入专科学院或4年制以上大学的学生则以较深的学术性课程学习为主。

（四）生计教育的特点

生计教育突破了职业教育必须通过开办职业学校或在普通学校开设职业班来进行的传统观念，强调普通教育与职业教育的结合，要求在学校内将基础教育课程与职业教育课程结合起来，整体设计学生的学习活动，使学生的课堂学习内容直接与现实生活以及学生未来的经济生活产生联系，从而激发学生成就动机和学习内驱力。

生计教育的不足是过分强调职业、劳动和实际经验，过分重视功利主义的生活观和由此产生的学习动机论，偏重培养学生谋生的能力而不注重教育学生如何过充实的生活以及如何促进人类自身的多方面发展。

二、幼儿职业体验教育

（一）幼儿职业体验的诞生

进入20世纪90年代，人们逐渐认识到梦幻和童话无法支撑童年的整个人格养成教育，让幼儿在受到保护的情况下接触真实的世界，成为人们对新式幼儿教育的思考。随后，以各种不同方式和规模建立起来的职业角色扮演机构开始在世界各国进行着尝试，1996年，在墨西哥为3～15岁的少年幼儿创建了模拟真实世界的微型世界。这是一个扮演大人角色，从事各种成人职业体验的幼儿主题公园，即幼儿通过扮演各行各业的成人角色，了解真实世界，称为幼儿职业体验。公园内的设施有实物三分之二大小，足以以假乱真。幼儿可以扮成身穿笔挺制服的警察去搜查遗失物品，或者当上消防员亲身参与灭火活动，可以体验的工作总共有50种。

幼儿职业体验就是幼儿通过模拟和体验成人的职业和角色来了解和接触真实的世界。以体验式教育理论为基础，让幼儿在其中进行各种职业模拟的游戏，让幼儿在职业体验和快乐的游戏中，在自主决定和行为中，学习社会构成的关系，包括与人与社会和自然的关系，劳动、效率和价值的关系，决定与责任的关系。培养他们自信、坚定、进取的精神，以及快乐、积极、团结、荣誉等核心价值观。提高幼儿的综合素质，让他们健康、全面、快乐地成长。

我国民间一直有幼儿“过家家”的游戏，“过家家”和职业体验，两者的原理完全相同，都是角色扮演的体验理论，从自主体验转变为系统的有组织的体验。现在在全球已有多家幼儿职业体验馆，也称为幼儿主题公园。如韩国的HAJA、墨西哥的Kidzania、美国的Wannado、蒙特雷的Kidzania、东京的Kidzania、雅加达的Kidzania，现在在我国也有类似的幼儿主题公园。

（二）幼儿职业体验实施

在幼儿职业体验公园，对象是2～12岁的幼儿。成人免入，但是可以通过监视器和玻璃窗关注自家幼儿实实在在体验工作的情景。幼儿们可以体验自己喜爱的职业，在享乐之中学习社会、认识社会。一座座按原建筑约2/3比例建造的银行、医院、报社、广播电台、比萨饼店等与原建筑一般无二的“展示亭”鳞次栉比，这里为幼儿们提供了银行店员、医生、模特儿、新闻记者、消防员等约70种职业，儿童们可以在这里可以感受到实际工作的乐趣。

1. 真实的职业体验

主题公园提供近一百种真实体验，包括各式各样的职业，如医生、法官、消防员、空姐、警察、考古学家、摄影师、厨师等。每个体验馆根据幼儿不同的年龄和兴趣,准备了不同难度的工作体验内容。在那里,幼儿可以选择自己喜欢的职业,在动手实践中,了解社会和世界的构成。幼儿们还可以像大人一样举行各种社会活动,如生日派对、各种竞技比赛、新闻发布会、歌舞表演、节日嘉年华游行等。

2. 职业体验中心列举的职业种类

汽车:驾照中心、汽车4S店、轮胎修理中心、加油站、车站。

医疗:急诊室、体检中心、育婴室、中药店、牙医诊所。

金融:信用卡中心、银行、保险公司。

通讯:电信公司、手机店。

食品:汉堡包店、比萨店、蛋糕店、巧克力店、冰淇淋店、咖啡店、糖果店、奶牛牧场。

媒体:电视台、唱片公司、报社、杂志社。

造型:服装设计室、T台、造型馆、美容店、娃娃家、欢乐大游行。

制造:饮料工厂、钟表作坊、家具工厂、采矿厂、建筑工地、印刷厂。

餐馆:饮料吧、拉面馆、茶艺馆、豆浆制作室、中式面点制作、饺子制作、元宵制作、粽子制作。

艺术:漫画社、染坊、花店、多项创意馆、拓片馆、戏剧社、印章店、舞蹈工作室、音乐工作室。

服务:职业介绍所、保洁公司、旅行社、广告公司、便利商店、功夫馆、剧场。

科技:考古洞穴、宇航中心、科学研究所。

商业:推销中心、拍卖行。

市政:法庭、警察局、消防队、邮局、保安中心、交通指挥中心、管理与卫生监督办公室。

学习资料一　爸爸一堂课娃娃种梦想,"职业教育"走进幼儿园

"小朋友,知道我是做什么工作的吗?"

"是警察叔叔。"

"对,叔叔是交警,交警是做什么的啊?"

"是指挥交通的"。

"是管汽车的。"

这是南开三十一幼儿园大班小朋友的一堂课,讲课的是一位当交警的家长。爸爸妈妈当老师,让幼儿们了解家长从事的职业,知道父母工作的辛苦,还能掌握一些职业技能和知识,从小知道"劳动最光荣",这样的"职业教育"在这个幼儿园已成为一种特色。

警察爸爸当老师　小朋友学做小交警

“请小朋友们和我一起做，这个手势是停下，这个手势是通过……”第一次当幼儿园老师的交警张建伟，讲课很认真，不仅带来了光盘，还做了很多小图片，图片上有各种交通标志，还有配着图画的小故事。他还亲自示范，让幼儿们和自己一起做各种指挥交通的动作，请小朋友把玩具小汽车排成列，按照交通标志和交警的指挥行进。这样一边游戏一边学习，幼儿们可开心了。张叔叔还不时告诉幼儿们：“要是你们坐爸爸妈妈的车出门，一定要提醒他们遵守交通规则，听警察叔叔指挥。”张建伟说：“很多幼儿家里都有车，要是他们从小就了解交通法规，就可以提醒大人，家长也肯定愿意接受，那这堂课就没白上。”幼儿们通过这次课了解了交警这个职业的意义，也知道了很多生活道理、安全知识，并尝试着做了一次威风的交警，个个很开心。

“职业教育”爸妈来讲　让娃娃了解“劳动光荣”

让幼儿了解爸妈的职业，这就是南开三十一幼儿园坚持二十多年的一种教育形式。请父母走进课堂，讲自己的职业特点，让幼儿们知道每一种职业的工作性质，从中学习社会知识、生活常识、劳动技能，体会父母工作的不容易。幼儿园孙主任说：“所有家长都是我们幼儿园的‘助教’，他们都有机会来给幼儿们上课。做医生的家长告诉幼儿怎样让自己更健康，让幼儿认识一些医院里的标志和常用药名；做厨师的家长会告诉幼儿哪些食物有营养，还带来做菜的工具，让幼儿们学会自己动手做吃的；做消防员的家长告诉幼儿要注意安全，如何在灾难到来时保护自己；做动漫设计的家长来讲幼儿们喜欢的动画是怎么做出来的。还有的幼儿家长是搞农业种植的，我们甚至把幼儿们带到农村的实验田里，让他们亲眼看看各种农作物是什么样子。让幼儿们通过体验各种各样的职业了解到：劳动是光荣的。”通过家长们的现身说法，幼儿们不仅学习了很多知识，而且，从小就有了一种对职业的梦想，有想当司机的，有想当动物园饲养员的，有想当促销员的，有想做律师的……幼儿们已经意识到，任何一个岗位都是社会需要的，都是值得尊重的。

学习资料二　职业意识从娃娃抓起

我提出童年人生设计的理念以后，有人质疑，幼儿那么小，他们懂得什么？他们怎么知道长大该做什么，不该做什么？该学什么，不该学什么？他们知道学法律、当律师是怎么回事？你让你的幼儿当律师，她快乐吗？幸福吗？这就是她想做的吗？有人说，我父母都没有文化，我不是也挺好？大学毕业，读了硕士、博士，有工作，有房也有车，什么时候设计过？更有人说，美国人都让幼儿自由发展，不是个个都过着好日子吗？总之，很多人认为，寻找工作，设计职业，是大人的事，只有大人才懂，幼儿根本就不懂。

从小培养经商意识

高二就来美国上高中的小赵，2003年秋天进入加州大学伯克利分校，他给我讲述了自己有趣的故事。这是一个父亲对幼儿从小进行职业启蒙,使之受益的典型事例。在国内,小赵的父亲是家大型企业的老总,从小给小赵灌输了很多商业方面的知识,还常常对他说,要上哈佛,要读MBA。他爸爸工作太忙,经常国内国外到处跑。所以,到了放寒暑假的时候,他爸爸就想办法带他一起出去,以便有机会和他多呆一些时间,也着意给他一些商业方面的熏陶。从小他爸爸就有意拉他去参加会议,包括董事会的会议。在董事会上,爸爸给小小个子的他搬来一张大椅子,让他一坐就是好几个小时,听一帮大人"吵架"。他说,从小在那样的环境里长大,知道要办成一件事情实在不容易,也知道了一个商业管理人员的工作和生活是什么样的。他在爸爸的影响下,从小就有了要读最好的大学,要上哈佛MBA,要经商的思想。由于具备很强的从商思想,小赵一入学,很快进人状态,参加了商学院里的一个荣誉学生组织。当时有70多人申请,只有小赵通过面试被录取,他是年纪最小的一个。这个组织一般只收三四年级的学生,而他一年级就加入了。入学第一年的圣诞节,他不像其他同学那样赶着回国、返家,而是留在学校里,对今后的职业和就业做研究。学校有一个帮助学生找工作的服务机构,招聘人员的公司会把招聘信息发到这个服务机构所属的网站上,学生可以在网上找线索。不过,这个网站只对毕业班和小赵加入的那个全国性的商科荣誉学生组织的成员开放。小赵在这个网上找到了著名的摩根斯坦利投资银行招收实习生的信息。他根据自己的兴趣,申请金融部的顾客服务部中一个为顾客管理股票账户的工作。顺利通过第一次面谈后,他进入第二轮在公司总部的面试。进入第二轮面试的有6个人,除了他以外,都是三四年级的学生。第二轮面试进行到最后,是和一个主管单独面谈。一进办公室,主管没有一句客套话,开口就说"谈一谈股票吧"。由于受了父亲的影响,他已经具有丰富的商业知识,从小对股票就很感兴趣。他父亲的公司里有一个证券业务部,他常常到那里去转,学到很多东西。出国以前,他还有一个独立的股票账户,也有了3年的股票实际运作经验。所以,和主管谈起股票来,他滔滔不绝,轻松地"独唱"了20多分钟。最后,主管打断他,说:"好了,凯文,你很酷. 你拿到这份工作了,我知道你还只是个新生,不过,你比他们懂得多。"小赵年纪轻轻就懂得很多,这是他父亲对他进行职业启蒙,引导他从小建立职业意识,培养职业兴趣,立下职业目标,并且根据这个目标,有意识地培养他的结果。

关注政治人物成为法学博士

我在女儿高倩五六岁的时候,给她灌"迷魂药",使她懵懵懂懂中立志当律师,从此逐渐"痴迷"于法律。经过漫长的10年时间,到她高中毕业前,不仅法学专业和律师职业的志向已经深深地根植于她的心中,而且在很长的时间里,磨炼了作为"准律师"的基本素质和能力。不像一些人那样,对律师的工作,对一个精英律师必须具备的基本条件、能力和素质等,只停留在道听途说和影视作品粗浅的表现水平上。她在高中时参加市法院的工作,当少年法庭的律师和检察官,参与少年犯罪的审判工作;高中两年参加模拟法庭比赛期间,到图书馆查找、收集职业律师看的文献资料和专业期刊;痴迷于案件的研究,津津乐道于种种法律问题。这些使她对律师工作有了亲身的体验和深层次的了解。幼时建立和培养的对法律的兴趣和爱好,使她从小喜欢看人物传记、纪实文学作品,并对政治事件敏感,对政治人物关注。1992 年美国大选时,11 岁的她参考《时代周刊》上文章的内容,像模像样地写了一篇总统大选的大会发言,在家里背得烂熟后,在大选当天,在全校同学面前发表助选演讲。1990 年 11 月 6 日,得克萨斯州参议员菲尔·格南姆到小学去"拉票",时年 9 岁的高倩挤到格南姆参议员面前与他握手、提问。凡此种种,都说明了从小建立的职业目标可能触发幼儿发自内心的兴趣,去关注一些与目标有关的事物。从小关心时事政治,向往和追逐政治明星,都是作为一个精英"候补律师"的基本素质。她哈佛大学毕业,同年考入哥伦比亚法学院,不到 25 岁,就可以成为法学博士。

以上几人,都是非常顺利地在年轻的时候达到自我认识意义上的成功。他们的成功都是源自童年就开始的人生设计,从小建立职业意识,培养职业兴趣,立下职业目标,并且根据目标,有意识地培养、锻炼。他们都有长久的职业预备期,以致能够较早具备相应的知识和职业技能,顺利地进入社会,成为优秀的职业人才。

(选自高燕定著《人生设计在童年——哈佛爸爸有话说》)

学习资料三 日本幼儿社会体验公园 为幼儿职业启蒙

每个幼儿心里都会有自己的职业理想,也许是消防员,也许是医生,也许是主持人,可以后到底选择什么工作,大多数幼儿还是一片茫然。如果能有机会体验一下,对他们未来的职业选择将大有好处。在日本东京,一家幼儿社会体验主题公园就为幼儿提供了这样的机会。

整个公园共为幼儿们提供 70 种不同的职业选择。这些小不点儿们最小的只有两岁,在家长的陪伴下,他们买票入场后,就一头扎进了自己感兴趣的职场圈子。在这个不大的演播室里,那些想成为摄像师和新闻播报员的幼儿们实现了自己的理想。不过,和坐在演播室里面对观众的"女主播"相比,男幼儿对室外的工作似乎更感兴趣。从赶往出事地点拿起消防栓奋力扑火的消防员,到从事修理电线、电缆等高危作业的电工,再到加油站负责加油、洗车的小伙计,一些看似简单的工作也许是他们一直以来的梦想。成为福尔摩斯那样的侦探更是让一些男孩儿着迷,向证人收集证据就是破案的重要一环。除了基本的职业技能,不同的职场体验也增强了幼儿的团队合作意识和人际交往能力。

结束了一天辛苦的工作,发薪水的时刻到了,幼儿们都非常兴奋。不过钞票可不是真的,只能在主题公园里使用。幼儿们可以把钱存进银行,然后从取款机中提出，再到商店里去消费，或者租辆汽车，在公园里兜兜风。

作为家长，最关心的还要算幼儿的安全问题了。公园规定，每个前来体验的幼儿都必须有大人的陪伴。为防止幼儿和家长走散，每位入场者都要佩戴安全手镯以确认小组人数。另外，幼儿们不可以独自离开公园。

日本全国幼儿健康发展中心的幼儿心理专家认为，在缺乏人际合作和交流的环境中长大，会对幼儿们今后的成长造成负面影响，而幼儿社会体验主题公园无疑是一个很好的缓解问题的渠道。

本章小结

职业意识的培养是幼儿社会性发展的重要组成部分，让儿童从小接触职业教育，了解和认识社会职业，不仅有利于幼儿的社会化发展，也是幼儿接触社会的必然途径。从幼儿园开始进行职业意识启蒙教育已成为有识之士的共识，在世界许多国家也已经开始不同程度的教育实践，我国学前儿童职业教育仍处于探索阶段，实践方面更是亟待加强。

思考题

1. 简述职业的涵义。
2. 简述职业意识及其构成。
3. 阐释学前儿童职业意识的发展。

参考文献

[1] 项恩芬.2008.论幼儿社会性教育[J].考试周刊(18).

[2] 邢靖枫.2000.幼儿社会性教育[J].中国人口、资源与环境(2).

[3] 张芬.2001.培养幼儿社会交往能力的原则与途径[J].学前教育研究(4).

[4] 彭桂兰.2007.浅谈环境对幼儿社会性发展的影响[J].课程教材教学研究(幼教研究)(2).

[5] 高娜.2007.游戏对幼儿社会性发展的影响初探[J].课程教材教学研究(幼教研究)(1).

[6] 赵娟玲.2007.幼儿社会性的培养[J].华章(教学探索)(5).

[7] 张建端,时俊新,刘国艳,等.2007.幼儿社会性和情绪发展现况研究[J].中国妇幼保健(9).

[8] 冯夏婷,胡金娇,吴冬梅.建立新型师幼互动关系,2006.促进幼儿社会性发展[J].华南师范大学学报:社会科学版(2).

[9] 李小丽.2007.新观念下的幼儿游戏活动与社会性的和谐发展[J]. 科技咨询导报(8).

[10] 刘芸.2006.培养幼儿社会性行为的尝试[J].安徽教育(2).

[11] 陈会昌,梁兰芝.2000.亲子依恋研究的进展[J].心理学动态,8(1):29-33.

[12] 胡平,孟昭兰.2000.依恋研究的新进展[J].心理学动态,8(2):26-32.

[13] 刘志军.2000.90年代西方依恋理论研究的概述[J].上海师范大学学报:(社会版),8:24-30.

[14] 钟鑫琪,静进.2007.儿童依恋的研究现状[J].中国儿童保健杂志(1).

[15] 余斐.2008.婴儿的依恋类型对后期行为的影响[J].科技信息(学术研究)(8).

[16] 吴放,邹泓.1994.儿童依恋行为分类卡片中文版的修订[J].心理发展与教育(2).

[17] 吴放,邹泓.1995.幼儿与成人依恋关系的特质和同伴交往能力的联系[J].心理学报(4).

[18] 李凤莲.2008.关于儿童依恋的研究综述[D].大连:东北师范大学.

[19] 马剑虹,何新汉,陈美微.2005.家庭情绪气氛对儿童依恋行为类型的影响[J].中国心理卫生杂志(10).

[20] 鲁小华,霍莉钦,丛中.2007.依恋及其评估方法概述[J].中国心理卫生杂志(3).

[21] 解翠玲.2001.儿童社会性发展与教育研究综述[J].内蒙古师范大学学报:教育科学版,12.

[22] 吴念阳.2002.儿童亲社会行为的研究历史与现状[J].福州师专学报,8.

[23] 李丹.2000.影响儿童亲社会行为的因素的研究[J].心理科学,3.

[24] 侯广艳.2006.儿童亲社会行为与移情[J].青海师范大学学报,2.

[25] 王磊.2003.儿童亲社会行为及其干预研究述评[J].心理发展与教育,4.

[26] 方建移.2005.现代传媒在儿童亲社会行为形成中的促进作用[J].山东师范大学学报,2.

[27] 宗爱东.2005.儿童亲社会行为研究中的三个问题[J].淮北煤炭师范学院学报,8.

[28] 姬兴涛,张智,任旭林.2002.儿童亲社会行为新近研究述评及启示[J].云南电大学报,9.

[29] 赵正新,任红娟.2000.儿童道德行为、意志研究20年的回顾与反思[J].江苏教育学院学报.

[30] 张颖.2006.儿童攻击性行为及有效控制[J].聊城大学学报:社会科学版(3).

[31] 刘俐敏. 2004. 幼儿发展评价研究[M]. 北京:人民教育出版社.

[32] 艾伦·麦克吉尼斯、阿诺德·高尔德斯坦. 2001. 评价儿童社会技能的方法[J]. 吴春霞、姚彤,译. 儿童社会化(1).

[33] 李幼穗. 2004. 儿童社会性发展及其培养[M]. 上海:华东师范大学出版社.

[34] 克斯特尔尼克. 2009. 儿童社会性发展指南理论到实践[M]. 邹晓燕,译. 北京:人民教育出版社.

[35] 侯春在. 2004. 儿童心理成长论:成长论视野中的儿童社会化[M]. 南京:南京师范大学出版社.

[36] 方建移,胡芸,程昉. 2005. 社会教育与儿童社会性发展[M]. 杭州:浙江教育出版社.

[37] 俞国良,辛自强. 2004. 社会性发展心理学. 合肥:安徽教育出版社.

[38] 张明红. 2008. 学前儿童社会教育[M]. 上海:华东师范大学出版社.

[39] 陈会昌,李叔湘,王莉. 1997. 训练对 6 岁儿童友谊特性认知发展的影响[J]. 心理学报(2).

[40] 陈会昌,辛浩力,叶子. 1998. 青少年对家庭影响和同伴群体影响的接受性[J]. 心理科学(3).

[41] 李叔湘,陈会昌,陈英和. 1997. 6～15 岁儿童对友谊特性的认知发展[J]. 心理学报(1).

[42] ECKERAMAN C O, STEIN M R. 1990. How imitation begets imitation and Toddlers' generation of games[J]. Developmental Psychology, 26:370-378.

[43] FREUD A, DANN S. 1951. An experiment in group upbringing[J]. Psychoanalytic Study of the Child, 6:127-168.

[44] HARTUP W W. 1974. Social relationships and their developmental significance[J]. AmericanPsychologist, 1974, 29:336-341.

[45] MILLER N, GENTRY K W. 1980. Sociometric indices of children's peer interaction in the school setting[M]. Friendship and social relations in children. Chichester, Wiley.

[46] SELMAN R L. 1980. The Growth of Interpersonal Understanding: Development and Clinical Analysis[M]// New York:Academic Press.

[47] WEISS R S. 1974. The provisions of social relationships[M]// Doing onto others. Englewood Cliffs, NJ:Pretice-Hall.